《土地经济研究》征稿简则

《土地经济研究》(半年刊,英文名 Journal of Land Economics)由南京大学国土资源与旅游学系、中国人民大学土地管理系共同主办,南京大学出版社出版。本刊积极倡导"推进理论创新、服务实践问题、引导国际合作、促进人才培养",主要刊登土地经济及相关交叉学科领域的高水平学术研究成果,旨在通过凝聚土地经济研究智慧,推进土地经济学科研究与发展。本刊也鼓励具有长期研究积累、实践指导意义强的研究论文。欢迎广大专家学者投稿!

一、投稿要求和体例

本刊投稿以中文为主(海外学者亦可用英文投稿),且必须是未发表的稿件。投稿论文须符合论文发表的基本格式要求,包括中英文摘要、关键词、基金项目、作者简介、参考文献等。文章中若有图片,为方便出版印刷,请提供 500 k 以上单独的图片格式文件,如 jpg 等。中英文摘要不宜过长,各以两三百字为宜。作者简介示例如下:

张三(1980—),男,江苏南京人,管理学博士。主要研究方向为农村土地政策。E-mail:zhangsan@abc.com。

二、参考文献规范

参考文献列在正文之后,格式示例如下:

[1] Gibson W L, Hildreth R G, Wunderlich G. Methods for Land Economics Research [M]. Books on Demand, 1966.

[2] Egert B, Mihaljek D. Determinants of House Prices in Central and Eastern Europe [J]. Comparative Economic Studies, 2007,

49:367-388.

[3] 蒋有绪,郭泉水,马娟,等. 中国森林群落分类及其群落学特征[M]. 北京:科学出版社,1998.

[4] 陶仁骥. 密码学与数学[J]. 自然杂志,1984,7(7):527.

[5] 吴宝申. 房地产价格波动与宏观经济基本面的互动机制研究[D]. 浙江大学,2007.

[6] 董星星,田红保. 国土资源"四全"服务平台决策支持体系研究[C]. 国土资源信息技术学术论坛,2015.

[7] 国务院新闻办公室. 中国的粮食问题[EB/OL]. 国务院新闻办公室网[2000-09-08]. http://www.scio.gov.cn/zfbps/ndhf/1996/Document/307978/307978.htm.

三、其他事项说明

1. 本刊接受电子投稿,电子版用 Word 格式,来稿文责自负。本刊有文字修改权,如不同意,来稿时请注明。我们会尽快回复处理意见,但受人力和经费限制,本刊恕不退稿。稿件寄出3个月后未收到用稿通知可自行处理,请作者自留底稿。

2. 来稿请注明专投本刊,严禁剽窃、抄袭行为,反对一稿多投。凡发现有此类行为者,本刊将予以追究,今后不再刊发其论文,并通报作者姓名。

3. 凡在本刊发表的文章获奖或被其他报刊转载、摘登等,请及时通告本刊编辑部。本刊允许转载、摘登和翻译,但必须注明出处,否则视为侵权。

4. 投稿请以电子邮件附件形式发送至:jle2014@sina.com。投稿过程中如有相关问题,亦可通过上述电子邮箱咨询。

5. 稿件发表后本刊向作者赠送样书2册。

主办　南京大学国土资源与旅游学系
　　　中国人民大学土地管理系

协办　中国土地学会土地经济分会
　　　南京大学-江苏省国土资源厅国土资源研究中心
　　　江西农业大学农村土地资源利用与保护研究中心

土地经济研究

Journal of Land Economics

主编　黄贤金　严金明

南京大学出版社

土地经济研究

11

主 办	南京大学国土资源与旅游学系
	中国人民大学土地管理系
	中国土地学会土地经济分会
协 办	南京大学-江苏省国土资源厅国土资源研究中心
	江西农业大学农村土地资源利用与保护研究中心

主 编　黄贤金　严金明

编 委

包晓辉	英国剑桥大学博士	马　骏	中山大学教授
白中科	中国地质大学（北京）教授	马恒运	河南农业大学教授
陈龙乾	中国矿业大学（徐州）教授	欧名豪	南京农业大学教授
陈美球	江西农业大学教授	钱　筑	加拿大滑铁卢大学副教授
曹小曙	陕西师范大学教授	施国庆	河海大学教授
董玉祥	中山大学教授	谭术魁	华中科技大学教授
顾海英	上海交通大学教授	吴次芳	浙江大学教授
贺灿飞	北京大学教授	吴缚龙	英国伦敦大学学院教授
黄贤金	南京大学教授	王德起	首都经济贸易大学教授
黄友琴	美国纽约州立大学教授	王洪卫	上海财经大学教授
金太军	南京审计大学教授	严金明	中国人民大学教授
吕　萍	中国人民大学教授	张安录	华中农业大学教授
雷国平	东北大学教授	朱道林	中国农业大学教授
刘耀林	武汉大学教授		
刘彦随	北京师范大学教授	英文编辑	
罗必良	华南农业大学教授	李　褘	河海大学副教授

《土地经济研究》编辑部
通讯地址：南京市仙林大道163号（邮编 210023）
　　　　　南京大学国土资源与旅游学系
E-mail: jle2014@sina.com
网址: http://hugeo.nju.edu.cn/jle/

目　录

集体经营性建设用地权能实现研究
　　——基于33个试点地区入市探索的分析
　　　　　　　　　　　　　　　宋志红　姚　丽　王柏源／1

乡村振兴与土地使用制度创新
　　　　　　　　　　　　陈美球　廖彩荣　刘桃菊／30

基于农户流转意愿的农村宅基地市场化发展潜力研究
　　——以山东省禹城市为例
　　　　　　　　陈会广　刘　林　孔冬艳　孙雨婷　李　丽／41

大都市农村宅基地功能扩展的实践、问题及策略研究
　　　　　　　　　　　　　　　　　　代　兵　徐小峰／63

农业生产性服务市场对农户农地流转决策影响
　　——以江苏省海安县水稻种植为例
　　　　　　　　　　　　徐　盼　诸培新　张玉娇／78

资源枯竭区乡村湿地修复生态效应测度研究
　　——以苏北潘安湖建设为例
　　　　　　刘希朝　李效顺　钟鹏宇　孙爱博　鹿　瑶／95

Why Peasants are not Satisfied with the Compensation Procedure for Land Acquisition in China?
　　—Typical Survey from Zhejiang Province
　　　　　　　　Long Qian　Wenrong Qian　Xinliang Wang／119

面向多功能复合的耕地保护内涵拓展与管理模式初探
　　　　　　　　　　　　　　冯丹玥　刘　晶　单　薇　金晓斌/ 149
山东省土地财政与城镇化耦合发展的时空格局
　　　　　　　　　　　　　　　　辛宗斐　彭文龙　吕　晓/ 165
近十年海外土地经济研究进展
　　　　　　　　　　　　　　　　　袁　苑　黄劲秋　黄贤金/ 180

CONTENTS

1	Research on the Realization of the Power of Collective Operating Construction Land—Analysis Based on the Practice of 33 Pilot Areas
	Zhihong Song, Li Yao, Baiyuan Wang

30	Rural Revitalization and Land Use System Innovation
	Meiqiu Chen, Cairong Liao, Taoju Liu

41	The Willingness of Homesteads' Circulation of Farmers and the Development Potential of the Rural Homesteads Marketization—A Case of Yucheng City in Shandong Province
	Huiguang Chen, Lin Liu, Dongyan Kong, Yuting Sun, Li Li

63	Research on Practice, Problems and Strategies of Metropolitan Rural Homestead Function Expansion
	Bing Dai, Xiaofeng Xu

78	The Impact of Agricultural Productive Services Market Development on Farmer's Decision-making of Agricultural Land Transfer—A Case Study of Rice Planting in Haian County, Jiangsu Province
	Pan Xu, Peixin Zhu, Yujiao Zhang

95 Study on Measuring Ecological Effect of Rural Wetland Restoration in Resource Exhausted Area: A case study of Pan'an Lake Construction in North Jiangsu Province

    Xizhao Liu, Xiaoshun Li, Pengyu Zhong, Aibo Sun, Yao Lu

119 中国农民为什么对征地补偿程序不满意？
——基于浙江省的典型调查

    钱龙，钱文荣，王心良

149 Preliminary Study on Connotation Extension and Management Mode of Multi-functional and Compound Cultivated Land Protection

    Danyue Feng, Jing Liu, Wei Shan, Xiaobin Jin

165 Space-time Pattern of the Coupling Development of Land Finance and Urbanization in Shandong

    Xin Zongfei, Peng Wenlong, Lv Xiao

180 Overseas Progress of Land Economics Research in the Past Ten Years

    Yuan Yuan, Jinqiu Huang, Xianjin Huang

集体经营性建设用地权能实现研究
——基于33个试点地区入市探索的分析

宋志红[1]，姚　丽[2]，王柏源[2]

(1. 中共中央党校(国家行政学院)政法部，北京 100091；
2. 中国国土勘测规划院，北京 100035)

摘　要　在现行法框架下，集体经营性建设用地权能实现受到极大限制。集体经营性建设用地入市改革的目标是实现集体经营性建设用地与国有建设用地的同地同权。2015年以来的改革试点探索在促进集体经营性建设用地权能实现方面取得了四大成效：集体经营性建设用地从不允许入市到允许入市，集体经营性建设用地使用权被赋予了与国有建设用地使用权基本相同的权能，市场主体对集体经营性建设用地权能的认同度总体大幅提高，入市主体的自主意识和能力逐步提升。但同国有建设用地相比，试点实践中集体经营性建设用地在权能实现上仍存在一些差异性因素，主要呈现为两个层面的9个因素，具体包括规则设计层面的入市范围、入市用途、抵押条件、土地登记、税费体系等因素，以及实施层面的入市方式偏好、契约能力、认可程度、市场发育程度等客观环境因素。在此基础上针对下一步深化改革提出四方面的政策设计和立法建议：进一步完善入市规则体系，消除不平等规则；深化改革探索，回应集体土地的独特需求；完善多层级立法，巩固改革成果；加大市场培育力度。

关键词　集体经营性建设用地；入市；同权；试点

收稿日期：2019-4-19
基金项目：国家哲学社会科学基金重大项目"新时代中国特色土地管理法律制度完善研究"(18ZDA151)。
作者简介：宋志红，中共中央党校(国家行政学院)政法部教授，民商法学博士，国家"万人计划"青年拔尖人才。研究方向：土地制度改革、土地法、民商法、物权法等。
姚丽，中国国土勘测规划院研究员，研究方向：土地制度改革、土地政策等。
王柏源，中国国土勘测规划院副研究员，研究方向：土地制度改革、土地政策等。

一、引　言

在现行法律框架下,同国有建设用地相比,集体经营性建设用地范围狭窄(仅包括乡镇企业用地),产权制度不完善,权能受到极大限制。2014年底,中共中央办公厅、国务院办公厅印发《关于农村土地征收、集体经营性建设用地入市、宅基地制度改革试点工作的意见》(以下简称"中办71号文"),针对农村集体经营性建设用地权能不完整,不能同等入市、同权同价和交易规则亟待健全等问题,部署集体经营性建设用地入市改革,要求健全同权同价、流转顺畅、收益共享的农村集体经营性建设用地入市制度。随后,全国人大常委会授权国务院在33个试点县市开展集体经营性建设用地入市试点。

集体经营性建设用地入市改革的目标是实现集体经营性建设用地与国有建设用地的同地同权同价,而同权是实现同价的前提。经过四年多的探索,试点地方在促进集体经营性建设用地权能实现方面取得了明显成效,但受制于各种主客观因素的制约,集体经营性建设用地权能的实现程度同国有建设用地相比尚存在差距。为此,笔者收集了33个试点地区针对集体经营性建设用地入市制定的规范性文件,以及截至2018年10月底各试点地区入市的统计数据,并结合针对部分典型试点地区的实地调研成果,对试点地区集体经营性建设用地权能实现状况开展实证考察和理论分析,重点分析其和国有建设用地权能相比尚存在的差异及其原因,在此基础上针对下一步深化改革的政策设计和完善相关立法提出建议。

二、集体经营性建设用地与国有建设用地权能的现实差异

(一) 法律赋予权能的差异

虽然宪法并未对国有建设用地和集体建设用地的权能予以差别对待,物权法第四条规定的平等保护原则也赋予了国家物权和集体物权平等的法律地位,但土地管理法[①]对集体建设用地的权能作出了诸多限制,物权法、担保法[②]关于

---

① 见《中华人民共和国土地管理法》第四十三条、第六十条、第六十三条。
② 见《中华人民共和国担保法》第三十六条和《中华人民共和国物权法》第一百八十三条。

担保的规定进一步对集体建设用地使用权的抵押作出了限制,从而使得集体建设用地的权能在法律上与国有建设用地处于不平等状态：

国有建设用地出让和转让的法律途径是畅通的,所有权人可以通过出让、出租、入股等多种方式设定国有建设用地使用权并获取对价,各市场主体以出让方式取得的国有建设用地使用权可以再行转让、抵押、入股等;对国有建设用地的使用主体没有身份或投资属性的限制;用途包括工业商业住宅等多种建设用途,除规划和用途管制外并没有额外限制。

对集体建设用地权能实现的限制则体现在:(1)用途和使用主体的限制。集体建设用地的工商业使用仅限于"兴办乡镇企业"的情形,而且法律对此类用地的主体和用途有严格限制,包括两类:一是农村集体经济组织自身兴办企业,二是农村集体经济组织以土地使用权入股或联营与他人共同举办企业,并且均需履行相关审批手续。由此可见,此处的乡镇企业并不仅仅是一个地理概念(位于乡镇的企业),而是明确限定为以农村集体经济组织投资为主的企业。其他在农村投资建厂的投资主体,由于没有集体经济组织参与出资或入股,则不属于此处的乡镇企业的概念,也没有直接使用集体建设用地的资格。由此可见,集体建设用地的工商业使用仅限于集体经济组织自用或者联合自用的情形。(2)即便是集体经济组织自用或者联合他人自用,集体建设用地上也严禁市场化的住宅开发。(3)集体建设用地没有出让和转让的法律途径,集体土地所有权人不能通过出让等方式设定集体建设用地使用权,集体经济组织投资或与他人联合投资的乡镇企业在取得集体建设用地使用权后,该集体建设用地使用权没有物权地位,不得通过市场交易形式再行转让,原则上也不得抵押,只有两种十分有限的被动流转情形:一是因企业破产、兼并等情形导致此类建设用地使用权被动转移,二是因乡镇、村企业的厂房等建筑物抵押而导致其占用范围内的集体建设用地使用权一并被抵押。除此之外,其余各种流转情形一律被法律所禁止。

（二）从市场主体自发"法外"扩权到正式授权试点

随着土地价值的显化和农民土地权利意识的觉醒,实践中各种突破法律规定扩大集体建设用地使用范围和权能的行为大量出现,在一些市场条件比较好的地方,农民集体将土地出租给各类企业用于工商业经营,个别大胆的农民集体甚至联合房地产开发商利用集体土地进行市场化的住宅开发。虽然这些突破法律规定私自扩展集体建设用地权能的行为,挑战了土地管理秩序和法律的威严,主管部门多次严厉查处,而且其土地利用关系也得不到法律的保护,但由于其能在一定程度上满足农民实现土地权利的诉求，而且顺应了一些企业低成本快捷拿地的需要，法律的禁止性规定阻挡不住旺盛的实践需求。

由此可见，农民集体和市场主体自觉自愿"法外"扩展集体建设用地权能的行为，在实然层面推动了集体建设用地权能向国有建设用地权能的"靠近"，但"靠近"的幅度和范围十分有限，而且得不到国家法律的保护。

显然，主管部门也注意到了这一现象，并有意识地部署了早期探索。自1999年起，国土资源部开始在安徽芜湖、江苏苏州、河南安阳、广东顺德、浙江湖州以及上海等地广泛开展集体建设用地使用权流转试点，2007年成渝地区在全国统筹城乡综合配套改革试验区框架下也开展了集体建设用地流转探索。一方面，这些探索受制于土地管理法等国家法律层面的规定，地方探索缺乏合法性依据，市场主体取得的集体建设用地权利由于没有国家层面法律的保障，难以被社会各界所认可，银行等金融机构更是不愿也不敢为地方探索中的集体建设用地进行抵押融资。另一方面，遍地开花的地方探索在统一性、规范性方面存在诸多不足，难以形成可复制、能推广、利修法的试点成果，不利于从国家法律层面推动改革。

当然，这些探索也为此次中央层面进一步聚焦关键性改革问题、部署集体经营性建设用地入市试点积累了宝贵经验。2014年12月中办71号文为集体经营性建设用地入市探索绘制了蓝图，2015年2月全国人大常委会的正式授权则为试点探索提供了合法性依据。

三、集体经营性建设用地与国有建设用地"同权"的考量因素

集体经营性建设用地入市改革的目标是实现集体建设用地与国有建设用地的"同地同权"，因此，在考察集体经营性建设用地权能实现的程度时，需要以国有建设用地的权能为"参照物"。结合国有建设用地的权能和试点地方对集体经营性建设用地入市的探索，本文将集体经营性建设用地与国有建设用地"同权"的主要考量因素归纳为规则设定和实践两个层面的因素。

（一）规则层面的考量因素

在规则设定层面，主要是考察法律法规和其他规范性文件等赋予集体经营性建设用地的权能是否与国有土地一致或大体相当，是否在规则设定上对集体经营性建设用地"歧视"对待。无论是基于发展市场经济、平等保护市场主体和

产权的需要,还是基于贯彻落实物权法平等保护原则的需要,对不同类型土地权能的规定只可以基于实施规划和用途管制的原因而设定不同规则,不得仅仅因为拥有主体的不同而区别对待。对于33个试点地区而言,则考察其针对集体经营性建设用地入市制定的系列规范性文件(包括操作规程)中是否有"歧视"该类土地的现象。

结合建设用地上的权利体系,依据权利主体之不同,在考量因素上可以区分为所有权权能实现和使用权权能实现两个方面。结合试点地区集体经营性建设用地入市政策体系设计中的关键性因素,本文在所有权权能实现下设定8个二级指标,包括:是否允许入市、入市范围、入市条件、入市程序、入市方式、入市用途、入市年限、入市承担的义务;在使用权权能实现下设定3个二级指标,包括:占有使用权能、再处分权能(包括是否允许再处分、再处分的方式、再处分的条件、再处分承担的义务等)、到期后的处理方案。

(二)实践层面的考量因素

在实践操作层面,主要考虑设定的同权规则是否能够有效落实,社会各界是否认可等。结合试点地区探索情况,主要从市场发育程度、社会各界认可程度两个方面考察。在市场发育程度方面主要考察交易平台、中介服务、地价体系等是否健全等交易客观环境,以及通过统计分析实际交易数量来分析交易活跃程度;在社会各界认可程度方面主要考察社会各界对集体经营性建设用地权能的认可程度(是否认可其具有与国有土地的同等全能,同等情形下是否更倾向于使用国有建设用地),以及对集体经营性建设用地权利得到保障的信心(是否更倾向于短期用地行为)(表1)。

表1 集体经营性建设用地与国有建设用地"同权"的主要考量因素

考量视角	考量因素	具体指标	说明
规则层面	所有权权能实现	是否允许入市	
		入市范围	存量/增量的限制,圈内/圈外的限制
		入市条件	包括现状条件(毛地、生地、熟地等)、规划用途、容积率、建筑密度等
		入市程序	主要考察审批程序的差异
		入市方式	出让、出租、入股等

续 表

考量视角	考量因素	具体指标	说明
规则层面	所有权权能实现	入市用途	工业、商业、住宅等
		入市年限	主要考察与国有土地的现行规定是否一致
		入市承担的义务	税费义务、其他义务
	使用权权能实现	占有使用权能	市场主体投资等方面的法律法规是否有歧视规定？是否要求必须是国有土地？
		再处分权能（出租、转让、入股、抵押融资等）	是否允许再处分？再处分的方式（出租、转让、入股、抵押融资等）？再处分的条件（例如转让是否设置限定条件？抵押是否设定额外限制条件？），再处分承担的义务（税费义务、其他义务）
		到期后的处理方案	是否允许续期？地上物处理？
实践层面	市场发育程度	交易的客观环境	交易平台、基准地价、中介机构等
		交易活跃程度	实际交易数量
	社会各界认可程度	企业、银行、相关政府部门、社会公众等对集体经营性建设用地权能的认可程度	体现为是否更倾向于使用国有建设用地，从而影响入市交易数量
		对交易权利保障的信心	体现为是否更倾向于租赁等短期用地行为，从而使得出让、入股等长期交易行为比例偏低

四、集体经营性建设用地权能实现的试点实践考察

截至 2018 年年底，33 个试点地区共计入市地块 1 万余宗，面积 9 万余亩，总价款约 257 亿元，收取调节金 28.6 亿元，办理集体经营性建设用地抵押贷款 228 宗、38.6 亿元①。总体来看，集体经营性建设用地入市试点探索取得了显著成效。从规则层面和实践层面分析 33 个试点地区的具体做法和实际情况，发现

---

① 《国务院关于农村土地征收、集体经营性建设用地入市、宅基地制度改革试点情况的总结报告——2018 年 12 月 23 日在第十三届全国人民代表大会常务委员会第七次会议上》，据中国人大网：http://www.npc.gov.cn/npc/xinwen/2018-12/23/content_2067609.htm，访问日期：2018 年 12 月 23 日。

试点地方在一些主要规则的设计上都体现了"同权"的要求,但也仍然存在阻碍"同权"实现的因素。

（一）促进"同权"实现的因素

在所有权权能实现方面,33个试点地方均通过制定规范性文件允许集体经营性建设用地入市,使其得以如同国有土地所有权人一样直接向市场主体设定建设用地使用权,从而解除了法律对集体建设用地所有权人处分权能的限制。在入市条件上均以符合规划和用途管制、产权明晰等为共同性的前提条件；在入市方式上,明确规定集体经营性建设用地能以"出让、转让（包括出售、交换、赠与等）、出租、作价出资（入股）、抵押"等多种方式入市；在出让最高年限上均作出了与国有土地相同的规定；在入市程序上,集体经营性建设用地入市因为所有权主体的特殊性而增加了集体表决程序,其他程序大体均是仿照国有土地入市的程序进行设计,增加集体表决程序是集体土地所有权实现的必然要求,并不构成对集体土地的歧视。

在使用权权能实现方面,试点地区对集体经营性建设用地使用权权能的规定与国有建设用地使用权基本相同：(1)明确规定集体经营性建设用地使用权可以通过"出让、转让（包括出售、交换、赠与等）、出租、作价出资（入股）"等多种方式创设。(2)规定集体经营性建设用地使用权出让的最高使用年限与国有建设用地使用权相同。(3)规定依法取得的集体经营性建设用地使用权在使用期限内享有与国有建设用地同等的转让、出租、抵押权能,也即赋予合法的集体经营性建设用地使用权人与国有建设用地使用权人在占有、使用、再处分等方面同等的权能。(4)在集体经营性建设用地使用权到期后的续期规则设计方面：大部分地方均规定了到期可以申请续期并重新签订合同[①]；大多数地方均将不予续期的理由限制为"公共利益"[②]；对不续期情形下地上物的处理尊重当事人约定,存在"折价补偿""无偿收回"[③]两类可选择的方式。总体看试点地方对集体

[①] 例如上海松江规定："农村集体经营性建设用地使用权出让合同约定使用期限届满,受让人要求继续使用土地的,应当至迟于届满前一年向出让人提出申请续期。经出让人和协调机构同意继续使用土地的,应重新签订出让合同,支付土地出让价款,并办理建设用地使用权变更登记手续。"

[②] 例如浙江德清、安徽金寨、福建晋江均规定："本合同约定的使用年限届满,土地使用者需要继续使用本合同项下宗地的,应当至迟于届满前一年向出让人提交续期申请书,除根据社会公共利益需要收回本合同项下宗地的,出让人应当予以同意。"

[③] 例如广东南海规定："农村集体经营性建设用地使用权出让、租赁、作价出资（入股）年限届满的,农村集体经营性建设用地使用权、地上建筑物及附着物按出让、租赁、作价出资（入股）合同的约定处理,未约定的由村（居）集体经济组织无偿收回。"

经营性建设用地到期续期的规定与国有建设用地大体相同①。

(二) 阻碍"同权"实现的因素

通过对33个试点地区入市规定和实际入市情况的分析发现，影响集体经营性建设用地与国有建设用地"同权"实现程度的差异性因素主要包括如下方面：

1. 入市范围的特殊限制

(1) 大部分试点地方限制"新增"入市

通过对33个试点地方入市规则和实际入市地块的不完全统计分析发现，入市土地范围以存量为主，少数地区出现增量入市。

应该说，各试点地区对存量的把握宽窄不一。狭义的存量：部分地方依据现状用途确定，需要现状是集体经营性建设用地。这种情况在早期试点探索中多见，随着试点探索深入，大部分试点地区都扩展了对"存量"的把握。广义的存量：部分试点地区依据规划用途确定"存量"集体经营性建设用地，也即只需要规划用途是集体经营性建设用地，且不突破建设用地总规模即可，而不局限于现状用途。具体而言相较于上述狭义的把握扩展出三种类型：一是原来是非经营性用途（公益性用途）的建设用地，规划为经营性用途或者后来转变为经营性用途，例如青海湟源规定原用途已发生改变，趋向于经营性的存量集体建设用地，可纳入农村集体经营性建设用地；二是原来是宅基地，通过转变用途、区位调整等转变为经营性建设用地，此种情况较为多见，例如江苏武进、浙江德清、浙江义乌、湖北宜城、四川郫都、贵州湄潭等地区；三是原来不属于建设用地，规划为建设用地，通过指标调剂等方式落地，这在调整入市中比较多见。与此同时，实践中对何谓"增量入市"也存在不同理解：狭义的理解是仅指需办理农用地转用审批后入市的情形，与上述"广义的存量"概念相对应的"增量"即属于狭义的"增量"概念；广义的理解则将一些调整入市、增减挂钩、复垦节余指标和建设用地规模腾挪的情形也包含在内。本文分析采用狭义的"增量"概念，将"增量入市"界定为占用了新增建设用地规模指标的入市行为。

从文件规定看，28个试点地区的文件明确规定将入市土地范围限定为存量，吉林九台、上海松江、湖北宜城等3个试点在文件中未限定存量，湖南浏阳和

---

① 物权法针对住宅建设用地特别规定了自动续期制度，对续期的保障程度比其他类型建设用地更高；因为绝大部分试点地方均不允许集体经营性建设用地用于住宅建设，故此并未设计对住宅建设用地续期的特殊规定；在广西北流等允许集体经营性建设用地入市建住宅的个案中，一些合同中对到期处理事项的规定采用了"参照国有土地续期规则执行"的表述。

广西北流则明确规定可以包括增量。

从实际入市情况看,据不完全统计,山西泽州、山东禹城、浙江德清、河南长垣、湖南浏阳、广西北流、贵州湄潭等至少 7 个试点地区实际出现增量入市案例,共计增量入市 27 宗,合计面积 556.1585 亩,可见增量入市总体占比较小。

(2) 大部分试点地方入市范围以"圈外"为主

关于入市地块区位是否局限于土地利用总体规划确定的城镇建设用地范围外(以下简称"圈外")的问题,十七届三中全会对集体经营性建设用地制度改革的表述采用了"在土地利用规划确定的城镇建设用地范围外"的表述,十八届三中全会、中办 71 号文和《国土资源部关于印发农村土地征收、集体经营性建设用地入市和宅基地制度改革试点实施细则的通知》(国土资发〔2015〕35 号)(以下简称"原国土资源部 35 号文")均未对此进行限定。虽然各试点地方的规范性文件没有明确作出将入市范围限制在"圈外"的规定,但大多数试点地区仍然对"圈内"入市持谨慎或保留态度,实际入市地块绝大部分位于"圈外"。截至 2018 年 10 月底,据不完全统计,有 13 个试点地区出现圈内入市的案例,入市面积 6368.94 亩,占比约 7%。

2. 入市用途的特殊限制

在入市用途上,主要的差异性因素是是否允许进行商品住宅开发。对 33 个试点地区的规定和实践进行分析发现,入市用途主要集中于工矿仓储和商服,个别试点扩展至商住和住宅。

从入市的用途看,工矿仓储、商服用途是中办 71 号文和原国土资源部 35 号文中均明确提到的用途,各试点地区入市用途也主要集中在这两类。个别地区增加了住宅用途。从试点地区的规定来看,安徽金寨明确入市可用作住宅用地,云南大理、辽宁海城、吉林九台、黑龙江安达、湖北宜城、陕西高陵等 6 个试点地区则明令禁止入市地块用于房地产开发或住宅开发,其他 26 个试点对是否可以用于房地产或住宅开发均未明确。但从实际入市地块的用途看,不完全统计表明,山西泽州、浙江义乌、河南长垣、广西北流、贵州湄潭、西藏曲水等 6 个试点地区入市的 108 宗土地包含住宅用途(其中单一住宅用途 70 年使用年限的 9 宗,其余均为商住混合,年限 40~70 年不等)。例如河南长垣蒲东街道孔场村于 2017 年 5 月 22 日,由蒲东办事处作为实施主体,协议出让给长垣县祥运置业有限公司一宗 24.73 亩的土地,单价 40 万元每亩,总价 989.2 万元,原用途为村庄建设用地,规划用途商住,年限住宅 70 年,商业 40 年,采用整治入市方式入市。再例如山西泽州大东沟镇东沟村于2016年9月19日,出让一块原用途为闲置宅基地的土地给晋城市隆科房地产开发有限公司,用于住宅兼容商业开发。

此外,2017年8月开始开展利用集体建设用地建设租赁住房试点①之后,部分试点地区将集体经营性建设用地入市的用途扩展至租赁住房建设。

3. 实际入市方式的差异

虽然33个试点地方在入市方式上均规定了出让、出租、入股(作价出资)等方式,从规则设计层面看与国有土地并无差异,但从入市实际情况看,租赁入市和协议入市的占比明显比国有土地高。一是从入市方式看,租赁方式(包括租赁、协议租赁、挂牌租赁等)入市比例较大,有8700多宗,约占总入市宗数的86%;出让方式入市1300多宗,约占13%;作价出资入股18宗,占比最小。33个试点中,江苏武进、广东南海租赁入市比例较大,分别约占当地总入市宗数的93.8%和93.6%。二是从入市定价方式看,采用协议出让的比例较高,达到9400多宗,占比约94%,但地区之间存在较大差异,例如内蒙古和林格尔、江苏武进、云南大理、陕西高陵、青海湟源出让土地全部采用协议出让方式,山西泽州、湖南浏阳、甘肃陇西等地采用协议出让的比例达到90%以上,而浙江德清、广东南海、广西北流、贵州湄潭、四川郫都等地协议出让比例低于10%。

依据调查访谈,出租方式之所以更加受到入市主体的青睐,主要原因有两点:一是农民一方由于对土地市场行情把握不准,更希望通过出租方式来"试水",为应对未来地价提升等留下余地,而不是一次性出让方式;二是用地者一方由于对政策未来走向的顾虑(对集体经营性建设用地入市未来是否会被法律固定为正式制度,尚存顾虑)和农民集体诚信履约能力的担忧(担心农民集体一方违约,使得较长期限的权利得不到保障),也更倾向于采用出租等短期入市方式,从而有利于控制用地的不确定性风险。

4. 部分地方为抵押设置额外限制条件

集体经营性建设用地使用权抵押权能实现的程度,也是该类土地权能实现程度的重要标志。从此次试点总体情况看,抵押贷款占比不高。

从规则设计看,各试点地方均允许集体经营性建设用地抵押,但部分试点地方设置了额外限制条件。主要有三种表现:一是在抵押物处置时设置土地所有

---

① 2017年8月国土资源部和住房城乡建设部下发《利用集体建设用地建设租赁住房试点方案》(国土资发〔2017〕100号),确定在北京、上海、沈阳、南京、杭州、合肥、厦门、郑州、武汉、广州、佛山、肇庆、成都等13个城市开展利用集体建设用地建设租赁住房试点。

权人的优先购买权。银监发〔2016〕26号文规定集体经营性建设用地使用权抵押中,在抵押物处置时土地所有权人在同等条件下有优先购买权,上海松江、甘肃陇西等试点地区也作了相同规定,优先购买权的设置会对抵押物处置时的交易效率产生影响。二是要求取得土地所有者或者土地主管部门的同意。例如辽宁海城、广西北流、甘肃陇西、广东南海等地规定抵押需要经集体土地所有权主体同意,吉林九台、黑龙江安达、广西北流、甘肃陇西等地规定抵押需经土地管理部门同意。三是设定投资开发额度或者剩余年限的限制。例如辽宁海城要求抵押时必须达到一定的投资开发额度,山西泽州要求抵押时"农村集体土地使用权剩余年限在10年以上"。这些额外的条件设置均是国有建设用地抵押时所没有的,均会对集体经营性建设用地抵押权权能的实现产生影响。

当然,为了促进集体经营性建设用地抵押权能的实现,试点地方政府也采取国有建设用地所没有的促进举措:地方政府通过与银行积极沟通、设立风险补偿基金等多种方式推动集体经营性建设用地使用权的抵押。这些是有助于集体经营性建设用地抵押权能实现的正向因素。

5. 产权登记管理的差异

一些试点地区的集体经营性建设用地一级市场的产权登记管理与国有市场存在差异,出现凭集体经营性建设用地使用权证入市的情形,从而使得集体经营性建设用地入市一级市场在某种程度上出现与二级市场的混同。主要有两种表现:一是在产权登记管理上部分试点地区要求集体土地所有权人在集体经营性建设用地出让前先行取得集体经营性建设用地使用权证,在入市后再将集体经营性建设用地使用权证变更登记至受让人名下,从而使得集体经营性建设用地使用权的出让设定行为从不动产登记上表现为集体经营性建设用地使用权的转让行为,例如河南长垣、四川泸县、广东南海等采用此种做法。二是部分试点地区的集体经营性建设用地入市一级市场实则是和房屋交易二级市场捆绑,例如江苏武进、河南长垣等地都将集体经营性建设用地入市与产业转型升级相结合,对于一些试点前已经以集体建设用地方式使用的企业用地,在此次试点中将其纳入试点的规范操作框架:由原用地企业与新用地企业签订房屋所有权买卖合同,同时由集体土地所有权人与新用地企业签订集体经营性建设用地入市合同。通过此种方式一方面将历史存在的集体建设用地流转行为纳入试点政策框架,另一方面促进产业转型升级。

6. 承担税费和基础设施建设等义务的差异

集体经营性建设用地入市中产权人承担的义务，从缴纳的税、费的种类，收取的方式和比例，对基础设施建设承担义务的方式和程度等方面，与国有土地相比存在差异。

在国有建设用地出让中，受让人承担的税费可能包括契税、印花税、土地使用税、新增建设用地有偿使用费、耕地占用税、新菜地建设基金和水利工程建设费等多种项目，除此之外还可能依据出让合同的特殊约定承担配套基础设施建设义务。在集体经营性建设用地入市中，受让人承担的税费主要是增值收益调节金和契税，部分试点地方（例如北流）在合同中另行约定了配套基础设施建设义务。33个试点地区对土地增值收益调节金的收取方式和收取比例也存在差异，总体分为两类：一是按成交总价计提，例如北京大兴、上海松江、江苏武进、浙江德清等17个试点地区，其中收取比例最高的为上海松江，提取比例为50%，实际征收比例最低的为北流10%；二是按照增值收益计提，例如内蒙古和林格尔、辽宁海城、吉林九台等16个试点地区，实际征收比例最高的是吉林九台为48%，实际征收比例最低的是贵州湄潭为12%。总体来看，集体经营性建设用地入市土地增值收益调节金的收取方式和比例与国有建设用地入市税费的收取方式和比例存在较大差异。

实际上，由于国有建设用地与集体建设用地的产权主体不同、基础设施建设情况亦有所不同，两类土地在出让环节的税费体系也应允许有所不同。因此，集体经营性建设用地入市采取与国有土地不同的税费收取方式和比例，并不必然意味着对集体土地的歧视，也并不必然影响集体经营性建设用地"同权"的实现。但哪些应当衔接，哪些应当有所差异，有待深入研究探索。

7. 农民集体治理机制不完善对签约和履约能力的影响

集体经营性建设用地的所有权主体是农民集体，依法由相应级别的农村集体经济组织或者村民委员会、村民小组等代表行使。是否具备健全的集体经济组织、集体经济组织的治理机制是否成熟，均会影响集体土地所有者的签约能力和履约意识，从而会对集体经营性建设用地的权能实现产生影响。对受让者而言，如果作为土地所有权代表的集体经济组织不健全、治理机制不成熟，可能给其带来两方面的风险：

一是委托代理风险。与国有建设用地具备强大且专业的所有权代表行使主体不同的是，绝大部分试点地方的集体土地所有权代表行使机制尚不健全，有的试点地方没有集体经济组织,有的地方集体经济组织形同虚设,不具备实际经营管理土地的能力,只能通过村民决议委托其他具备市场主体资格的组织作为入市实施主体,实际开展入市工作。例如江西余江规定,属于村小组集体所有的,可由村小组委托村民事务理事会代表集体行使所有权并作为入市实施主体;湖北宜城、广西北流规定入市主体可委托授权具有市场法人资格的土地股份合作社、土地专营公司等作为入市实施主体;江苏武进规定,对于属村集体经济组织的或者村内其他集体经济组织的土地,可以委托镇资产管理公司作为入市代理实施主体;北京大兴的镇级统筹也是由村集体经济组织委托镇级统筹公司来作为入市实施主体。在农民集体治理机制不健全的情形下,通过授权实施主体实际承担入市职能的方式可以暂时克服入市的现实障碍,可谓务实的做法,但授权委托的链条越长,代理人背离委托人意志和利益行事的风险就越高,而一旦出现此种风险,农民就有可能采用"闹事""干扰用地行为"的方式表示不满。

二是诚信履约风险。虽然说集体建设用地使用权出让(出租)合同的双方当事人行使权利、履行义务均应当遵循诚实信用原则,不应因合同签订一方为集体经济组织而有异。但由于很多试点地方的集体经济组织的治理机制并不健全,不同集体经济组织及其成员的市场意识和契约意识存在很大差别,从而给该合同的履行带来了特殊挑战,集体经济组织的健全程度、法律规则意识和市场谈判能力,乃至在村民中的公信力、领导力,直接关系到入市活动能否顺畅进行。基于对收益的追逐以及法律知识的欠缺,集体经济组织可能会在合同履行中向受让方施加压力,以获取合同外利益。一旦出现此种情形,地方政府出于稳定考虑也往往倾向于维护支持农民诉求。本次试点也出现了集体经济组织通过召开股东代表大会、村民代表大会和全体村民大会等形式,表决撤回出让公告、改变规划用途、不同意设置抵押权的情形,还有少数集体经济组织成员因为对已出让土地的收益分配方案不认同从而干扰用地企业的正常用地行为。这些问题如果得不到妥善解决都极易引发矛盾,也影响市场对集体经营性建设用地的认可。

8. 非正式法律制度对社会认可度的影响

虽然试点地区的集体经营性建设用地入市有全国人大常委会的授权,不存在法律障碍,但授权试点毕竟不是正式的法律制度,社会各界仍然心存顾虑:例如,受让主体担心试点结束后试点做法不能成为正式的法律制度,或者担心试点政策生变,权利得不到保障,从而对取得集体建设用地开展建设有顾虑。再例如,虽然各试点地方均赋予了集体经营性建设用地抵押的权能,试点地方政府还通过与金融机构积极沟通、设立风险补偿基金等多种方式积极推动有需求的受让主体开展集体经营性建设用地使用权的抵押,但集体经营性建设用地使用权抵押的数量和金额并不高,集体经营性建设用地使用权在市场上的抵押价值尚未得到真实体现,一个重要原因是金融机构担心相关配套法律未授权①导致集体经营性建设用地抵押权处置难。

当然,一旦土地管理法修改通过,并正式赋予集体经营性建设用地与国有建设用地同等的出让、转让、抵押等权能,此种影响因素即可消除。

9. 市场发育程度不足的影响

总体看来,社会各界对集体经营性建设用地使用权的认可程度与国有土地尚存在差距。除了正式法律尚未修改的原因之外,试点时间短、市场发育不足也是重要原因。除少数试点开展前就有很好的集体建设用地交易基础的地方外,大多数试点地方的集体经营性建设用地交易市场尚处于培育期,交易活跃程度受到影响,对二级市场的影响尤其明显。虽然各试点地区的文件均规定集体经营性建设用地使用权人在使用期限内可以转让、出租其土地使用权,但从实际交易情况看,只有北京大兴有3宗土地出让后又进行了转让,总体来看集体经营性建设用地二级市场交易尚处于起步阶段。一方面,从试点后第一块地入市开始计算,集体经营性建设用地一级交易市场的发育时间才刚刚三年,而二级市场的发育需建立在一级市场发育的基础之上;另一方面,部分地方仿照国有土地对集体经营性建设用地使用权的再转让、转租设有投资开发强度条件的明确限制,而在有限的试点期限内难以达到该要求,二级市场的发育因此进一步被延缓。

除此之外,抵押权的实现也受到了市场发育不足的影响,部分地方由于农村土地产权市场建设尚未完成,产权交易平台建设滞后,缺少专业的农村土地产权资产价值评估机构和评估专业人员,缺乏科学完整的农村土地产权评估规则,商业银行开展相关业务成本和风险均较高,市场接受程度低,从而影响了市场主体的抵押意愿。

---

① 担保法第三十六条第三款规定:"乡(镇)、村企业的土地使用权不得单独抵押。以乡(镇)、村企业的厂房等建筑物抵押的,其占用范围内的土地使用权同时抵押。"物权法第一百八十三条也作出了同样的规定。全国人大常委会的授权没有涵盖物权法和担保法的上述规定。此外,担保法第三十七条第(三)项规定:"学校、幼儿园、医院等以公益为目的的事业单位、社会团体的教育设施、医疗卫生设施和其他社会公益设施。"这些内容均不在全国人大常委会的授权内容之列。原中国银监会、原国土资源部联合印发的《关于印发农村集体经营性建设用地使用权抵押贷款管理暂行办法的通知》(银监发〔2016〕26号)虽然赋予了集体经营性建设用地抵押权能,但位阶较低。

（三）小结：成效与不足

总体来看，试点地区围绕"同地同权"的目标从规则设计和实施保障方面开展了系列探索，在促进集体经营性建设用地权能实现方面取得了明显成效：一是权能拓展，集体经营性建设用地从不允许入市到允许入市，集体土地所有权的权能范围尤其是处分权极大拓展；二是在规则设计上基本实现"同地同权"，赋予了集体经营性建设用地使用权与国有建设用地使用权基本相同的权能，二者使用年限基本相同，在占有、使用、收益、抵押、流转等方面的权能也基本相同；三是市场认同度逐步提高，大部分地区由于集体经营性建设用地交易市场尚处于发育初期，集体经营性建设用地权能的社会认可程度和实际实现程度尚有待提高，但在部分交易活跃地区各类社会主体对集体经营性建设用地使用权的认可程度已经接近国有土地，如江苏武进的集体经营性建设用地使用权得到了资本市场和外资企业的认可，已经出现了将集体经营性建设用地使用权作为企业资产打包上市以及外资企业作为受让方取得集体经营性建设用地使用权的情形；四是入市主体的自主意识和能力逐步提高，在入市改革探索初期，在大多数试点地区，农村集体经济组织等入市主体在入市的意识和能力方面都存在欠缺，试点地区政府更多地发挥了推动引导作用甚至一定程度上担当了"代办"角色，随着入市改革试点的深入，集体经济组织经过实践的磨炼，其入市主体的意识和能力也逐步提高，农民逐步有望成为真正的集体土地"主人"，从而促进集体经营性建设用地交易市场的成熟和市场机制作用的发挥，但在例如广东南海等入市基础条件较好的地区，农村集体经济组织已经具备了较强的自主意识和入市能力，集体经营性建设用地的市场配置不再受到所有权主体能力不足的制约。

与此同时，同国有建设用地相比，33个试点地方在集体经营性建设用地权能实现上还存在不足，影响同权实现的差异性因素主要呈现为两个层面的9个因素。在规则设计层面，主要存在五个差异性因素：一是大部分试点地方的入市范围以"存量"和"圈外"为主，使得入市土地的数量和区位价值受到制约；二是绝大部分试点地方不允许集体经营性建设用地入市后用于住宅开发，从而会对入市土地的价值实现产生影响；三是部分试点地方对集体经营性建设用地抵押设置优先购买权、土地所有者和有关主管部门同意等额外限制条件，从而使得集体经营性建设用地的抵押规则与国有建设用地存异；四是部分试点地方要求农民集体在集体经营性建设用地入市前先进行土地使用权登记，从而使得入市产权管理与国有建设用地不同；五是集体经营性建设用地入市承担的税费种类和收取方式与国有土地存在较大差异。在实践实现的客观环境因素层面,主要存在四个差异性因素:一是无论用地者还是农民集体都更倾向于出租等短期入市方式,出让入市方式占比较低,从而对集体经营性建设用地的价值实现方式产生影响;二是农民集体作为土地所有权主体,社会各界对其签约能力和诚信意识的顾虑影响了用地者对集体经营性建设用地相关权利保障性和稳定性的预期;三是试点授权的"非正式法律制度"特征影响社会各界对集体经营性建设用地权利的认可程度;四是市场发育程度不足制约了交易活跃度。

五、促进集体经营性建设用地权能实现的政策与立法建议

2018年12月29日,全国人大常委会决定将"三项制度"改革试点的授权期限再延长一年[①],这既对试点地方深化改革探索、进一步促进集体经营性建设用地权能的实现提出了要求,也为立法更好总结试点经验、更好回应试点探索提供了契机。

(一)进一步完善入市规则体系,消除不平等规则

建立城乡统一的建设用地市场需要实现国有建设用地与集体建设用地入市规则体系尽可能的统一,建议主管部门细化改革政策,引导试点地方针对影响集体经营性建设用地权能实现的差异性因素开展深入探索,进一步消除不平等规则,在入市规则体系上实现集体经营性建设用地与国有建设用地的同等"法律"地位。

1. 允许试点地方因地制宜开展"增量"入市探索

调查表明,一些试点地方对何谓"增量入市"以及此次改革是否允许"增量入市"存在困惑。中办71号文和原国土资源部35号文将集体建设用地入市范围均明确界定为"存量",《国土资源部关于深化统筹农村土地制度改革三项试点工作的通知》(国土资发〔2017〕150号,以下简称"原国土资源部150号文")则不再强调"存量"的范围限制,但亦未明确是否可以包含"增量"。从实际操作情况看,一些试点地区已经进行了"增量"入市。本文认为:

首先,针对实践中对"增量入市"的不同理解,应当明确"增量入市"是指占用

---

① 2018年12月29日通过了《全国人民代表大会常务委员会关于延长授权国务院在北京市大兴区等三十三个试点县(市、区)行政区域暂时调整实施有关法律规定期限的决定》。

了新增建设用地规模指标的入市行为。这是因为没有占用新增建设用地规模指标的调整入市,本就属于中办71号文部署的改革内容,原国土资源部35号文和原国土资源部150号文更是进一步明确要积极开展此种入市方式的探索,如果将其纳入"增量"从而排除在"存量"之外,会导致中办71号文、原国土资源部35号文和原国土资源部150号文等内容上的相互矛盾,并不符合文件部署本意。

其次,建议允许试点地方探索使用新增建设用地指标的增量入市。如前所述,中办71号文和原国土资源部35号文对集体经营性建设用地入市做出了"存量"的限制,原国土资源部150号文则未作此限制,试点地方对于是否允许"增量"入市心存疑虑,大部分试点地方未做增量入市探索,少部分开展了探索的地方也持十分谨慎的态度。本文认为,中办71号文和原国土资源部35号文在进行政策设计时之所以作出"存量"限定,主要是考虑两个因素:一是此次试点的主要任务是试制度试规则,从审慎稳妥推进改革的角度,范围不宜过大,将入市范围限定为存量,可以有效防止对耕地保护红线的冲击;二是考虑到全国集体建设用地存量较大,截至2013年底,全国集体经营性建设用地约有4200万亩,约占全国集体建设用地的13.3%[①],将入市范围限定为存量,不仅完全可以承载这项改革任务,而且有利于盘活存量。因此,中办71号文和原国土资源部35号文作出存量的限定,出发点是好的。但从理论上分析,一方面,增量入市探索恰好有利于缩小征地范围;另一方面,国有建设用地也存在盘活存量的问题,在是否允许增量的问题上对国有土地和集体土地同等对待,对于真正构建城乡统一的建设用地市场、促进同权同价有积极意义。考虑到各试点地区集体经营性建设用地存量不同,土地财政依赖程度有所区别,不宜"一刀切",应为各试点地区留下自主探索空间。同时应加强对"增量"入市影响面的研究,以便为下一步深化改革奠定基础。

2. 结合缩小征收范围为地方政府开展"圈内入市"留下空间

如前所述,虽然中办71号文、原国土资源部35号文和原国土资源部150号文均没有明确作出将入市范围限制在"土地利用规划确定的城镇建设用地范围外"的规定,但大多数试点地区仍然对圈内入市持谨慎或保留态度。是否允许"圈内"土地入市主要涉及与土地征收范围的衔接问题。从土地管理法修改草案

---

① 《农地入市同地同权,别瞎高兴,你或许理解错了!》,搜狐网:https://www.sohu.com/a/206364874_354859,访问日期:2019年1月6日。

看,2018年12月征求意见的草案第45条将"由政府在土地利用总体规划确定的城镇建设用地范围内组织实施成片开发建设需要用地的"纳入"可以依法实施征收"的范围,这意味着"圈内"符合规划的建设项目被推定为公共利益,政府具有征收权,但同时由于其采用了"可以征收"的柔性表述,这意味着圈内集体土地用于建设项目时是采用征收方式还是采用入市方式使用地方政府有自主选择权。

本文认为,是否允许圈内集体土地采取入市方式使用,既对农民土地权益实现程度影响巨大,也对地方政府财政收入状况影响巨大,这实际上是一个硬币的正反面。"圈内"入市探索无论是对缩小征地范围,还是对更大程度实现集体建设用地与国有建设用地的同地同权,均有积极意义,现实的阻力则是可能会对地方政府的财政收入产生不同程度的影响。换言之,从集体土地与国有土地"同地同权"的角度看,应当允许"圈内"土地入市;但从地方政府摆脱土地财政依赖需要逐步过渡的现实利益角度考量,则需要为地方政府留下缓冲地带。这也是土地管理法修改草案一方面不顾学术界的质疑将圈内土地纳入征收范围,另一方面又采用"可以征收"的柔性表述予以缓和的原因之所在。考量到各地土地财政依赖程度不同、因城镇化发展阶段不同而对未来城镇建设用地的需求量也不同[①],由地方政府结合本地实际情况自主决定"圈内"的某一建设项目是采用征地方式还是入市方式供地较为适宜。在立法和政策制定上则建议为"圈内入市"留下探索空间,既不对"圈内入市"作出限制,也允许地方政府结合本地实际情况将"圈内实施规划的需要"纳入征地范围,如此既有利于促进集体经营性建设用地权能的实现,也有利于征地制度和入市制度在同一区域的互动和相互促进。

3. 稳慎规范探索集体经营性建设用地上的住宅开发

对集体经营性建设用地入市后的用途是否需要作出不同于国有土地的特别限制,尤其是是否要对其商品住房开发作出限制,中办71号文和原国土资源部35号文既未明确列举以示可以,亦未明确禁止,对中办71号文"工矿仓储、商服等"表述中"等"的解释有将住宅用途包含在内的空间。从试点探索情况看,大部分试点地区对商品住房开发进行了禁止或严格控制,极少部分地方进行了商品住房开发的探索。2017年9月国家出台集体土地建设租赁住房试点之后,部分

---

① 《陈锡文:土地管理法修改首先要回答未来城市还需要多少地》,新京报:http://www.bjnews.com.cn/news/2018/12/25/533782.html,访问日期:2018年12月25日。

地方在集体经营性建设用地入市后建保障房或租赁房方面加大探索力度。

从目前试点实践看,绝大多数试点地方之所以不将入市的集体经营性建设用地用于商品住宅开发,主要是担心其会对城镇商品住宅市场和地方政府土地财政产生较大影响;不仅如此,在集体经营性建设用地入市后用于住宅开发的情形,除了涉及土地管理法相关条文的修改外,还涉及城乡规划法、城市房地产管理法等法律的修改,有些内容并未被全国人大常委会的授权范围所覆盖,试点地方开展相关探索还面临着其他法律上的障碍。

本文认为,从"建立城乡统一的建设用地市场""同地同权"这一改革目标来看,将集体经营性建设用地入市后的商品住宅开发用途排除在外不利于改革目标的实现;集体经营性建设用地上适度稳妥的商品住宅开发本身也有诸多积极意义,对于增加住宅供应、调控房价亦有积极促进作用[①]。从今后发展趋势看,集体经营性建设用地入市后可以用于商品住宅开发是必然的,关键是如何逐步过渡并规范管理。

改革向纵深扩展需要一个过程,一方面,建议法律和政策对集体经营性建设用地上的商品住宅建设持开放态度,允许地方结合本地实际情况自主开展探索;另一方面,由于住宅开发的用地期限更长、利益主体更多、利益关系更复杂,也必须稳中求进、稳慎规范探索。从试点地方前期的局部探索情况看,需要从如下两个方面进一步探索并规范集体经营性建设用地上的住宅开发行为:

一是补充法律授权,加强政府监管。对国有土地上的房地产开发,城市房地产管理法有一套比较完善和严格的监管程序,如果在集体土地上进行房地产开发,也必须有一套相应的完善并且严格的监管程序,比如说对开发主体资质的要求,对房屋建设质量的监管,对销售的许可等等。由于城市房地产管理法只适用于国有土地上的房地产开发行为,这使得集体经营性建设用地上的房地产开发行为实际上处于监管空白地带,由政府哪个部门监管?如何监管?依据什么法律监管?这些问题全部缺乏法律规定,亦不被全国人大常委会的现有授权内容所包含。在允许入市试点地方开展住宅建设探索的同时,需要全国人大常委会补充对城乡规划法、城市房地产管理法等法律中相关条文的授权,以便克服对集体经营性建设用地上住宅建设、销售、产权登记管理、政府监管等方面的法律限

[①] 宋志红:《中国农村土地制度改革研究:思路、难点、制度建设》,中国人民大学出版社,2016,第259—262页。

制,尤其是补充政府法定监管手段之不足。

二是稳慎处理集体经营性住宅建设用地使用权到期处理问题。集体经营性建设用地用于商品住宅开发,其土地使用权到期后如何处理的问题将比国有土地更为棘手,稍有不慎,便有诱发群体性对抗事件的风险:对于国有土地,物权法规定了自动续期,虽然如何续以及有偿无偿仍是待解的难题,但基于国家保障人民安居乐业的义务,社会公众有理由要求国家在土地出让金方面做出利益让渡。对于集体土地,考虑到集体土地的非国有特征,以及农民集体这一主体的特殊性,业主群体的利益相对方是农民群体,这两个群体并无绝对的强弱先后之分,利益的天平无论是偏向哪一方都难以服众,到期后无论是否允许续期以及无论是有偿还是无偿,操作难度都很大,而且隐含较大的社会稳定风险[①]。

4. 规范入市产权管理,实现农民集体凭土地所有权证而非土地使用权证入市

从交易类型看,土地所有权主体以各种方式入市集体经营性建设用地属于土地一级市场,土地所有权人凭借其土地所有权证即可,无须针对特定地块在入市前先行颁发集体建设用地使用权证。从法律关系角度分析亦是如此,集体土地所有权人出让集体经营性建设用地使用权,属于集体经营性建设用地使用权的设立过程,在登记上应属于集体经营性建设用地的初始登记,并不需要先行为所有权人颁发一个集体经营性建设用地使用权证,然后再转移给受让人。因此,在土地所有权明晰的情形下,农民集体可凭土地所有权证直接办理集体经营性建设用地入市手续,在出让成功后直接为受让人办理集体经营性建设用地使用权初始登记即可。在所有权不明晰的场合,通过先行颁发土地使用权证然后凭使用权证入市的做法,只是暂时掩盖了争议,不利于土地利用关系的稳定和产权的保护,正确的做法是先解决土地所有权争议,明确土地所有权权属,然后再入市。建议进一步规范实践做法。

5. 消除对集体经营性建设用地抵押的不合理限制

在开展集体经营性建设用地使用权抵押试点过程中,出台地方性文件对抵押试点活动进行指导和规范是试点地方政府职责之所在。按照"同地同权"和法治的要求,为集体经营性建设用地抵押设定规则需要满足两个要求:一是与国有建设用地抵押的规则相统一,不适宜在抵押条件、审批程序、处置方式等方面设

---

① 宋志红:《集体经营性建设用地入市试点的三个问题——基于德清、南海、文昌实施办法的规范分析》,《中国国土资源经济》2016年第7期。

置额外的限制条件,削弱该种权利的实现;二是不得与现行物权法和担保法对抵押的一般性规定相冲突,不动产抵押权作为一种法定的担保物权,法律对其权利义务内容有特定的规定,试点文件对抵押当事人权利义务关系的规定应当与法律规定的抵押权的权能保持一致,不得额外加强或者弱化。

对照这两点要求,一方面,试点文件对集体经营性建设用地抵押设定投资开发额度限制、设置土地管理部门或土地所有者同意程序、设置土地所有权人优先购买权等做法,与上述要求不相适应,不利于集体经营性建设用地"同权"的实现,建议予以修改。另一方面,部分试点地方在设定抵押权利义务关系时存在与物权法和担保法规定的抵押权的基本法律规则相违背的现象,例如依据抵押法理和有关法律规定,抵押不影响抵押人出租抵押财产的权利。物权法第一百九十条规定:"订立抵押合同前抵押财产已出租的,原租赁关系不受该抵押权的影响。抵押权设立后抵押财产出租的,该租赁关系不得对抗已登记的抵押权。"依据该条后段表述,抵押人的出租权并不因抵押行为而受到限制或禁止,只是依据物权优先效力,抵押权的实现不因该租赁行为受到影响。但部分试点地方对抵押人出租和抵押的处分权能作出了限制。例如山西泽州和吉林九台均规定:未经抵押权人同意,抵押人不得擅自将抵押的土地转让、出租或再行抵押。辽宁海城规定:未经抵押权人同意,抵押人不得转让和抵押土地使用权。河南长垣、四川郫都、海南文昌也均将抵押权人的同意作为抵押人转让土地使用权的前提条件。建议在下一步深化改革试点中予以修改,遵循抵押制度运行的基本原理,衔接国有建设用地抵押的规则。

(二) **深化改革探索,回应集体土地的独特需求**

考虑到集体经营性建设用地在土地所有权主体、区位、社会功能等方面同国有建设用地的差异,集体经营性建设用地入市制度的建设也必须顺应其特殊需求体现自身特色,因此,试点探索中集体经营性建设用地入市制度设计的差异性因素并非全部属于阻碍"同权"实现的因素,部分差异性因素具有合理性,这些方面恰好是下一步深化改革需要重点探索的内容。

1. 建立科学的集体经营性建设用地入市税费体系

虽然各试点地区都对收取土地增值收益调节金的方式和比例进行了探索,也对入市和征地中土地增值收益的大体平衡进行了测算,但离形成可复制、能推广、利修法的制度性成果尚存在较大差距,实践中对以下几个理论问题普遍存在困惑,从而制约了土地增值收益调节金的深入探索:一是,集体经营性建设用地入市的土地增值收益调节金是什么性质？收取土地增值收益调节金的法理基础和正当性何在？中办71号文主要是从实现农民在征地和入市中获取的土地增值收益大体平衡的角度部署的土地增值收益调节金探索，但部分试点地方在收取土地增值收益调节金时面临"剥夺农民"和"变相土地财政"的质疑，感觉"理不直气不壮"。二是，土地增值收益调节金该如何收取？到底是应该以增值部分为基础还是以出让价款为基数？虽然《关于印发〈农村集体经营性建设用地土地增值收益调节金征收使用管理暂行办法〉的通知》（财税〔2016〕41号）规定按照增值收益计提，但部分试点地方认为增值收益的计算存在困难，更青睐于按照出让价款计提。三是，从集体建设用地与国有建设用地同权同价同责的角度看，集体经营性建设用地入市是否应当或者是否可以与国有建设用地入市收取的税费的种类和税率大体相当？如果不相当，应当有哪些区别？理论基础何在？四是，国有建设用地在入市前的土地整理费用，包括相应的基础设施配套建设费用是由政府承担的，集体经营性建设用地入市的土地整理费用、基础设施配套建设费用应该由谁承担？由不同的主体承担（例如是由地方政府承担还是由农民集体承担，抑或由用地主体承担）也会对增值收益调节金的收取产生影响。

本文提出如下建议：

第一，进一步明确土地增值收益调节金的收取基础和功能。对入市收取土地增值收益调节金是必要的，但应当明确土地增值收益调节金的主要功能不是用于征地和入市的收益大体平衡，而是如下两方面的功能：一是用于弥补入市区域政府的基础设施建设投入；二是用于调节因土地资源禀赋、规划等方面的不同而导致的不同集体经济组织之间在集体经营性建设用地入市收益方面的巨大差异，例如，远郊村庄与近郊村庄之间的土地入市收益差距，同一区域不同集体经济组织之间因规划赋予的集体经营性建设用地数量不同而产生的入市收益差距等①，从而使得入市改革能够普惠不同地方不同区域的农民。

第二，上述利益平衡职能是土地增值收益调节金应当承担的更为重要的职能，为了实现这项职能，不仅应当探索土地增值收益调节金如何收取，更应当探索收取的土地增值收益调节金如何使用，这应当成为下一步深化改革重点探索的内容。

---

① 很多地方都是以行政村为单位编制村土地利用规划，作为所有权单位的各村民小组配置的集体经营性建设用地或者说土地发展权必然存在差异，从而会导致各村民小组入市收益的不平衡。

第三，深入研究和探索土地增值收益调节金转税费制度。从未来发展方向看，土地增值收益调节金应当转为税费，一方面，建议从"同地同权""统一市场"角度出发，探索与国有建设用地一级市场的税费制度相衔接的集体经营性建设用地入市税费制度，促进入市土地增值收益调节金制度向税费制度的转变，包括税费的种类、收取依据、收取方式、税费的使用等；另一方面，考虑到集体经营性建设用地的所有权主体不同、配套基础设施建设的主体和费用来源可能存在不同、国有土地和集体土地承担的公共职能可能不同，以及国有建设用地入市的税费体系本身也存在改革完善空间，集体经营性建设用地入市的税费体系不可能也不应该完全照搬国有建设用地入市的做法。

2. 完善入市主体和组织形式

从理论上分析，集体经营性建设用地初次入市的主体，应是土地所有权人；再次入市的主体，应是土地使用权人。如果土地所有权主体明确，职能履行到位，入市主体制度建设不会存在任何问题。但正因为当前集体土地所有权制度建设本身存在诸多缺陷，导致集体经营性建设用地入市主体制度建设面临困难。因此，入市主体制度的完善必须借助于集体土地所有权制度的完善来实现，这就要求增强入市主体制度建设同集体产权制度改革的协同性。在此提出如下建议：一是增强农村集体产权制度改革与农村土地三项制度改革之间的协调配合，将入市主体探索与农村集体产权制度改革有机结合。二是抓紧健全试点地区的集体经济组织，由具备市场主体地位的集体经济组织来切实担负起包括集体经营性建设用地入市在内的集体资产运营管理职责。三是加强对集体土地所有权法律制度的宣传，理顺土地所有权主体、土地所有权法定代表、农村自治组织、集体经济组织等主体之间的关系，避免错误或模糊表述，并划清政府、自治组织、经济组织等在集体土地运营管理上的职责权限。四是加快推进集体经济组织法立法，为集体土地所有权行使提供法律准则。五是培育良好的乡村法治环境，提高农民责任意识和法治意识。

3. 健全政府对集体土地的监管方式和依据

对集体经营性建设用地入市，政府既要服务也要监管，政府履行监管职责是确保土地用途管制目标实现和维护用地秩序之必须，但在政府如何履行监管职责上尚待深入研究探索。对于国有土地，由于地方政府的土地所有者身份和土地利用监管者身份合二为一，所以地方政府经常将一些监管内容以格式条款的方式规定在出让合同中，这样也使得国有建设用地使用权出让合同混杂了大量的民事合同条款和行政管理条款,因此,学术界和实务界针对国有建设用地使用权出让合同的法律性质经常存在争议。从法律关系看,国有建设用地使用权出让合同更接近于一种民事交易,该合同应该属于民事合同,政府是以土地所有者的身份签订合同;至于政府对土地的行政管理职责,则应该更多通过法律法规的强制性规定实行,必要时还可以通过行政指导合同等实现,本不应该混杂在一起。因此,国有建设用地出让合同这一块的法律关系本身并未理顺。但因为地方政府双重身份合一,在实践执行中并未带来太大问题。

对于集体经营性建设用地使用权出让,由于地方政府不再是土地所有者的代表,仅仅只是履行行政管理职责,则必须对这两种职责进行明确区分,集体经营性建设用地使用权出让合同不应该也无法再混杂入大量行政管理的内容,这是与现行的国有建设用地使用权出让合同不同的地方。那么,政府的行政管理职责通过何种方式履行呢?有两种途径:一是通过立法使得用地者的相关义务法定化,通过法律法规的形式固定用地者的强制性用地义务,例如在规划管制、开发利用等方面的义务,政府依据这些法律法规的规定行使监管职责;二是通过另外签订行政监管合同的方式,在目前集体经营性建设用地入市的监管规则缺乏法律规定的情形下,一些地方政府在这方面开展了积极探索,例如广东南海、云南大理、辽宁海城,均采取了由地方政府和用地者签订用地监管协议的方式,从而可以在一定程度上弥补法律规定之不足。当然,第二种方式只是权宜之计,例如广东南海面临的现实问题是,如果用地者违反了用地监管协议的规定,地方政府没有行政处罚权,无法实施行政处罚,而只能追究违约责任,从而使得政府的执法手段受限。因此,根本的解决之道还是修改相关法律。

(三)完善多层级立法,巩固改革成果

在改革试点收官之年,最主要的任务是充分总结试点探索的经验教训,提炼出其中可复制、能推广的成功经验,并上升到全国性的立法,以此推动集体经营性建设用地法律制度的正式变革。但无论是从现行土地管理法修改草案的规定看,还是从"民法典物权编"草案的规定看,对集体经营性建设用地入市规则构建的回应均不够充分,既没能充分巩固试点探索形成的成功经验,也未能有效回应试点实践高度关切的难点问题。建议积极总结可复制、能推广、利修法的制度性成果,衔接好土地管理法修改和"民法典物权编"编纂,尽早推动试点成果转化为正式立法,为集体经营性建设用地权能的实现提供正式法律保障。

从2018年12月23日第十三届全国人大常委会第七次会议审议的土地管

理法修正案草案和房地产管理法修正案草案的内容看,土地管理法修正案草案通过删除原土地管理法第四十三条、修改第六十三条、新增加第六十四条的方式消除了集体经营性建设用地入市的法律障碍,同时对集体建设用地入市的条件、方式和权能作出了粗略规定①。总体来说,土地管理法修正案草案对集体经营性建设用地入市的规定具有四个特点:一是解除入市限制,赋予集体经营性建设用地入市权能;二是由于在规定征地范围时将"政府在土地利用总体规划确定的城镇建设用地范围内组织实施成片开发建设需要用地的"情形纳入"可以依法征收"的范围,从而对部分"圈内"集体建设用地权能的实现构成了一定程度的限制;三是对入市后的用途采用了"工业、商业等经营性用途"的表述,虽未对是否允许住宅开发问题作出明确规定,但"等"的表述为允许住宅开发留下了解释适用空间;四是规定"集体建设用地使用权的出让、出租、转让、互换、出资、赠与、抵押,其最高年限、登记等参照同类用途的国有建设用地执行。具体办法由国务院自然资源主管部门制定"。房地产管理法修正案草案②则只是消极地通过第九条的修改为集体经营性建设用地入市消除障碍,并未对政府的监管活动提供法律依据。

总体上看,土地管理法修正案草案没有对集体建设用地的权能作出额外限制,为集体建设用地权能的实现提供了充分的法律空间。不足之处则体现在三方面:一是没有对政府监管职责、入市税费等问题作出规定,与依法行政和税收法定的要求不相适应;二是法律供给不足、向下授权的做法使得集体建设用地权能具体实现的程度将会取决于部门规章的具体规定;三是第六十三条、六十四条将出让、出租、抵押等各种入市方式混同规定,并在权利效力和期限上同等对待的做法,与我国民法上物债二分的民事财产权利体系存在冲突。建议土地管理法修改进一步回应改革需求和试点经验,充实完善相关规定。

从"民法典物权编"草案现有规定看,尚处于"等待土地管理法修改"状态,未对集体经营性建设用地入市的规则构建作出回应。笔者认为:首先,应确立以出让方式设立的集体建设用地使用权以用益物权地位,物权法作为确认和保护物权的最基本的法律,必须对集体建设用地使用权的设立、行使、变动等具体规则

---

① 参见 2018 年 12 月 23 日第十三届全国人大常委会第七次会议审议的土地管理法修正案草案第四十三条、六十三条、六十四条,载中国人大网。

② 参见 2018 年 12 月 23 日第十三届全国人大常委会第七次会议审议的《中华人民共和国城市房地产管理法》修正案草案第九条,载中国人大网。

作出详细规定,考虑到土地管理法的立法本位,这些规则并不适宜规定在土地管理法中,物权法必须更加积极作为;其次,在立法模式上,物权法可以考虑在现有"建设用地使用权"一节加入集体建设用地使用权的内容,但考虑到集体建设用地使用权与国有建设用地使用权客观上存在一些差异之处,也可以考虑将现行的"建设用地使用权"一节改为"国有建设用地使用权",同时单加一节规定"集体建设用地使用权"。

与此同时,考虑到一些具体的入市规则尚待进一步探索,土地管理法和物权法无法也不适宜对集体经营性建设用地入市的具体规则作出很详细的规定,建议由土地管理法授权国务院制定行政法规作出详细规定。考虑到国有建设用地出让的具体规则目前是由行政法规规定的,集体经营性建设用地入市的具体规则也应当制定行政法规而非部门规章,这也是实现集体建设用地与国有建设用地"同地同权"的要求。在规定的具体内容上,则应包括入市的主体、范围、用途、条件、程序、监管、收益分配规则,等等,尤其是要着重回应试点地方高度关切而土地管理法和物权法又未能或不适宜规定的问题。

(四)加大市场培育力度

集体建设用地能否真正实现与国有建设用地的同权同价,不仅取决于法律的规定和制度体系的设置,更要受市场发育程度的影响,此次改革试点重点探索的是尽量赋予集体建设用地与国有建设用地使用权同样的权能和制度环境,提供尽可能相同或衔接的规则体系,但市场发育本身需要一个过程,社会公众对集体建设用地市场和相关土地权利的认可也需要时间,建议试点地区通过完善交易体制机制、加大宣传、加强权利保障等方式加快市场培育,为集体经营性建设用地权能的实现提供更好的市场环境。

六、尾论

集体经营性建设用地入市改革的目标是建立城乡统一的建设用地市场。试点实践表明,集体经营性建设用地从不允许入市到可以以多种途径入市,顺应了深化市场经济体制改革的要求,对于提高土地资源利用效率、增强农村产业发展用地保障能力、更好实现农民土地财产权益、提升乡村治理水平等具有重要意义。各试点地区对坚持集体经营性建设用地入市的改革方向具有高度共识。同时也要认识到,国有建设用地权能实现程度的提升经历了一个渐进的发展过程,并且仍然在路上,集体经营性建设用地权能的实现同样也不可能是一蹴而就的事情,许多具体的问题尤其是集体经营性建设用地入市所面临的一些独特性问题,还需要一个逐步摸索和完善的过程,市场的培育和社会各界对该种权利的认可也尚需时日。在下一步改革中应客观面对上述问题和难题,在坚持改革方向不动摇的基础上,鼓励基层大胆创新、攻坚克难、深化改革探索,逐步推动城乡统一建设用地市场的形成。

Research on the Realization of the Power of Collective Operating Construction Land
—Analysis Based on the Practice of 33 Pilot Areas

Zhihong Song[1], Li Yao[2], Baiyuan Wang[2]

(1. Party School of the Central Committee of CPC (Chinese Academy of Governance), Beijing 100091, China;
2. China Land Surveying and Planning Institute, Beijing 100035, China)

Abstract: According to the current law, the power of collective operating construction land is greatly restricted. The goal of the reform on putting collective operating construction land into market is to give the collective operating construction land equal rights as the state-owned construction land. Since 2015, the exploration of 33 pilot areas have achieved four major results in promoting the power of collective operating construction land: firstly, collective operating construction land is allowed to enter the market; secondly, collective operating construction land use rights are endowed with basically the same rights and functions as state-owned construction land use rights; thirdly, market participants generally have a large degree of recognition on the rights and functions of collective operating construction land; fourthly, the consciousness and ability of peasant-collective on operating collective construction land are improved gradually. However, compared with the state-owned construction land, there are still some differences in the realization of rights on collective-operated construction land, which are mainly manifested in nine factors at two levels. At the rule design level, those factors include the area restriction, the use restriction, special mortgage conditions, special land registration rules and tax and fee system. At the rules' implementation level, those factors include the preference for trading methods, peasant-collective's ability to sign and perform contracts, market acceptance, and market development. On this basis, four suggestions are put forward for further reformation: further improving the system design and eliminating unequal rules, deepening reform exploration to respond to the unique needs of collective land, accelerating multi-level legislation to consolidate reform achievements, and increasing market cultivation.

Key Words: collective operating construction land; entering the market; equal rights; pilot projects

乡村振兴与土地使用制度创新

陈美球,廖彩荣,刘桃菊

(江西农业大学农村土地资源利用与保护研究中心/
江西省鄱阳湖流域农业资源与生态重点实验室,江西 南昌 330045)

摘　要　土地是农业最基本的生产要素,是农村最宝贵的发展资本和农民最根本的生存资源,农村土地制度是乡村振兴最重要的制度支撑。科学诊断乡村振兴对土地要素保障需求与现行土地制度供给之间的矛盾,明确乡村振兴对现行土地使用制度的挑战,创新土地使用制度,对实施乡村振兴战略具有积极的现实意义。研究表明,乡村振兴对现行土地使用制度的挑战主要表现为村土地利用规划严重滞后于实践需求,现行用途管制与供地政策难以适应现实需求,农村土地节约集约利用及环境友好利用的约束机制尚未建立,农村建设用地管理制度适应不了"迁村并点"的发展潮流。为此,研究提出4个方面创新土地制度：一是科学编制村土地利用规划,科学统筹乡村振兴的用地保障;二是完善产业用地供给制度,为产业兴旺提供用地保障;三是以土地综合整治为抓手,提升用地保障能力;四是加强农村建设用地使用制度改革,为村庄建设提供用地保障。

关键词　乡村振兴;土地使用制度创新;挑战;对策建议

乡村振兴战略是中国特色社会主义进入新时代,解决"农村空心化""农业边缘化""农民老龄化"的"新三农"问题、决胜全面建成小康社会、全面对接社会主义现代化强国建设目标的重大方略[1-3]。土地是农业最基本的生产要素,也是农民最根本的生存资源、农村最宝贵的社会资产和发展资本,在乡村振兴战略中发挥着基础性作用[4-5]。然而现实中却普遍呈现"土地利用粗放、资源沉淀"与"产

收稿日期:2019-3-30
基金项目:国家自然科学基金(71473112)、江西省高校人文社科基地招标项目(JD17067)、江西省高校哲学社会科学创新团队建设项目。
作者简介:陈美球(1967—　),男,江西石城人,教授,博士生导师,研究方向土地资源管理,E-mail:cmq12@263.net。

业发展、村庄建设用地需求难以满足"并存的尴尬局面：一方面，农村大量建设用地闲置、农地抛荒低效利用，造成巨大土地资产沉淀，难以实现其资源、资产和资本的权能；另一方面，现代农业需要的适度规模经营土地条件难以形成，农村公共基础设施建设用地难以保障，土地征收征用等社会纠纷频发，不少学者甚至认为土地制度是制约乡村振兴最关键的因素之一[6-7]。因此，创新土地使用制度，为乡村振兴提供土地要素保障，已成为实施乡村振兴战略的一个基础性课题。

农村土地制度是乡村振兴最重要的制度支撑已成为社会的共识[8-10]，如何深化农村土地制度改革，为乡村振兴提供土地政策支撑，也是近期学术界讨论的一个热点。如赵龙[4]强调要加大用地政策支持力度，助推农村产业融合发展；杜伟等[11]提出要进一步激发农村集体建设用地入市改革的内生动力、巩固完善农村承包地"三权分置"制度、推进农村宅基地退出与优化利用；刘守英等[9]提出要改革生产要素配置制度促进城乡互动，完善农地权利体系促进农业转型，推进宅基地制度改革促进村庄转型；倪维秋[12]强调要盘活农村土地，提高土地服务乡村振兴的能力；陈美球等[13]则在总结各地实践创新的基础上，提出了服务乡村振兴的产业用地制度创新的实现路径与制度安排。既有研究充分表明，土地制度作为影响乡村振兴制度因素中最为重要的一项安排，必须通过不断创新来满足其需求。因此，系统剖析现行农村土地使用制度与乡村振兴对土地要素保障需求之间的种种表现，明确乡村振兴对现行土地使用制度的挑战，进而有针对性地提出土地制度创新的对策建议，对实施好乡村振兴战略具有积极的现实意义。

一、乡村振兴对现行土地使用制度的挑战

科学诊断乡村振兴对土地要素保障需求与现行土地制度供给之间的矛盾，明确乡村振兴对现行土地使用制度的挑战，是土地使用制度创新的基础。在乡村振兴的"产业兴旺、生态宜居、乡风文明、治理有效、生活富裕"总体目标中，与土地要素保障关系最直接的是产业兴旺和生态宜居，产业兴旺离不开产业用地的支撑，生态宜居同样离不开农村建设用地的科学有效配置。当前，乡村振兴对现行土地使用制度的挑战主要表现在以下几方面。

（一）村土地利用规划严重滞后于实践需求

乡村振兴是一个典型的系统工程，要求科学规划，综合统筹，特别是统筹好区域土地资源。如产业用地配置，不仅在内容上要满足产业融合的需求，为优化

农业产业体系、生产体系、经营体系提供用地保障,还要与促进就业、生态宜居的村庄生活环境建设融为一体。村土地利用规划作为统筹区域基础设施建设与产业布局、居民点体系建设的"蓝图",是统筹区域土地资源配置的依据[14]。

然而,中国的村土地利用规划却长期滞后,虽然随着新农村建设目标的提出,近十年来各地积极开展了村土地利用规划的探索[15],2017年原国土资源部印发《关于有序开展村土地利用规划编制工作的指导意见》,鼓励在有条件的地区开展村土地利用规划编制工作,同年共青团中央、原国土资源部启动了全国村土地利用规划编制志愿服务活动,引导青年大学生积极投身村土地利用规划志愿服务。但村土地利用规划总体上还处于起步阶段,其编制水平难以满足社会发展的需求[16],特别是存在"千村一面"的规划现象,不能很好地针对各地独具特色的自然资源、区位条件与人文环境进行规划,导致规划的可操作性不强,缺乏生命力而难以发挥应有的调控作用。以当前的土地整治为例,由于缺乏村土地利用规划的统筹与引导,高标准农田建设、"空心村"改造、城乡建设用地增减挂钩试点、农村生活环境整治等专项土地整治各自为战,不仅没有形成优化区域土地利用结构、提升土地利用效益的合力,反而常出现相互掣肘的局面,导致"1+1<2"的现象。

(二)现行的用途管制与供地政策难以适应需求

农村一二三产业的融合发展,实现新常态下现代农业转型升级,是产业兴旺的内在需求[17-18]。产业融合,不仅是纵向加工链的延伸,实现农业生产由规模扩张向产品增值转变,还包括横向服务链与功能链的拓展,如迅速兴起的农文旅一体化就是功能链的拓展,机械收割专业服务与农产品电商就是服务链的拓展。相应地,催生出大量的农村新产业新业态,这些新产业新业态用地打破了常规一二三产业的用地分类,表现出土地功能复合和农用地、建设用地、未利用地的混合利用,从而对现行单一产业设置的用途管制带来了挑战,比如:互联网配送、物联网管理、产品展示与品鉴、休闲观光休息等相关配套服务设施需要建设,使农业用途与非农用途、经营性建设用地与农业设施用地交织在一起;休闲农业与乡村旅游业很可能依托永久基本农田来发展,还有"虾稻""蟹稻""鳖稻""鳝稻"等各种稻田生态综合种养模式,都有可能会对耕地耕作层造成影响,这与基本农田保护条例对农田用途严格限制的要求相左;对农村建设用地,管理上分为公益性建设用地、经营性建设用地和农村宅基地三类,但在现行的土地利用规划中却没有对应的用途管制划分。

尽管2014年原国土资源部、原农业部联合下发《关于进一步支持设施农业健康发展的通知》，对设施农用地使用监管作出了明确规定，2017年原国土资源部、国家发展改革委联合下发《关于深入推进农业供给侧结构性改革做好农村产业融合发展用地保障工作的通知》，进一步明确提出"探索建立农业农村发展用地保障机制"，扩大了设施农用地范围，将农业生产的配套设施由"规模化粮食生产"延伸为"规模经营必须兴建"范畴，积极支持农产品冷链、初加工、休闲采摘、仓储等设施建设，重点支持乡村旅游养老等产业和农村三产融合发展。但由于缺乏可操作性强的具体落实细则，难以满足现实中设施农业项目分布零散、量多面广、个体性强的需要，特别是对一些设施农用地如养殖用地是否破坏耕作层、设施地面是否硬化等方面，缺少认定的技术标准和规程；对一些附属设施和配套设施建设，只有对用地规模和比例的要求，没有对建筑物方面的限定标准。

（三）农村土地节约集约利用和环境友好利用的约束机制尚未建立

走资源节约型和环境友好型的乡村振兴之路，是新常态下应对日益严峻的资源与环境硬约束条件的必然选择。尽管中国对城市国有建设用地的节约集约利用制定了一系列政策，但由于农村土地使用制度建设远落后于城市，农村土地节约集约利用存在制度层面的土地供给不足、土地政策制定中的制度模糊、政策执行中的制度异化等突出问题[19]，这也是造成目前农地细碎化、农村建设用地大量闲置或低效利用的一个重要原因[20]，农村宅基地随着乡村居住人口的减少不降反增就是一个典型。而对农村土地环境友好利用，也并没有形成强制力的约束机制。以基本农田利用为例，尽管国家制定了严格的基本农田保护条例，对基本农田保护区制定了最严格的用途管制制度，对区内的耕地利用、耕作层保护作出了明确规定，基本农田转用要国务院审批，但由于缺乏环境友好利用的约束，农药化肥滥用现象难以遏制，有数据表明：1980—2015年，中国粮食单产水平提高了56%，而化肥投入量增长了225%；同期，德国、法国等发达国家粮食单产水平提高了51%～52%，而化肥投入量却减少了31%～47%[21]。我们在为用占全球8%左右的耕地面积养活全球超过21%人口而骄傲的同时，却不得不面对消耗超过了全球农药化肥总量三分之一的现实，农药化肥的滥用已是中国农业面源污染的最主要污染源，严重威胁着数量、质量与生态"三位一体"的耕地保护。

针对农村建设用地粗放利用的突出问题，多年来各地积极开展了城乡建设用地增减挂钩试点工作，以城乡用地结构调整为纽带，盘活了农村闲置建设用地,有效缓解了新增建设用地指标紧缺的矛盾,同时显化了农村土地资产价值,为乡村振兴和脱贫攻坚提供资金支持,但也因个别地方盲目大拆大建,导致农民被迫"洗脚上楼",带来不少社会纠纷和不稳定因素,导致"增减挂钩"目前还停留在试点阶段。从效果来看,尽管"增减挂钩"能在一定程度上促进农村建设用地的节约集约利用,但在本质上并不能形成农村建设用地的节约集约利用机制。

（四）农村建设用地管理制度适应不了"迁村并点"的发展需要

随着社会的发展与技术的进步,特别是交通条件的改善,使乡村生产、生活半径迅速增大,社会分工协作范围不断扩大,且农民生计的分化导致农业生产已不再是农村的最主要功能,子女教育、非农就业环境、医疗保障等社会服务成为农村社会的需求,而生活基础设施配套的人口聚集规模内在需求,导致"迁村并点"已成为当前农村社会发展的一个潮流,传统的"沿路而建、临水而居、依田而住"散乱的农村宅基地布局已不利于乡村振兴的需求。我们调研发现,一些自然村在新农村建设中推行"三改(改水、改厕、改路)",但由于居住人口不断减少,逐渐成为"空心村",硬化的道路反而增加了拆旧成本。而现行法律层面强调"宅基地仅限于本村集体经济组织成员使用"的农村建设用地管理制度已成为"迁村并点"的主要制度约束,对于非本村集体经济组织成员在"迁村并点"中如何获得宅基地？如何维持宅基地制度在保障农民的基本居住条件与农村社会稳定方面具有的特定福利性功能？如何协调农村宅基地使用的"公平"与"效率"？如何减少"迁村并点"中的用地成本？以及如何统筹安排乡村公益建设用地？目前均已成为建设生态宜居村庄的一项重要课题。

2014年年底,中办、国办发文启动了农村土地征收、集体经营性建设用地入市、宅基地制度改革试点,在全国33个试点县(市、区)推开,经过3年多来的改革探索,在农村建设用地管理制度建设中取得很多成功经验,其中宅基地制度改革,在保障农民"户有所居"用地、增加农民财产性收入、推动乡村治理体系建设方面成效明显[4]。但由于缺乏农村居民点体系规划,宅基地制度改革并没有很好紧扣"迁村并点"的农村发展潮流,不少宅基地使用制度改革仅限于本村集体经济组织内部,导致闲置宅基地的盘活空间受限。

二、创新土地使用制度推进乡村振兴的对策建议

服务于乡村振兴的土地使用制度创新,应在坚持"土地公有制性质不改变、

耕地红线不突破、农民利益不受损"三条底线的基础上,紧扣乡村振兴用地保障的种种现实需求,坚持目标导向与问题导向相结合,有针对性地展开。为此,提出以下土地使用制度创新的建议。

(一)科学编制村土地利用规划,统筹乡村振兴的用地保障

一是健全公众参与机制,提高村土地利用规划质量。健全的公众参与机制是编制出切合实际、可操作性强的村土地利用规划的关键,广大村民不仅是最了解本村家底的"知情者",而且也是规划具体实施的"执行者",应该尽可能多地吸纳村民参与村土地利用规划编制,这不仅有助于确保规划的可操作性、本村特色的保留,而且可使村庄未来的发展更符合村民的愿望和要求,从而有利于规划的组织实施。

二是统筹产业布局,实现乡村振兴的错位竞争。产业是乡村振兴的原动力,但产业发展是市场经济的产物,而不是人为随意"规划"的。由于市场的开放性,产业规划必须依据区域资源禀赋、区位条件的比较优势,确定具有市场竞争力的产业,避免同类产业的遍地开花、无序恶性竞争,实现错位竞争。"一村一品"的规划理念就是农村产业错位竞争的典型[22],其基本原理就是按照市场需求,充分挖掘发挥本地资源优势、传统优势和区位优势,通过大力发展有特色、价值高、影响力大的拳头产品,推进规模化、标准化、市场化、品牌化建设,提升本地经济整体实力和综合竞争力的乡村经济发展模式。

三是既要重视村庄建设的规划,也要重视体系规划。农村居民点体系是区域村庄布局的"战略"蓝图,是引导"迁村并点"、产业集中布局、土地规模经营、优化农村基础设施和公共设施配置、整合农业生产和生态空间的真正"龙头"。因此,要改变只重视单个村庄建设规划的现状,通过农村居民点体系规划,明确不同类型、不同层次的居民点布点,确定区域配套公共服务设施、基础设施、产业发展与分工协作、生态环境保护,甚至包括历史文化的传承与保护。

(二)完善产业用地供给制度,为产业兴旺提供用地保障

一是科学界定农村新产业新业态的内涵与分类,制定差异化的供地政策。虽然农村新产业新业态是现阶段高频度热词,但其内涵尚未有一个清晰的界定。依据《辞海》定义,产业是指由利益相互联系的、具有不同分工的、由各个相关行业所组成的业态总称,那么现实中的休闲农业、乡村旅游、农村电商以及农业观光采摘园、农业科技游、民俗风情游、古民居、古宅院游、农家乐、农业博览园、民宿、乡村酒店等,其产业体系如何划分?休闲农业和乡村旅游是否为同一类新产业?这些都有待作出政策和实践层面明确的界定与分类,并根据各类新产业新业态的特征,分类制定用地标准和用地保障方式。

二是正视农村土地利用功能的复合性,健全用途管制体系。要针对农村新产业新业态用地具有明显的功能复合性和地域性特征,改革现行规划用途分类体系,增加土地复合用地的用途分类与管制规则,并明确界定集体经营性建设用地和农业设施用地,同时应允许村土地利用规划在国家统一的用途分类体系中进行合并或进一步细分,从而为不同乡村地域条件下的新产业新业态用地的用途管制提供依据。

三是恢复实施永久基本农田面积多划的弹性管理制度。乡村道路等基础设施线形工程不可避免地要穿越基本农田保护区,如果每占用一分永久基本农田都需报国务院审批,将困扰乡村振兴。建议恢复以往多划永久基本农田的弹性管理制度,即每县多划定一定数量的永久基本农田,当不可避免的线形工程穿越基本农田保护区,只要占用的耕地面积少于多划的永久基本农田,则按占用一般农田管制,这样既确保了国家永久基本农田任务的落实,又符合乡村振兴实际需求。

四是加强土地利用风险评估,强化土地利用监管。要加强包括生态风险、对区域耕地生产基本功能损害的风险,以及对传统建筑与文化破坏风险的评估与监管。如开设在现代农业园中的大型餐饮,必须避免生活污水的直接排放而污染农田。乡土文化是乡村之魂,在新产业新业态发展的用地配置上,应注重对当地原生态乡土文化的保护、挖掘、继承与创新,包括具有历史价值、地域风情的各类建筑物、构筑物,以及丰富的农耕文化,留住乡愁。

(三)以土地综合整治为抓手,提升用地保障能力

一是树立区域土地系统整体观。要遵循"山水林田湖草"生命共同体的基本规律,统筹区域内农用地整理、建设用地整理、未利用地开发与环境整治和生态修复,按照全域规划、全域设计、全域整治的要求,整合力量,集中资金,对农村生产、生活、生态空间进行全域优化布局、综合整治,对农田进行连片提质建设,对存量建设用地进行集中盘活,对美丽乡村和产业融合发展用地进行集约精准配置,对农村人居环境进行治理修复,有效破解当前用地碎片化、无序化、低效化等突出问题。现实中一些地方结合实际探索出新的土地综合整治模式,取得了明显成效,已表现出助推乡村振兴的强大生命力。浙江省在这方面取得了不少成功经验,如苍南龙港镇中对口村坚持"全域土地综合整治+美丽乡村建设+产业振兴"模式,绘就了一幅"小桥流水、粉墙黛瓦、柳枝低垂、西风斜阳"的美景[23];

湖州市吴兴区按照"用地集约、资源共享、设施配套、民生改善"的要求,对农村土地实施"田水路林村"综合整治,不仅培育了紫金桥特色商贸居住、移沿山休闲观光农业、尹家圩经编织造加工等"一村一业"特色品牌,还推动了农户相对集中居住,有效改善了农业基础设施环境和农民居住环境[24]。

二是土地整治要与新产业新业态发展相结合。要针对新产业新业态的多样性和个性化特征,把土地整治规划设计与产业发展的用地条件相结合,实现新业态新产业用地供给的精准到位。如有些地方针对现代农业企业结合产业自身要求开展的土地生产环境建设,采取"先建后奖"的形式给予土地整治资金奖励,取得了明显成效。同时,土地整治应与经营权流转相结合。不少地方在土地整治项目实施后采取"确权确股不确地"方式,实现了经营权的集中流转,既维护了农民的土地权益,推进了农业现代化、集约化、规模化发展,又很好地解决了整治后标准农田再次细碎化及农田基础设施后期管护主体缺位的突出问题。

三是鼓励生态化整治。这是建设生态粮仓与生态宜居村庄的客观要求。一方面,要改变"片面追求新增耕地指标"倾向,在农田整治中,不宜把所有坑塘水面、滩涂湿地都复垦成耕地;在农村建设用地复垦中,也应坚持因地制宜的原则,宜耕则耕,宜林则林,宜草则草。另一方面,要推行生态化的土地整治技术,推行生态沟、生态渠、生态路,以及面源污染净化工程,避免沟渠道路的过分水泥硬化,实现生物多样性保护工程与土地平整工程、农田水利工程、道路交通工程的相互融合。

(四)加强农村建设用地使用制度改革,为村庄建设提供用地保障

一是在完善"一户一宅"宅基地使用制度的基础上,创新农村宅基地的跨集体经济组织使用机制。一方面,遵循"一户一宅、面积法定"宅基地使用基本原则,完善相应的"一户一宅"管理实施细则,有效防范"一户多宅"现象。另一方面,创新宅基地跨集体经济组织使用,清除"迁村并点"中的农户建房用地障碍。至于跨集体经济组织使用的范围有多大,可以在制度设计中,对本区域的农村人口有所区别,如本村可无偿获取"一户一宅"的宅基地,外村本乡的应交纳一定的使用费,外乡本县则交纳更多的使用费,调研中也发现,已有一些地方,通过村理事会讨论,采取差别化的有偿使用方式吸纳外村人入住以形成人口聚集规模,成为美丽乡村建设的成功典范。

二是在坚持"三权分置"的前提下,充分发挥村集体经济组织的能动性。宅基地所有权、资格权、使用权"三权分置"是我国农村宅基地的改革方向,而作为宅基地所有者的主体，村集体经济组织应是宅基地具体的决策主体。江西省余江县宅基地改革中取得的一项成功经验就是实行"政府引导，村组主导，农民参与"的工作机制，坚持村民自治原则，把村集体组织（村小组）作为改革的运行主体，由村民事务理事会主导宅基地管理议事机制、民主监督机制、财产管理机制、服务群众机制和调处矛盾纠纷机制，实行改革试点的"一村一案"，本村的宅基地分配方案、宅基地增值分配方案、宅基地有偿使用的起征面积与标准等具体改革内容均由村民事务理事会制定，但应经过村民会议或村民代表会议讨论决定。调研中，对于有着传统习俗的"落叶归根""解甲归田"乡贤回乡，他们虽然没有宅基地的资格权，但可根据村民自治的形式集体讨论决定获得使用权，这就是发挥村集体经济组织能动性的好处。

三是加大集体经营性建设用地入市的改革力度，为乡村二三产业发展创造用地条件。构建城乡一体化的建设用地市场是我国土地使用制度改革的主要方向，也是当前推进乡村振兴的迫切需要。作为农村土地制度改革三项试点的一项主要内容，集体经营性建设用地入市试点已经3年多了，应尽快总结形成可复制、可推广、利修法的制度性成果，从而为乡村振兴二三产业的发展提供用地保障。

参考文献：

[1] 廖彩荣,陈美球.乡村振兴战略的理论逻辑、科学内涵与实现路径[J].农林经济管理学报,2017,16(06):795-802.

[2] 熊小林.聚焦乡村振兴战略　探究农业农村现代化方略——"乡村振兴战略研讨会"会议综述[J].中国农村经济,2018(01):138-143.

[3] 项继权,周长友."新三农"问题的演变与政策选择[J].中国农村经济,2017(10):13-25.

[4] 赵龙.为乡村振兴战略做好土地制度政策支撑[J].行政管理改革,2018(04):11-14.

[5] 陈美球,廖彩荣,刘桃菊.乡村振兴、集体经济组织与土地使用制度创新[J].南京农业大学学报(社会科学版),2018,18(02):27-34.

[6] 陈美球,廖彩荣.论乡村振兴中的几对关键关系[J].北方工业大学学报,2019(01):32-37.

[7] 刘守英,熊雪锋.我国乡村振兴战略的实施与制度供给[J].政治经济学评论,2018,9(04):80-96.

[8] 王海娟,胡守庚.土地制度改革与乡村振兴的关联机制研究[J].思想战线,2019,45(02):114-120.

[9] 朱启臻.当前乡村振兴的障碍因素及对策分析[J].人民论坛·学术前沿,2018(03):19-25.

[10] 张红宇.乡村振兴与制度创新[J].农村经济,2018(03):1-4.

[11] 杜伟,黄敏.关于乡村振兴战略背景下农村土地制度改革的思考[J].四川师范大学学报(社会科学版),2018,45(01):12-16.

[12] 倪维秋.以土地制度创新推动乡村振兴[J].中国土地,2018(05):37-38.

[13] 陈美球,王庆日,蒋仁开,等.乡村振兴与农村产业用地保障:实践创新、实现路径与制度安排[J].农林经济管理学报,2018,17(03):343-349.

[14] 庄少勤.小规划大作为——谈有序推进村土地利用规划编制[J].中国土地,2017(9):1.

[15] 郭宇伦,师学义.村级土地利用规划研究综述[J].中国人口·资源与环境,2017,27(S1):128-131.

[16] 肖金华.浅析村级土地利用规划的编制[J].中国土地,2017(5):34-35.

[17] 姜长云,杜志雄.关于推进农业供给侧结构性改革的思考[J].南京农业大学学报(社会科学版),2017,17(1):1-10.

[18] 陈锡文.论农业供给侧结构性改革[J].中国农业大学学报(社会科学版),2017,34(2):5-13.

[19] 胡春湘.我国农村土地节约集约利用制度的困境与创新[J].农村经济,2014(3):41-45.

[20] 罗浩轩.城乡一体化进程中的中国农村土地节约集约利用研究——基于改进的PSR模型[J].经济问题探索,2017(7):38-46.

[21] 刘永红,叶顺法,许晨昊.农业面源污染对耕地土壤环境造成的危害[J].中国农业信息,2016(6):100,103.

[22] 秦富,钟钰,张敏,等.我国"一村一品"发展的若干思考[J].农业经济问题,2009,30(8):4-8.

[23] 陈铁雄.开展全域土地综合整治 助推乡村振兴战略实施[N].浙江日报,2018-07-16(05).

[24] 王勇.推进农村土地综合整治工作的几点思考[J].浙江国土资源,2017(11):15-16.

Rural Revitalization and Land Use System Innovation

Meiqiu Chen, Cairong Liao, Taoju Liu

(The Research Center on Rural Land Resources Use and Protection/ The Key Laboratory of Poyang Lake Basin Agricultural Resources and Ecology, Jiangxi Nanchang 330045, China)

Abstract: Land is the most basic production factor of agriculture, the most fundamental living resources of farmers and the most valuable development capital in rural areas. The rural land system is the most important institutional support for rural revitalization. It has positive practical significance for the implementation of the rural revitalization strategy to innovate the land use system according to the challenges of rural revitalization under the existing rural land use system. The research shows that the challenge of rural revitalization to the current land use system is mainly that the village land use planning is seriously lagging behind the practical demand, the current land use control and land supply policy is difficult to meet the demand, the restriction mechanism of rural land conservation and intensive use and environmental friendly utilization has not yet been established, and the rural construction land management system adaption to the trend of village merger development is not yet established. So, some suggestions on land use system innovation are put forward as follows: scientific compilation of the village land use planning, improving the industrial land supply system, taking the land comprehensive renovation, and reforming rural construction land use system.

Key Words: rural revitalization; land use system innovation; challenges; countermeasures and suggestions

基于农户流转意愿的农村宅基地市场化发展潜力研究
——以山东省禹城市为例

陈会广[1,3]，刘 林[2]，孔冬艳[1]，孙雨婷[2]，李 丽[1]

(1. 南京农业大学 公共管理学院，江苏 南京 210095；
2. 浙江大学 公共管理学院，浙江 杭州 310058；
3. 自然资源部海岸带开发与保护重点实验室，江苏 南京 210017)

摘 要 闲置宅基地的流转是助推乡村振兴战略实施、实现生态宜居的主要路径。假设农户与村组集体的理性预期一致，宅基地流转意愿在一个集体经济组织内部就可以汇总成市场化发展潜力。在此假设基础上，构建农户流转意愿与村级宅基地市场化发展潜力关系的理论框架，运用二元 logistic 模型与灰色聚类分析相结合的方法揭示二者的关系，并以禹城市 2 镇 4 村为例，从农户意愿角度考察了宅基地流转的微观动力，从中筛选出村级市场化发展潜力评价指标，评价了宅基地市场发育程度。结果表明，家庭规模、外出务工人口比例、家庭人均年收入、人均建筑面积、宅基地空置情况对农户宅基地流转意愿有显著影响，但上述影响显著的变量在同一区域的不同村庄又会显示出不同的绩效，反映宅基地市场发育程度的差异，由此不同村庄的宅基地市场化发展潜力呈现出弱市场、转型中期、转型后期、相对成熟期等不同阶段性和形态。目前牌子村、东于场村、郎屯村、丁刘袁村宅基地市场发育分别处于相对成熟、转型后期、转型中期与弱市场阶段。最后，从宅基地市场化的理性预期一致性、阶段性、异质性三个方面的重点问题出发，进一步讨论了农户宅基地流转意愿与宅基地市场发育程度之间的内在逻辑，以及可能的改革行动方向。

关键词 农户；宅基地；流转意愿；市场化；发展潜力

收稿日期：2018-12-10
基金项目：国家自然科学基金(71573131、71173113)，中国法学会部级重点课题 CLS(2016)B02，NUSIP(201610307070)，自然资源部海岸带开发与保护重点实验室"沿海地区农村土地制度改革与乡村发展"重点资助课题(2017CZEPK01)。
作者简介：陈会广(1972)，男，教授，博士生导师，研究方向为土地制度与法学。E-mail：chenhuiguang@njau.edu.cn。

一、研究背景缘起

农村空心化以及宅基地闲置浪费,成为乡村振兴中突出的问题。这与改革开放以来农村劳动力大量向非农产业转移是分不开的[1]。由此观察到的现象是,大量的农村人口通过各种途径转移到城镇,部分农村宅基地闲置浪费等问题凸显。因此,抓好闲置宅基地的流转与退出成为实践中助推乡村振兴战略实施、实现生态宜居的主要路径。近年来,地方政府和部分集体组织积极探索"宅基地换房"、"城乡建设用地增减挂钩"、"地票"交易和"空心村整治"等多样化的措施,鼓励农民流转宅基地,尤其是鼓励农民退出宅基地,进行土地整治。在效果上,闲置宅基地的流转与退出促进了资源优化配置和农户资产资本化。但是,农村土地宅基地使用权能否进入市场、集体组织或政府的治理措施能否达到预期的效果、农户能否获得相应的土地财产收益,很大程度上取决于宅基地市场的发育程度。忽视宅基地市场的发育而在政策上的推进就有可能会陷入盲目躁动。宅基地市场发育是一个长期的过程,但现实中有两种不良倾向:一是以市场化设计农村宅基地制度改革路径,仿佛市场化是万能良药,可以解决农村宅基地的所有问题;二是以福利化固守农村宅基地制度,一旦改革去福利化就会地动山摇。农村宅基地制度改革必须破除市场化迷信与福利化迷思,宅基地的流转与退出等政策改革需要历史耐心。

就利益驱动与动力机制而言,市场的发育受市场主体的理性预期推动,农户宅基地流转意愿本身就隐含着农户对市场的预期。自然而然,在宅基地市场发育的长期过程中,宅基地流转意愿形成潜在的供给或者说形成市场发展潜力的基础。由此可见,农户微观个体的宅基地流转意愿可以"显化"其对宅基地市场的预期,这些作为村组集体经济组织成员的微观单位可以汇集显示一个村组集体土地市场发育的力量,或者是汇整成一个村组集体内部宅基地市场化发展的潜力。人们就可以在历史的耐心中,根据市场化发展的潜力设计相应政策,进而引导农民的理性预期。因此,本研究的主要目的是,在揭示农户宅基地流转意愿与农村宅基地市场发展潜力关系的基础上,找出影响农户宅基地流转意愿的主要因素,并将主要影响因素纳入农村宅基地市场化发展潜力评价指标体系,从而对村组内部土地市场化发展潜力作出评价。

二、分析框架

（一）文献综述

在农村房屋与宅基地的分管体制下，房地分离特征虽显著，但房屋交易由来已久。此时地随房走原则起作用，宅基地隐性流转。已有的文献对此多有关注，并作专门的实证调研[2]，较早的文献将其视作灰色土地市场的一部分[3-5]。农民通过房屋买卖、出租和抵押等形式进行的私下流转与灰色交易大量存在，流转占宅基地总数的10%甚至更多[6-8]，这成为一些学者呼吁宅基地市场化改革的现实动因。

由于对隐性流转存在违规违法现象的直接观测有一定难度，当前的研究多集中在可以通过调研获取的宅基地流转或退出意愿上。当前宅基地流转意愿的研究，主要在典型地区入户调查的基础上从个人特征、家庭特征、宅基地基本情况与流转认知等主要方面选择变量，并应用二元选择模型探讨农户流转意愿的影响因素[9-11]。关江华等[12]、张文方等[13]从微观福利和宅基地功能演变的视角去发现对宅基地流转具有积极效应的一些事实；周婧等[14]、李伯华等[15]讨论了不同程度兼业情境下农户宅基地流转决策因子的异质性；胡方芳等[16]基于"农户-政策-市场"三维特征视角，探讨欠发达地区农民宅基地流转意愿的影响因素。从微观主体的行为动机看，这些有关宅基地流转意愿的研究是有意义的。市场发展虽离不开微观主体的行为动机，但是，流转意愿并不直接等于市场供需，正如动机并不等于行为一样。也就是说，流转意愿的研究可以为市场发育提供一定的建议，但缺乏流转意愿与市场化之间的发展逻辑。

从自愿有偿角度看，宅基地退出也视作发生在农村集体经济组织与成员之间的流转行为，这方面的研究尤以成员的退出意愿为多，如孙雪峰等[17]考虑到退出决策受地区经济发展水平不同、文化风俗不同，以及农户对宅基地的依赖程度和思想观念等不同的影响；从地区经济发展差异出发，夏敏等[18]得到农户受教育程度与宅基地退出意愿呈显著正相关关系；从农户分化的视角，黄贻芳等[19]、孙艳梅等[20]发现政策认知度对各兼业水平农户的宅基地退出意愿均有影响，彭长生[21]、张松等[22]针对农户对宅基地产权认知状况分别得出宅基地继承权与抵押权、宅基地使用方式与交易方式显著影响农户退出意愿的结论，许恒周等[23]、杨雪锋等[24]更是以劳动力迁移的经典理论为基础，研究在推力和拉动的共同作用下供养系数、是否签订劳动合同等条件对第一代和新生代农民工宅基地有偿退出意愿的影响。

若是在用地指标稀缺情况下,宅基地退出的背后是地方政府为获取更多用地指标在推动。已有的文献回顾了从"宅基地换房"、"挂钩"项目到"地票"交易所的农村土地制度演进路径[25],也有以较早出现宅基地换房试点的天津为例分析了农户换房意愿影响因素[26-27],因子分析和结构方程模型的结果表明农户的行为态度、主观规范对行为意愿有显著正向影响。这种宅基地使用权的定向流转[28],其实是利用"土地流转机制"和"小城镇投融资机制"的协同创新,来构建"共建共享"的城镇化成本分担机制[29]。

在宅基地流转与退出机制上,宅基地流转或退出是与农村劳动力转移相关联的[23-24,30]。这背后的宏观背景是农户分化[31-32]或农户非农化[33]、市民化能力[34]等社会现象对宅基地流转的影响。经济利益的驱动是宅基地流转或退出的微观机制,在产权管制下农户的宅基地利用存在降低租值消散的行为逻辑,如城郊农户的加盖、改建房屋,出租成廉价公寓和小作坊,甚至作为农家乐旅游接待之用,都是出于减少租值消散的目的[35]。农户产权预期即主观认知上认为宅基地持有期限越长,对农户宅基地流转行为有越显著的负向影响[32];补偿金能够全部兑现的期望收益,会促进农户做出退出宅基地的行为;退出宅基地后房屋面积减少,农户宅基地的财产性收入功能消失等风险预期因素,会阻碍农户的宅基地退出行为[36]。当然,无论是农户的产权预期,还是期望收益和风险预期,都离不开其宅基地财产权利实施能力[37]。实施能力是理性的一部分,农民从"生存理性"到"经济理性"的转型过程中,宅基地流转取决于在政策和市场等外部环境变化的情况下,其宅基地的资产实现程度和社会保障替代程度之间的"理性"权衡[16]。综上所述,当前的研究关心的宅基地市场的发育问题主要集中在它能否市场化以及市场化的形式。但在研究假设上或多或少存在一个问题,即将农户的宅基地流转视作完全市场的理性行为。其实,这种理性是建立在宅基地不完全市场——即法律政策限定在集体经济组织内部的有限市场基础上的。农村宅基地所有权归农村集体经济组织,使用权归该集体的成员家庭(即农户)。这种产权制度安排决定农村宅基地市场化的空间有限,流转通常限于集体经济组织内部,是一种不完全的市场。

(二)宅基地流转意愿与土地市场发育的关系

通过上述综述梳理,微观主体农户对于宅基地使用权主要采用以下三种流转方式:租赁、集体内部农户之间转让以及退出(相当于转让给集体)。当前,有限市场的价格信号仍会在某种程度上引导农户参与宅基地制度改革的广度和深度。农户流转其宅基地使用权本身就是市场参与,有流转出有流转入。在这里,流转是包含转让、出租、抵押、退出等更广泛意义的概念。流转出、流转入代表供需行为,市场发展变化是供需双向驱动的结果。农户宅基地流转意愿,在本文主要是指转出意愿,可以反映潜在的供给驱动。文献综述发现,宅基地流转意愿是一种预期,是农户利用已获得的信息对未来流转作出合乎理性的预期。这符合理性预期的定义。

由于流转意愿与行为之间是动机(或意向)与行为之间的关系,而从动机到行为之间是有理性逻辑的,揭示动机与行为之间的逻辑路径无疑是非常复杂、困难的。若是将农户宅基地流转意愿假设为潜在的市场供需,可以简化探索动机与行为之间逻辑路径的复杂性和困难性。这样,农户宅基地流转意愿在一个集体经济组织内部就可以汇总成市场化发展潜力。当然这须符合一个假设前提:农户的理性与村组的理性一致,平均而言,无论是村组集体还是内部成员的理性预期是一致的。也就是说,不会出现奥尔森[38]所说的个体理性导致集体非理性的困境。

三、研究方法与数据来源

(一) 基本方法原理

宅基地市场,是由全部市场参与者的微观农户个体构成的。上述理论分析也表明,一个集体经济组织内部所有农户个体的宅基地流转意愿在总体上可以反映该集体的土地市场化发展潜力。本研究的逻辑就是,以农户宅基地流转意愿作为农户参与宅基地制度改革的广度和深度的一种表征,建立农村宅基地市场发展潜力评价的基础。

在个体与总体的关系上,本研究借助问卷调查所得的农户个体数据,力求调查样本的随机性和样本总体的代表性。样本农户宅基地流转意愿总体包括两种,即愿意流转宅基地与不愿意流转宅基地。此类因变量为二分变量的回归分析可采用logistic模型、probit模型、tobit模型等进行定量化的分析。选定二元选择模型并进行量化分析,筛选出在5%水平下显著影响农户宅基地流转意愿的影响因素。按照理性预期理论,农户会根据影响显著的变量等信息作出合乎理性的决策。样本总体若代表和反映一个村组水平的话,可以推论这些影响显著的变量又会在更大范围内影响村组的理性预期。这样,就可以筛选出村级土地市场化发展潜力评价指标,将样本相应指标数据汇总。再以村级指标为参数,建立灰色白化权函数评估模型解决农户流转意愿-宅基地发育程度评价中具有的少数据、贫信息和不确定性等问题。本研究借助山东省禹城市4个受调查村庄数据验证该评价模型的可行性,其中评估模型的指标权重按照聚类指标离差最大化的原则确定。

(二)问卷调查与数据来源

2016年9月份对山东省禹城市2个乡镇4个村的农户问卷调查。问卷数据分为两部分,一部分为受访者个人数据(包括性别、年龄、受教育水平、非农就业、个人年收入等内容)。第二部分为农户家庭数据,主要统计家庭基本信息(包括户籍人口、非农就业人数、家庭收入等内容)、农户宅基地及住房情况(包括有无宅基地、宅基地的数量、宅基地的面积、建筑面积、房屋年限、房屋建筑结构等内容)以及农户认知与意愿情况(包括宅基地的权属认知、制度认知、居住满意度、流转意愿等内容)。考虑到自填式问卷所收集信息的真实度往往难以反映农民真正的意愿,在实地调查时,尽可能对农民进行访谈式调查,以期了解农民的真实意愿和利益诉求。本次调查中选取典型的调查样点,所选村庄兼顾非农化转移的不同阶段,以求使数据有一定的区分度。本次调查共收集有效问卷204份。具体数据来源分布见表1。

表1 调查样点村统计

序号	乡镇	村	农户问卷数量/份	所占比例/%
1	辛店镇	东于场村	48	23.53
2		丁刘袁村	53	25.98
3	伦镇	牌子村	49	24.02
4		郎屯村	54	26.47

(三)模型选择与变量定义

由上述文献综述可知,在研究流转意愿时常用二元logistic模型。本研究也选用logistic模型对农民宅基地流转意愿的影响因素进行量化分析。logistic回归模型没有关于变量分布的假设条件,也不需要假设它们之间存在多元正态分布,最终以事件发生概率的形式提供结果。logistic回归模型采用最大似然估计方法拟合评估得出模型的参数。

根据相关研究成果[12,16,18,39],本文将影响农民宅基地流转意愿的因素分为个人与家庭属性特征指标、宅基地(房屋)特征、政策及认知指标3组共13个自变量。相关变量的含义、赋值及描述性统计分析结果见表2。

表2 变量定义与赋值情况

	变量名称	变量备注说明(单位)	极大值	极小值	平均值	标准差	预期方向
自变量	个人与家庭属性	户主年龄	调查值(岁)	67	21	49.46	11.92	−
		户主学历	小学及以下=1,初中=2,高中=3,大学本科=4,本科以上=5			1.68	0.74	+
		家庭规模	家庭人口数调查值(人)	8	1	4.29	1.40	−
		外出务工人口比例	在本乡镇以外地区务工的成员占家庭成员的比例(%)	1	0	0.30	0.22	+
		家庭人均年收入	按户籍人口分摊的家庭年毛收入(元/人)	50000	3000	11193.74	9648.18	+
		城乡收入差距	年城市收入扣除年农业收入、种粮补贴、土地租金(元)	90000	−35000	18226.96	24775.74	+
		收入主要来源	虚拟值:务农为主=0,其他=1			0.73	0.45	+
	宅基地(房屋)特征	人均宅基地面积	按户籍人口分摊的宅基地面积(平方米/人)	233.33	40.00	74.94	52.09	−
		人均建筑面积	按户籍人口分摊的建筑面积(平方米/人)	160	20	43.35	27.26	+
		宅基地(房屋)空置情况	虚拟值:空置=1,未置=0			0.11	0.32	+
	政策及认知	农保参保比例	家庭参与农保的人数占总人数比例	1	0	0.87	0.16	+
		其他保险参保比例	家庭参与农保之外的人数占总人数比例	1	0	0.12	0.18	+
		宅基地及流转政策认知情况	对宅基地权属、处置限制等的认知,虚拟值,了解=1,不了解=0			0.14	0.35	+
因变量		宅基地流转意愿	包括出租和流转意愿,同意任一即为愿意,虚拟值,愿意=1,不愿意=0			0.19	0.39	−

根据上述变量定义情况:当农户愿意流转宅基地时,因变量取值1;当农户不愿意流转宅基地时,因变量取值0。影响农户宅基地流转意愿的因素有13个,分别定义为 $x_1, x_2, \cdots, x_{13}$。可构建模型:

$$\Pi = \frac{e^{\beta_0+\beta_1 x_1+\beta_2 x_2+\cdots+\beta_{13} x_{13}}}{1+e^{\beta_0+\beta_1 x_1+\beta_2 x_2+\cdots+\beta_{13} x_{13}}} \qquad (式-1)$$

式中:Π 代表农户赞成流转宅基地意愿的概率,即流转意愿度;β_0 表示截距项;β_1 到 β_{13} 分别表示相应影响因子的回归系数。

四、流转意愿二元 logistic 模型分析结果与村级评价指标选择

(一)计量模型结果及分析

利用 SPSS 20.0 运行模型,采用二元 logistic 对因变量进行回归分析,结果见表3全变量回归部分。从模型的整体检验结果看,-2 Log likelihood、Cox & Snell R Square 和 Nagelkerke R Square 三个参数都达到了规定要求,$sig. = 0.000$,说明模型的拟合程度较好。从表中可以看出:

(1)户主年龄、农户家庭规模、外出务工人口比例、家庭人均年收入、人均建筑面积、房屋空置情况对宅基地流转意愿有影响。其中户主年龄、人均建筑面积在10%的统计水平上(或接近10%的统计水平)显著,其他都在5%的统计水平上显著。(2)外出务工人口比例、家庭人均年收入、房屋空置情况对流转意愿的影响是正向的。户主年龄、家庭规模对流转意愿的影响是负向的。外出务工人口比例与家庭规模结合在一起分析,有一个有价值的发现:家庭户籍人数减少,农户流转宅基地的动机会增加。这其实可反映外出务工人口市民化是家庭户籍人数减少的过程。

在此基础上,用逐步向后法剔除不显著变量,再进行回归分析,结果见表3逐步向后法回归部分。结果发现,家庭规模这一指标并不稳定,但基本接近5%的显著性水平。外出务工人口比例、家庭人均年收入、房屋空置情况仍然发挥显著影响。人均建筑面积对农户宅基地流转意愿影响的显著性水平达到5%。

(二)村级宅基地市场化发展潜力评价指标筛选

根据 logistic 回归分析的结果,可以筛选出家庭规模、外出务工人口比例、家庭人均年收入、人均建筑面积、房屋空置情况5个对宅基地流转意愿有非常显著影响的指标,作为村级宅基地市场化发展潜力评价指标。选择5%显著性水平而

表 3 logistic 回归分析结果

解释变量	全变量回归				逐步向后法回归			
	回归系数	标准误差	Wald 统计量	显著性水平	回归系数	标准误差	Wald 统计量	显著性水平
常量	−5.564	2.511	4.910	0.027	−3.673	1.797	4.179	0.041
户主年龄	0.037	0.023	2.566	0.109				
户主学历	0.257	0.367	0.490	0.484				
家庭规模	−0.494	0.231	4.570	0.033	−0.364	0.201	3.293	0.070
外出务工人口比例	3.261	1.122	8.454	0.004	2.716	1.045	6.752	0.009
家庭人均年收入	0.000	0.000	4.162	0.041	0.000	0.000	8.817	0.003
城乡收入差距	0.000	0.000	0.007	0.936				
收入主要来源	0.406	0.825	0.242	0.623				
人均宅基地面积	−0.003	0.007	0.147	0.701				
人均建筑面积	−0.023	0.013	2.972	0.085	−0.023	0.011	4.305	0.038
房屋空置情况	1.911	0.594	10.361	0.001	2.019	0.545	13.735	0.000
农保参保比例	2.466	1.712	2.074	0.150	2.564	1.633	2.463	0.117
其他保险参保比例	0.769	1.220	0.397	0.528				
宅基地及流转政策认知情况	−0.951	0.719	1.753	0.186				
−2 Log likelihood	109.806				116.065			
Cox & Snell R Square	0.352				0.311			
Nagelkerke R Square	0.405				0.367			
sig.	0.000				0.000			

不选择10%显著性水平,是因为5%显著性水平的指标变量对一个作为理性人的样本农户的信号刺激更大,信息传递到更大范围也能被村组理性接受。因而可以借助这些指标对村级土地市场化发展潜力进行评价。现将筛选出的农户家庭指标与相对应的村级指标作出说明,见表4。

表4 村级指标说明

农户家庭指标名称	相应的村级指标名称	村级指标说明
家庭规模	户均人口数	是指总人口除以户数(人)
外出务工人口比例	外出务工人口比重	是指外出务工人数占总人口比重(%)
家庭人均年收入	人均年收入	是指整个村的村民全年人均总收入(元/人)
人均建筑面积	户均建筑面积	是指村总建筑面积除以总户数(平方米)
宅基地(房屋)空置情况	宅基地(房屋)空置率	是指房屋空置3个月以上的农户占总户数的比重(%)

由于条件限制,难以进行普查,拟用样本农户的汇总数据的均值作为村级数据。表5为各村在样本农户数据汇总取均值后而形成的相应村级指标值。为了数据的稳定性和可靠性,现通过验证辅助变量的样本分布与总体分布相似性判断样本的代表性。选取年龄、性别比例、人均年收入作为辅助变量,通过卡方检验未发现与禹城市农村总体数据有显著差异,说明样本数据有一定的代表性,其汇总数据的均值可以反映村级水平。

五、农村宅基地市场化发展潜力的灰色聚类评价

(一)灰色聚类简介

所谓灰色聚类就是根据关联矩阵或灰数的白化权函数将复杂的灰色系统(包含若干观测对象和观测指标)进行简化或重新定义类别的过程。一个聚类可以看作是属于同一类观测对象的集合体。按照聚类对象划分,灰色聚类可分为灰色关联聚类和灰色白化函数聚类两种[40]。灰色关联聚类主要是用于多种因素的同类归并,提取多个因素的综合平均指标或代表性因素来代表其他因素,以简化复杂的系统。灰色白化函数聚类主要是用来检测被观察的对象是否属于事先已分好的不同类别,以便区别化处理。其中,灰色白化权函数聚类作为一种理

想的灰色评估方法,被广泛运用到评估实践中。

(二) 评价的一般步骤

本研究利用灰色白化权函数聚类方法进行评估。设有 n 个聚类对象,m 个聚类指标,s 个不同灰类,根据第 $i(i=1,2,\cdots,n)$ 个对象关于 $j(j=1,2,\cdots,n)$ 指标的实测值,将第 i 个对象归入第 $k(k\in\{1,2,\cdots,s\})$ 个灰类之中,称为灰色聚类。基于中心点三角白化权函数的灰色评估的一般步骤如下:

(1) 按照聚类要求所需的灰类数 s,分别确定灰类 $1,2,\cdots,s$ 的中心点(中心点为最有可能属于某一类的点,有可能是这一类的中点,也有可能不是中点)λ_1, $\lambda_2,\cdots,\lambda_s$。$\lambda_1,\lambda_2,\cdots,\lambda_s$ 为各个灰类的代表。

(2) 将灰类向不同方向进行延拓,增加 0 灰类和 $s+1$ 灰类,并确定其中心点 λ_0 和 λ_{s+1}。得到新的中心点序列 $\lambda_0,\lambda_1,\lambda_2,\cdots,\lambda_s,\lambda_{s+1}$。分别连接点 $(\lambda_k,1)$ 与第 $k-1$ 和 $k+1$ 个灰类的中心点 $(\lambda_{k-1},0),(\lambda_{k+1},0)$,得到 j 指标关于 k 灰类的三角白化权函数 $f_j^k(\cdot)(j=1,2,\cdots,m;k=1,2,\cdots,s)$。对于指标 j 的一个观测值 x,可由

$$f_j^k(x)\begin{cases}0 & x\notin[\lambda_{k-1},\lambda_{k+1}]\\ \dfrac{x-\lambda_{k-1}}{\lambda_k-\lambda_{k-1}} & x\in(\lambda_{k-1},\lambda_k]\\ \dfrac{\lambda_{k+1}-x}{\lambda_{k+1}-\lambda_k} & x\in(\lambda_k,\lambda_{k+1})\end{cases} \quad (\text{式-2})$$

计算出其属于灰类 k 的隶属度 $f_j^k(x)$。计算对象 $i(i=1,2,\cdots,n)$ 关于灰类 k 的综合聚类系数 $\sigma_i^k=\sum_{j=1}^m f_j^k(x_{ij})\cdot\eta_{ij}(i=1,2,\cdots,n;k=1,2,\cdots,s)$,得到对象 i 的聚类系数向量:

$$\sigma_i=(\sigma_i^1,\sigma_i^2,\cdots,\sigma_i^s)=\left(\sum_{j=1}^m f_j^1(x_{ij})\cdot\eta_{ij},\sum_{j=1}^m f_j^2(x_{ij})\cdot\eta_{ij},\cdots,\sum_{j=1}^m f_j^s(x_{ij})\cdot\eta_{ij}\right)$$

$$(\text{式-3})$$

(3) 由 $\sigma^*=\max_{1\leqslant k\leqslant s}\{\sigma_i^k\}$,判断对象 i 属于灰类 k^*。

(三) 聚类参数与评价标准的确定

评价模型中运用的聚类参数为上文所述的 5 个村级指标,具体观测值 x_{ij} 如表 5 所示。其中 $i=1,2,3,4$ 分别对应牌子村、东于场村、郎屯村和丁刘袁村,$j=1,2,3,4,5$ 分别对应户均人口数、外出务工人口比重、村庄人均年收入、人均建筑面积和宅基地(房屋)空置率。

表 5 各村土地市场化发展潜力评价指标

	户均人口数（人）	外出务工人口比重	村庄人均年收入（元/人）	人均建筑面积（平方米）	宅基地（房屋）空置率
牌子村	4.046	0.355	12725.743	35.970	0.143
东于场村	4.229	0.279	12266.655	40.585	0.167
郎屯村	4.315	0.268	11804.506	39.966	0.111
丁刘袁村	4.377	0.293	11481.897	42.228	0.038

评价类别的确立主要借鉴顾海兵[41]、陈宗胜等[42]和吴郁玲[43]等学者的研究成果，根据土地市场发育程度的不同，可以将土地市场划分为无市场、不完善的土地市场和完善的土地市场，而在不完善的土地市场中，又可以根据土地市场化水平将其划分为弱市场、转型中期、转型后期、相对成熟期几个阶段。因此，村级宅基地市场化发展潜力等级分为弱市场、转型中期、转型后期、相对成熟期4个灰类。

本次评价的市场化发展潜力为各评价对象的相对等级，因此主要依据样本数据来构建各灰类的中心点和向前、向后延拓类的中心点 $\lambda_0, \lambda_1, \lambda_2, \cdots, \lambda_s, \lambda_{s+1}$，并使灰度标准符合以下原则：(1)各灰类中心点均匀分布；(2)尽量确保观测值均值分布于灰类Ⅱ与灰类Ⅲ之间；(3)对于正向指标灰类，划分方法是将数据中的最大值放入最优区间，最小值放入最差区间，中间灰类区间值适度确定。对于负向指标灰类，划分方法是将数据中的最小值划入最优灰类，最大值划入最差灰类，中间灰类区间值适度确定。划分级数描述及所对应指标的中心点如表6所示。

表 6 灰类划分标准的确定

	向前延拓类	灰类Ⅰ（弱市场）	灰类Ⅱ（转型中期）	灰类Ⅲ（转型后期）	灰类Ⅳ（相对成熟期）	向后延拓类
户均人口数	4.400	4.350	4.280	4.180	4.050	4.000
外出务工人口比重	0.250	0.270	0.290	0.320	0.350	0.360
村庄人均年收入	11250.000	11600.000	12000.000	12250.000	12500.000	13000.000
人均建筑面积	45.000	42.000	40.000	38.000	35.000	32.000
宅基地（房屋）空置率	0.020	0.050	0.080	0.120	0.150	0.180

（四）白化权函数值的计算

将第 i 个对象的第 j 个指标的观测值 x_{ij} 引入式-2，得到 4 个灰类的白化权函数值矩阵如下。其中 $\boldsymbol{F}_k(k=1,2,3,4)$ 表示对应 4 个灰类的 4 个对象各指标的白化函数值矩阵，$f_{ij}^k(i=1,2,3,4;j=1,2,3,4,5;k=1,2,3,4)$ 表示第 i 个对象的第 j 个指标对于第 k 灰类的白化函数值。

$$\boldsymbol{F}_1=(f_{ij}^1)_{n\times m}=\begin{bmatrix} 0.000 & 0.000 & 0.000 & 0.000 & 0.000 \\ 0.000 & 0.550 & 0.000 & 0.293 & 0.000 \\ 0.500 & 0.900 & 0.489 & 0.000 & 0.000 \\ 0.460 & 0.000 & 0.663 & 0.924 & 0.591 \end{bmatrix}$$

$$\boldsymbol{F}_2=(f_{ij}^2)_{n\times m}=\begin{bmatrix} 0.000 & 0.000 & 0.000 & 0.000 & 0.000 \\ 0.490 & 0.450 & 0.000 & 0.707 & 0.000 \\ 0.500 & 0.000 & 0.511 & 0.983 & 0.222 \\ 0.000 & 0.900 & 0.000 & 0.000 & 0.000 \end{bmatrix}$$

$$\boldsymbol{F}_3=(f_{ij}^3)_{n\times m}=\begin{bmatrix} 0.000 & 0.000 & 0.000 & 0.323 & 0.238 \\ 0.510 & 0.000 & 0.933 & 0.000 & 0.000 \\ 0.000 & 0.000 & 0.000 & 0.017 & 0.773 \\ 0.000 & 0.100 & 0.000 & 0.000 & 0.000 \end{bmatrix}$$

$$\boldsymbol{F}_4=(f_{ij}^4)_{n\times m}=\begin{bmatrix} 0.920 & 0.500 & 0.549 & 0.677 & 0.762 \\ 0.000 & 0.000 & 0.067 & 0.000 & 0.444 \\ 0.000 & 0.000 & 0.000 & 0.000 & 0.000 \\ 0.000 & 0.000 & 0.000 & 0.000 & 0.000 \end{bmatrix}$$

（五）聚类权重的确定

聚类指标权重的确定采用基于离差最大化的客观赋权方法。根据董一哲等[44]提出的基于离差最大化的客观指标赋权方法，认为如果 i 对象的 j 指标对应的各灰度类的白化权函数值均无差别，则该指标对最终的聚类系数无影响，其权重可赋为 0。反之，如果该指标对应的各灰度类的白化权函数值差异较大，则该指标对最终的聚类系数存在较大的影响，应赋予较大的权重。因此，通过聚类指标的离差程度可以反映指标信息的重要程度。权重求解模型如下：

$$\boldsymbol{\eta}_i = (\eta_{i1}, \eta_{i2}, \eta_{i3}, \cdots, \eta_{im})$$

$$= \left[\frac{\sum_{k=1}^{s}\sum_{l=1}^{s}|f_{i1}^k - f_{i1}^l|}{\sum_{j=1}^{m}\sum_{k=1}^{s}\sum_{l=1}^{s}|f_{ij}^k - f_{ij}^l|} \quad \frac{\sum_{k=1}^{s}\sum_{l=1}^{s}|f_{i2}^k - f_{i2}^l|}{\sum_{j=1}^{m}\sum_{k=1}^{s}\sum_{l=1}^{s}|f_{ij}^k - f_{ij}^l|} \quad \cdots \quad \frac{\sum_{k=1}^{s}\sum_{l=1}^{s}|f_{im}^k - f_{im}^l|}{\sum_{j=1}^{m}\sum_{k=1}^{s}\sum_{l=1}^{s}|f_{ij}^k - f_{ij}^l|} \right]$$

(式-4)

其中 $\boldsymbol{\eta}_i(i=1,2,3,4)$ 为第 i 个对象的聚类权重矩阵，$\boldsymbol{\eta}_{im}(i=1,2,3,4;m=1,2,3,4,5)$ 为第 i 个对象的第 m 个指标的权重。

得到聚类权重矩阵为：

$$\boldsymbol{\eta} = \begin{bmatrix} 0.256 & 0.139 & 0.153 & 0.218 & 0.234 \\ 0.188 & 0.196 & 0.267 & 0.225 & 0.124 \\ 0.163 & 0.221 & 0.165 & 0.242 & 0.209 \\ 0.129 & 0.261 & 0.186 & 0.259 & 0.166 \end{bmatrix}$$

（六）聚类系数矩阵的计算

依据聚类系数计算公式：$\sigma_i^k = \sum_{j=1}^{m} f_j^k(x_{ij}) \cdot \eta_{ij} (i=1,2,\cdots,n;k=1,2,\cdots,s)$，可以计算出对象 $i(i=1,2,3,4)$ 关于灰类 $k(k=1,2,3,4)$ 的综合聚类系数。例如，当 $i=1$ 时

$$\sigma_1^1 = \sum_{j=1}^{m} f_{1j}^1 \cdot \eta_{1j} = 0 \times 0.256 + 0 \times 0.139 + 0 \times 0.153 + 0 \times 0.218 + 0 \times 0.234$$
$$= 0.000$$

同理可得：$\sigma_1^2 = 0.000, \sigma_1^3 = 0.126, \sigma_1^4 = 0.715$

所以 $\boldsymbol{\sigma}_1 = (\sigma_1^1, \sigma_1^2, \sigma_1^3, \sigma_1^4) = (0.000, 0.000, 0.126, 0.715)$

类似可以计算得出：$\boldsymbol{\sigma}_2 = (\sigma_2^1, \sigma_2^2, \sigma_2^3, \sigma_2^4) = (0.174, 0.339, 0.400, 0.073)$

$$\boldsymbol{\sigma}_3 = (\sigma_3^1, \sigma_3^2, \sigma_3^3, \sigma_3^4) = (0.361, 0.450, 0.144, 0.166)$$

$$\boldsymbol{\sigma}_4 = (\sigma_4^1, \sigma_4^2, \sigma_4^3, \sigma_4^4) = (0.520, 0.235, 0.026, 0.000)$$

综合以上结果，得到聚类系数矩阵：

$$\sum(\sigma_i^k) = \begin{bmatrix} 0.000 & 0.000 & 0.126 & 0.715 \\ 0.174 & 0.339 & 0.400 & 0.073 \\ 0.361 & 0.450 & 0.144 & 0.166 \\ 0.520 & 0.235 & 0.026 & 0.000 \end{bmatrix}$$

在聚类系数向量 $\boldsymbol{\sigma}_i$ 中，令 $\boldsymbol{\sigma}^* = \max_{1 \leqslant k \leqslant s}\{\sigma_i^k\}$，则 $\boldsymbol{\sigma}^*$ 所对应的村级宅基地

市场化发展潜力等级就是该村宅基地市场在当前时点所处的发育阶段。在受访的四个村中,有以下几点分析结果:

(1) 牌子村趋向灰类Ⅳ的倾向十分明显,宅基地市场化发展潜力处于相对成熟阶段。调查显示,该村常住本村的人口仅占户籍人口的不到一半,废弃宅基地比比皆是。但是,牌子村作为典型的空心村,集体或地方政府主导的宅基地治理措施对于闲置宅基地的资源再配置产生了较好的效果和社会效益。这是有助于该村宅基地市场发育的。该村外出务工人口比重大,农户进行宅基地流转的能力和动机也较高,因而宅基地要素市场化的发展潜力相对其他三个村而言是最高的。

(2) 东于场村基本趋向灰类Ⅲ,宅基地市场化发展潜力开始进入转型后期。该村灰类Ⅲ的聚类系数仅比灰类Ⅱ的聚类系数多0.01,说明该村宅基地市场化正处在由转型中期向转型后期演变的过程中。调查也显示,宅基地空置的情况较多,市场化有一定的潜力。但是,该村外出务工人口比重较小,市场化的驱动力不足。而且,空置的原因是"一户多宅、建新不拆旧"的情况比较严重,这决定了该村宅基地市场化发展潜力提升有限。

(3) 丁刘袁村属第Ⅱ灰类,与第Ⅰ灰类相差不足0.1,市场化发展潜力处于刚进入转型中期阶段。该村宅基地空置率仅有0.038,市场化发展空间有限。

(4) 郎屯村属第Ⅰ灰类,处于市场发育程度较弱的阶段。该村务农收入是重要的经济来源,相应宅基地的保障功能对农民意义重大,农户进行宅基地流转的实施动力和能力较弱。

六、结论与讨论

本研究构筑了农户流转意愿与村级宅基地市场化发展潜力关系的理论框架,运用二元logistic模型与灰色聚类分析相结合的方法,并以禹城市2镇4村为例,从农户意愿角度考察了宅基地流转的微观动力,从中筛选出村级市场化发展潜力评价指标,评价了宅基地市场发育程度。

(一) 结论

研究表明,基于农户微观个体的宅基地流转意愿评估农村宅基地市场发展潜力,可以揭示宅基地市场发育程度。从农户宅基地流转意愿与村级宅基地市场化发展的关系上,若农户与村组集体的理性预期一致,宅基地流转意愿在一个集体经济组织内部就可以汇总成市场化发展潜力。此时,显著影响农户宅基地流转意愿的变量就可以放大为衡量一个村组内部宅基地市场化发展潜力的指标。具体而言,(1) 外出务工人口比例越大,农户宅基地流转意愿大,村级宅基地市场化的发展潜力也越大。与之相对的,户均人口数越小,农户宅基地流转意愿大,村级宅基地市场化的发展潜力也越大。(2) 村庄人均年收入、人均建筑面积、宅基地(房屋)空置率等指标变量越大,农户宅基地流转意愿大,村级宅基地市场化的发展潜力也越大。(3) 上述影响显著的变量在同一区域的不同村庄又会显示出不同的绩效,反映宅基地市场发育程度的差异,由此不同村庄的宅基地市场化发展潜力呈现出弱市场、转型中期、转型后期、相对成熟期等不同阶段性和形态。

(二) 讨论

(1) 理性预期一致性的假设,是探究农户宅基地流转意愿与村级土地市场化发展潜力二者关系的关键。其实,这种理性是建立宅基地不完全市场——法律政策限定在集体经济组织内部的有限市场基础上的。宅基地流转或退出的机制设计以及政策改革,应尊重这种法律上与现实的所有权边界约束。在二元 logistic 模型分析的基础上由样本总体推断村级土地市场化发展潜力,并应用三角白化权函数的灰色评估模型,解决调查样本量的局限。而这正是灰色系统理论在研究"部分信息已知,部分信息未知"的"小样本""贫信息"不确定性系统的优势[40]。显然,上述方法从机制设计上对意愿与市场之间的逻辑路径进行综合模拟虽取得了一定的效果,但仍有改进的空间。机制设计可以从农户的理性预期出发对现存的宅基地流转隐性市场进行改进。

(2) 本研究对宅基地流转的界定侧重转出,从市场角度而言这其实是供给或潜在供给。当前的农村宅基地市场发育在供求关系上面临的主要矛盾是宅基地供给有余而需求不足。若将宅基地市场比作"萌芽",那么使之充分发育的重要条件是宅基地流入需求的产生。只有宅基地市场上出现充足的流入需求,当前潜在的宅基地市场才能显化并"发育"至其应有的水平。而且,当前的农村土地制度改革三项试点之一——农村宅基地制度改革将流转限在本集体经济组织内部。因此,如何启动市场化改革,要不要超出集体的组织边界扩大市场空间,是下一步农村宅基地制度改革应审慎讨论的重点。若脱离土地市场化发育的阶段性,盲目扩大市场化,也会酿成灾难。

(3) 同一地区的村级宅基地市场发展潜力存在较强的异质性,在政策含义上告诉我们,因地制宜选择村庄治理的模式,制定差别化的政策,是农村宅基地制度下一步改革与研究应关注的重点。在市场化阶段性、异质性基础上,找到宅基地的福利功能剥离或替代方案。不宜一刀切地推进宅基地置换、整理等工程,避免农民"被上楼"。

参考文献:

[1] 陈会广. 农民家庭内部分工及其专业化演进对农村土地制度变迁的影响研究[M]. 上海:上海人民出版社,2010:1-3.

[2] 朱明芬,邓容. 农村宅基地使用权隐性流转情况的实证调查[J]. 农村经济,2012,(12):14-20.

[3] 高波. 灰色土地市场的理论探析[J]. 管理世界,1993(1):101-106.

[4] 贾生华,张娟锋. 土地资源配置体制中的灰色土地市场分析[J]. 中国软科学,2006(3):17-24.

[5] 王玉堂. 灰色土地市场的博弈分析:成因、对策与创新障碍[J]. 管理世界,1999(2):159-165.

[6] 章波,唐健,黄贤金,等. 经济发达地区农村宅基地流转问题研究——以北京市郊区为例[J]. 中国土地科学,2006,20(1):34-38.

[7] 姚丽,魏西云,章波. 北京市郊区宅基地流转问题研究[J]. 中国土地,2007(2):36-39.

[8] 韩康. 启动中国农村宅基地的市场化改革[J]. 国家行政学院学报,2008(4):4-7.

[9] 赵国玲,杨钢桥. 农户宅基地流转意愿的影响因素分析——基于湖北二县市的农户调查研究[J]. 长江流域资源与环境,2009,18(12):1121-1124.

[10] 张振勇,杨立忠. 农户宅基地流转意愿的影响因素分析——基于对山东省481份问卷调查[J]. 宏观经济研究,2014(6):124-131.

[11] 吴一平,王艺桥. 农户宅基地流转意愿影响因素研究——基于濮阳市调查数据[J]. 农业经济与管理,2016(2):42-48.

[12] 关江华,黄朝禧,胡银根. 基于 Logistic 回归模型的农户宅基地流转意愿研究——以微观福利为视角[J]. 经济地理,2013,33(8):128-133.

[13] 张文方,李林. 广州市宅基地流转意愿的影响因素——基于宅基地功能演变视角[J]. 江苏农业科学,2017,45(3):299-302.

[14] 周婧,杨庆媛,张蔚,等.贫困山区不同类型农户对宅基地流转的认知与响应——基于重庆市云阳县568户农户调查[J].中国土地科学,2010,24(9):11-17.

[15] 李伯华,刘艳,张安录,等.城市边缘区不同类型农户对宅基地流转的认知与响应——以衡阳市鄹湖乡两个典型村为例[J].资源科学,2015,37(4):654-662.

[16] 胡方芳,蒲春玲,陈前利,等.欠发达地区农民宅基地流转意愿影响因素[J].中国人口·资源与环境,2014,24(4):116-126.

[17] 孙雪峰,朱新华,陈利根.不同经济发展水平地区农户宅基地退出意愿及其影响机制研究[J].江苏社会科学,2016(2):56-63.

[18] 夏敏,林庶民,郭贯成.不同经济发展水平地区农民宅基地退出意愿的影响因素——以江苏省7个市为例[J].资源科学,2016,38(4):728-737.

[19] 黄贻芳,钟涨宝.不同类型农户对宅基地退出的响应——以重庆梁平县为例[J].长江流域资源与环境,2013,22(7):852-857.

[20] 孙艳梅,刘新平,周义才.不同类型农户宅基地退出意愿影响因素分析——以新疆特克斯县为例[J].中国农学通报,2016,32(11):199-204.

[21] 彭长生.农民宅基地产权认知状况对其宅基地退出意愿的影响——基于安徽省6个县1413户农户问卷调查的实证分析[J].中国农村观察,2013(1):21-33.

[22] 张松,陈利根.宅基地产权认知与农户宅基地退出意愿研究[J].经济研究导刊,2015(14):16-17.

[23] 许恒周,殷红春,石淑芹.代际差异视角下农民工乡城迁移与宅基地退出影响因素分析——基于推拉理论的实证研究[J].中国人口·资源与环境,2013,23(8):75-80.

[24] 杨雪锋,董晓晨.不同代际农民工退出宅基地意愿差异及影响因素——基于杭州的调查[J].经济理论与经济管理,2015(4):44-56.

[25] 周立群,张红星.农村土地制度变迁的经验研究:从"宅基地换房"到"地票"交易所[J].南京社会科学,2011(8):72-78.

[26] 魏凤,于丽卫.农户宅基地换房意愿影响因素分析——基于天津市宝坻区8个乡镇24个自然村的调查[J].农业技术经济,2011(12):79-86.

[27] 魏凤,于丽卫.天津市农户宅基地换房意愿影响因素的实证分析——基于3

个区县521户的调查数据[J]. 中国土地科学,2013,27(7):34-40.

[28] 向勇. 城乡建设用地增减挂钩中宅基地的定向流转[J]. 法治研究,2012(9):35-43.

[29] 郁俊莉,孔维,宗一鸣. 新型城镇化建设中"安居难题"解决的理念、机制与路径研究——以天津华明示范镇"宅基地换房"实践为例[J]. 中国行政管理,2015(10):119-123.

[30] 黄忠华,杜雪君,虞晓芬. 地权诉求、宅基地流转与农村劳动力转移[J]. 公共管理学报,2012,9(3):51-59.

[31] 杨应杰. 农户分化对农村宅基地使用权流转意愿的影响分析——基于结构方程模型(SEM)的估计[J]. 经济经纬,2014,31(1):38-43.

[32] 钱龙,钱文荣,陈方丽. 农户分化、产权预期与宅基地流转——温州试验区的调查与实证[J]. 中国土地科学,2015,29(9):19-26.

[33] 黄忠华,杜雪君. 农户非农化、利益唤醒与宅基地流转:基于浙江农户问卷调查和有序Logit模型[J]. 中国土地科学,2011,25(8):48-53.

[34] 钱龙,钱文荣,郑思宁. 市民化能力、法律认知与农村宅基地流转——基于温州试验区的调查与实证[J]. 农业经济问题,2016,37(5):59-68.

[35] 朱凤凯,张凤荣. 城市化背景下宅基地利用的租值消散与农户行为研究——以北京市朝阳区下辛堡村为例[J]. 自然资源学报,2016,31(6):936-947.

[36] 张婷,张安录,邓松林. 期望收益、风险预期及农户宅基地退出行为——基于上海市松江区、金山区农户的实证分析[J]. 资源科学,2016,38(8):1503-1514.

[37] 陈会广,赵雪程,张耀宇. 农民宅基地财产权利实施能力的影响因素研究——基于江苏省7市53个村的调查数据[J]. 中国土地科学,2014,28(10):83-90.

[38] Olsen M. The Logic of Collective Action: Public Goods and the Theory of Groups[M]. Cambridge: Harvard University Press, 1980.

[39] 徐美银,陆彩兰,陈国波. 发达地区农民土地流转意愿及其影响因素分析——来自江苏的566户样本[J]. 经济与管理研究,2012(7):66-74.

[40] 刘思峰,谢乃明. 灰色系统理论及其应用(第6版)[M]. 北京:科学出版社,2013.

[41] 顾海兵.中国经济市场化程度的最新估计与预测[J].管理世界,1997(2):53-56.
[42] 陈宗胜,陈胜.中国农业市场化进程测度[J].经济学家,1999(3):110-118.
[43] 吴郁玲.基于土地市场发育的土地集约利用机制研究[D].南京:南京农业大学,2007.
[44] 董一哲,党耀国.基于离差最大化的灰色聚类方法[J].系统工程理论与实践,2009,29(9):141-146.

The Willingness of Homesteads' Circulation of Farmers and the Development Potential of the Rural Homesteads Marketization
—A Case of Yucheng City in Shandong Province

Huiguang Chen[1,3], Lin Liu[2], Dongyan Kong[1], Yuting Sun[2], Li Li[1]

(1. College of Public Administration, Nanjing Agricultural University,
Jiangsu Nanjing 210095, China;

2. School of Public Affairs, Zhejiang University,
Zhejiang Hangzhou 310058, China;

3. Key Laboratory of Coastal Zone Exploitation and Protection,
Ministry of Natural Resources of China, Jiangsu Nanjing 210017, China)

Abstract: The circulation of idle homesteads is the main path to promote the implementation of rural revitalization strategies and realize ecological livability. Assuming that the rational expectations of farmers and village groups are consistent, the willingness to transfer homesteads can be aggregated into market-oriented development potential within a collective economic organization. By using typical research data from Yucheng of Shandong Province, and adopting logistic regression model and the gray evaluation model, this paper explored the relationship between the willingness of homesteads' circulation of farmers and the development potential of the rural homesteads market, and found main factors of the willingness of the homesteads' circulation of farmers. By taking the factors into a evaluation index system of the development potential of rural homestead market, it assessed circumstances of homestead market development in research villages. The results showed that the family size, the proportion of migrant workers, the per capita annual income of the family, the per capita construction area and the vacancy of the homesteads had a significant impact on the willingness of homesteads' circulation of farmers. The Paizi village, Dongyuchang village, Langtun village and Dingliuyuan village had different stages of homesteads' market, namely, relatively mature, the later stage of transition, the transition period and the weak market stage. Based on the micro-subject and its rational perspective, it revealed the intrinsic logic relationship between the willingness of homesteads' circulation of farmers and the development of homestead market, and discussed three key issues related to the development of homestead market.

Key Words: farmers; homestead; willingness to transfer; marketization; development potential

大都市农村宅基地功能扩展的实践、问题及策略研究

代 兵[1,2]，徐小峰[3]

(1. 上海市地质调查研究院，上海 200072；
2. 上海市国土资源调查研究院，上海 200072；
3. 南京大学 地理与海洋科学学院，江苏 南京 210023)

摘 要 农村宅基地功能扩展是宅基地利用管理的重要方向之一，也是促进土地资源集约高效利用和乡村振兴发展的关键举措。本文以上海市8个村庄为例，通过实地调研分析了目前农村宅基地的主要功能，结合典型案例总结了农村宅基地功能扩展的模式和具体做法，掌握了农村宅基地功能扩展存在的主要问题，并从规划定位、产业发展、土地政策、基层组织建设、农民契约意识、利益共享机制和政府协同管理等方面提出了相关政策建议。

关键词 宅基地；功能；扩展；土地管理

上海市作为我国社会经济发展和城镇化水平最高的地区之一，随着城镇化进程的推进，大量农村劳动力向城市汇集定居，郊区农村宅基地闲置浪费现象严重，农房闲置率达20%左右，近一半农房处于半闲置状态[1]，造成了农村资源的严重浪费，也阻碍了乡村振兴发展。盘活农村的闲置农房与宅基地，扩展宅基地与房屋功能，对于挖掘乡村价值，增加农民和村集体收入，满足广大市民对美好生活、休闲娱乐的需求，建设美丽乡村都具有重要意义。本文围绕上海农村宅基地功能扩展对上海崇明、青浦、松江、金山四个区所辖的8个村进行了实地调研、农户问卷调查与干部访谈，了解农村宅基地和房屋利用现状及宅基地功能扩展面临的问题，并针对宅基地功能扩展、价值提升提出相应的政策建议。

收稿日期：2019-4-25
作者简介：代兵(1980—)，上海市地质调查研究院(上海市国土资源调查研究院)所长，高级工程师，研究方向：土地利用绩效评价和土地利用管理政策。

一、调研区基本概况

本文调研的 8 个村分别为崇明区合中村,松江区洙桥村、湖光村、腰泾村、赵非泾村、横山村,青浦区张马村和金山区新义村。调研村农户房屋以 2~3 层为主,且大都建于二十世纪八九十年代,随着城镇化的发展,农村劳动力外出打工,农村住宅日常由老年人居住、子女偶尔回来居住,部分宅基地处于闲置或半闲置状态。近年来,随着乡村旅游和休闲农业的发展,农村宅基地的社会商品属性和财产属性逐步凸显,正逐步由保障性功能向资产性功能转变。调研村共有 4088 宗宅基地,其中有 385 宗宅基地及房屋部分或全部流转,占宅基地总数的 9.4%,流转宅基地主要用作发展乡村民宿、众创空间、有机农场、工作室、文化教育等新业态、新产业(表 1)。

表 1 调研区宅基地基本情况

调研村	宅基地宗数	宅基地流转户数	宅基地流转后用途
合中村	794	12	民宿
洙桥村	423	0	—
胡光村	614	2	私下买卖,产权不过户
横山村	350	310	出租给外来务工者居住
赵非泾村	157	0	—
腰泾村	511	12	乡村工作室
新义村	689	9	众创空间
张马村	550	40	发展文化、民宿、健康产业
合计	4088	385	—

数据来源于村干部问卷

二、调研区宅基地功能

宅基地作为农村集体经济组织分配给集体成员用于建设房屋及附属设施的土地,是农户家庭生活的基本单元,具有生产、生活、仓储、文化及资产等功能。随着经济体制改革及社会经济发展,农村宅基地功能不断发生演变和扩展,且不同区域演变和扩展具有差异性。

（一）居住保障功能

宅基地是分配给村民使用的福利保障性资源，农村住宅一般包括客厅、卧室、厨房、卫生间等生活必备空间，其基本功能是为农村村民提供住所[2]，满足农民的住房需求，同时提供生活活动场所。随着城镇化进程，农民纷纷在城镇买房，农村宅基地闲置，宅基地的居住功能逐步弱化[3]。据统计，调研的8个村共有宅基地4088宗，其中291宗宅基地处于闲置状态，还有部分宅基地只有过节才有人居住，处于半闲置状态。调研的61户农户户均实际居住面积70.3 m^2，因子女外出打工，有的家庭只有老人居住，平均三分之一卧室处于无人居住状态。

（二）生产仓储功能

除居住功能外，农民还可以利用自家宅基地生产部分农产品，具有种植蔬菜，养殖家禽、家畜，农产品简单加工等生产功能；基于生产需求，附带生产工具、生活用品、粮食储存、交通工具储存等仓储功能。随着工业化和城镇化发展，城镇二、三产业的发展吸引大量农村第一产业劳动力向城镇转移，伴随着农户就业模式、生计来源、居住空间等发生变化，宅基地范围内生产、养殖等活动逐步消失[4-5]。随着农业规模化经营推进，农民将自家承包地流转给种植大户，原本用来储存粮食的空间也随着承包地流转而闲置，宅基地仓储功能弱化。调研的61户农户，有33户农民家宅基地上种植农作物、蔬菜，有27户养殖鸡、鸭等家禽满足自家生活需要，占地面积在5~30 m^2之间；仅有22户宅基地具有专门存储的存储空间，一般用来存放杂物、闲置的农机具。

（三）社会保障功能

宅基地由村集体无偿、无限期提供给村集体成员，以保障农民居者有其屋，维护农村乃至社会的公平与稳定[6-8]。对于农村老人来说，宅基地具有养老保障功能[9]；对于在外务工、经商的农民来说，宅基地具有失业保障功能，当他们经商失败或失业时，宅基地可以提供他们生产生活的基本保障。调研的61户农户均有一处农村宅基地用于自身居住，其中57户农户更愿意在农村养老。

（四）生态景观功能

古代的农村宅基地上往往是"前植榆、槐、桐、梓，后种竹、木，旁治圃，中庭植果木[10]"。屋前屋后种植的蔬菜、果树不仅给农民带来经济收益，还能美化环境、提高人居生态环境质量、改善内部小气候。树冠遮阴和植物的蒸腾冷却作用可以降低温度5%~10%左右；土壤和植物蒸腾作用带来的水汽使得庭院湿度增加1.7%～22.7%[11]。房前屋后的乔灌木、绿篱等具有较好的降噪作用。随着生活水平的提高，农民也更加注重自家院落的生态环境与景观优美度，在院内种草养花、休闲娱乐，其生态功能加强。调研的61户农户中有28户利用自家宅基地种植花卉草木，美化家庭环境。

（五）资产增值功能

随着中国市场化进程的推进、城乡建设用地增减挂钩和农村宅基地有偿退出政策的实施，农村宅基地的社会商品属性逐渐凸显，宅基地的资产增值功能日益增强[12-14]。上海市实施建设用地总量控制，农村地区大规模推进建设用地减量化，按照现有"拆一补一"的补偿标准[15]，前期被拆迁农户补偿的住房建筑面积与原住房建筑总面积一致，他们大多愿意得到1大2小的住房3套，大点房子自住，两套小的出售、出租获得收益。同时，随着乡村民宿的兴起，规划保留村的宅基地也被盘活利用起来，农户开始将自家宅基地房屋出租或者自己进行民宿经营。

三、宅基地功能扩展典型做法

（一）"生态＋"农业旅游模式

香朵开心农场，位于崇明区庙镇合中村，由台湾"香朵"企业投资建设，以生态农业为轴心，以英伦风格为基调，占地200亩，民房改造成的别墅12幢，房间34间，集美丽田园、休闲观光、乡村民宿于一体，具有农事体验、商业服务、休闲游乐等旅游功能，已逐步形成以休闲住宿、白山羊牧场、北美枫香林为特色的新型"农家乐"。结合当地人文自然景观和生态资源，通过统一规划、设计和改造，对农民12栋空置房屋统一租赁，进行整体设计、修缮和改造，打造成精致的乡村别墅，既保持传统乡村风貌，体现当地民居特色、生态环境，又为游客提供高品质住宿等特色服务的休闲、度假体验。

香朵开心农场租赁每幢民宅的租金为27840元/年，租赁合同可选择10年和20年，租金每年环比增长5%。农场区域承包地以每亩土地1140元的租金流转200余亩，实现了土地集中连片和规模化生产经营，110户农户受益。此外，农场还为村民提供了60余个就业岗位，农村劳动力在家门口就业，实现每人每年增收40000元左右。

开心农场运营、管理和资金由投资者全力负责。村集体负责协调企业与农民之间的各项租赁事宜并承担相关监督责任,保障农民的权益。首先,村集体从广大群众利益出发,与企业洽谈好相关利益保障和条件;其次,村集体以桥梁的作用连接企业与农户,收集相关闲置住宅信息,将合法并有出租意愿村民的住宅信息告知企业,促使双方顺利达成协议;另外村集体为保障村民利益不受损、村庄环境不破坏,负责监督开心农场建设与运营。

该模式的主要优点如下:(1)促进了产业融合发展。香朵开心农场秉承着"生态+"的发展理念,着眼于推动生态与农业、旅游、文化、体育等产业深度融合,实现一三产业的融合发展。以休闲娱乐、生态养生为主调,逐步建成集住宿休闲、农事体验、山羊牧场等为一体的乡村风格庄园。香朵开心农场是由政府部门统一规划设计,并引入外来资本和先进管理经验,实现"统一组织、一体化发展、专业化管理、规模化经营",致力于打造集生态旅游、观光、科普、传承农耕文化、度假等功能于一体的新型农旅结合发展模式。(2)村民多渠道增收。香朵开心农场有效整合了土地、房屋、农业等资源,与村集体、农户实现了合作发展,带动了农民致富增收。村民增收主要有四种渠道:一是土地流转费收入。农场范围内共流转土地200亩,110户农户收益,流转费按1140元/亩计算,平均每户实现流转收入2073元/年。二是农户房屋出租收入。与开心农场签约的12户农户平均每年可得到房屋租金收入27840元。三是富余劳动力就业收入。香朵开心农场建成后,为周边村民提供了近60个就业岗位,实现每人每年增收40000元左右,推动了农村富余劳动力就业,缓解了就业压力。四是农产品销售收入。开心农场探索实施"订单农业",优先从合中村村民手中购买原生态水果、蔬菜、禽类等物品,促进了崇明糕、翠冠梨、西红花、时令蔬菜等农产品的销售,为村民们开拓了一条增收创收的道路。

(二)集体平台+公司运营的民宿发展模式

张马村村集体引入上海大司田文化发展有限公司(以下简称"大司田公司"),配合着"四园一岛"的丰富资源,与其共同建设发展文化、民宿、健康产业。大司田公司主营木船俱乐部,采取会员制,配套民宿、休闲场所,目前在筹建商业区。民宿采取租赁模式,由村民将自身合法、闲置的宅基地房屋统一签约租赁给张马村集体经济组织,再由张马村集体经济组织统一转租给大司田公司,并进行统一设计、建设及运营。租赁期限10~20年,大部分期限是10年,租金30000元/年,租金每年增长3%;若期限是20年,租金每年增长5%。租赁到期后,重新进行协商,如果村民同意续租,则租期、价格再次拟定;如果不愿意续租,原固定装修的设施留给村民,房屋内可移动的设施则由大司田公司收回。

租金由大司田公司统一支付于村集体,再由村集体分别支付给出租房屋的村民。公司负责研发、建设、运营及设计;村集体作为宅基地房屋租赁的交易平台,负责各级部门手续办理、协调村民与公司之间的利益冲突。在利益分配上,村民通过房屋出租获利;公司通过民宿、商品销售等获利;村集体每年获得大司田在张马村营业额的3%外,还可以收取仓库及河道等租赁费用(或其他集体资产收益)。

目前张马村出租的近40栋民宿正在进行改造,以"去设计"理念为核心,保留张马民居原有白墙黑瓦的风貌,在民居内部通过艺术化的手段加以布置及装饰,采用节能环保的建筑材料,实现建筑的被动式节能以及绿色能源供给的生态乡村建筑。

该模式的优点主要表现为:(1)村集体成立房屋租赁平台规避风险。村委会每年两次统计村内农户宅基地的出租意愿,在尊重村民自愿出租的前提下,村集体与出租房屋的村民签约,将闲置房屋集中租赁。对私自改建、扩建的房屋或危房一律不纳入租赁范围。村集体再将闲置房屋统一转租给公司进行装修及运营。村集体与农户签订合同后产生的利益纠纷由村集体负责协调解决。(2)村集体与公司合作共赢。村集体与公司之间分工明确,公司一方负责产品的研发、配套商服的建设、品牌的设计、民宿的运营。公司租赁村集体的仓库和河道并支付租金,并且每年在民宿、商品买卖等营业额中抽取3%作为村集体的分红,实现了双方利益共享、合作共赢。(3)避免闲置宅基地、房屋等固定资产的浪费。根据问卷调查,已将房屋出租的农户大部分在城镇都有住房,也希望能够通过房屋租赁获得租金,发挥固定资产的价值。村集体作平台+公司运营的模式实现了村民、村集体、公司三方共赢,也有效利用了乡村闲置房屋,盘活了宅基地资产价值,避免了资产的浪费。(4)完善基础设施,村民幸福度提升。乡村大量年轻劳动力外出务工,留在乡村的多数都是老年人,村集体利用获得收益投资建设了老年人服务中心,完善了相关配套服务设施,提高了老年人生活水平和幸福程度。

(三)田园综合体模式

基于良好的资源禀赋和产业基础,枫泾镇人民政府共同参与、多方共建,将创新创业、城市元素与乡村建设相结合,打造"天域·新义田园综合体",实现利益共享。天域·新义田园综合体是以"众创入乡"、村民充分参与和受益为特色,依托"上海临港·枫泾科创小镇"平台,未来将通过全面的"乡村更新",努力成为集现代农业、创业创新、休闲旅游、田园社区为一体的乡村振兴实践基地。

新义村村集体在充分尊重村民意愿和确保村民生活质量不下降的前提下,将美丽乡村建设向众创空间打造转型,统一对村民闲置房屋进行租赁,再转租给天域集团,为企业和"创客"提供创新创业新平台,也为村民增收提供新载体、新渠道。村民可以选择整栋出租或单间出租,房屋出租将增加村民财产性收入,在合同期满后装修改造过的房屋所有权仍属于村民。宅基地房屋租赁合同是由出租方(村民)与承租方(新义村村民委员会)签订。租赁期间,凡涉及的土地使用费、物业费、环卫费等相关费用由承租方承担,设施或设备的日常维护和养护责任由承租方负责,所需费用由承租方承担。

目前新义村已有9户村民的附属房屋被租下,签约15年,主要集中在陆家埭的宅基地。据了解,凭借第三方盈创建筑科技(上海)有限公司独特的3D打印技术将首批9幢农户附属房屋打印成为众创空间,房屋建筑垃圾也将成为环保再生打印材料。随着越来越多的新科技元素注入传统乡村,乡村结构发生改变,过去农户用于养殖生猪家禽的附属房屋,通过改造变身成为绿色、环保的众创空间;过去只是用于村民自家居住的房屋,通过装修改造变成质朴、具有民族特色的民宿。通过乡村外缘系统与乡村内核系统之间要素的整合,创新创业、城市元素与乡村建设相结合,乡村结构的调整,乡村宅基地功能由社会保障功能、居住功能演化出了多元化的功能,其经济属性功能日益凸显出来。

该模式的优点体现为:(1)规划布局合理。在《金山区枫泾镇国民经济和社会发展"十三五"规划》、《上海金山枫泾特色镇总体规划〈2010—2020〉》、《金山区枫泾镇总体规划暨土地利用总体规划〈2015—2040〉》初步方案及《新义村村庄改造规划》等相关规划分析基础上,新义村委托上海同济城市规划设计研究院完成了《上海市金山区枫泾镇新义村村庄规划》,科学划分了核心区域、农业生产经营区以及辐射带动区。有规划才会有格局,规划的制定有效指导了村庄土地的开发利用。(2)实现利益共享。新义村打造以"众创入乡"为主要内容的魅力乡村建设,与天域集团联合打造天域·新义田园综合体。新义村有着良好的资源禀赋和产业基础,村集体与天域集团共同参与、共同合作,依托自然禀赋,将创新创业、城市元素与乡村建设相结合,实现了公司、村集体和农户的三方共赢。(3)产业融合发展。随着田园综合体项目的持续推进,新义村的配套设施不断完善,产业生态更加丰富。创新工作室、特色民宿、休闲农业基地、开放的郊野公园正在陆续建成。新义村将成为集现代农业、创业创新、休闲旅游、田园社区为一体的乡村振兴实践基地。通过"众创入乡",农业产业链延长,增加了产品附加价值,产业能级和全要素生产率得到极大提升。目前,"互联网+"、溯源监管、实时监测、电商营销、公众号推广等多种手段在园区运营过程得到了很好的利用,3D打印在民宿建设过程中得到应用,并取得了良好的效果,科技和人文元素融入了农业并发挥着至关重要的作用。(4) 村民多渠道增收。根据实地访谈及问卷分析,新义村村民的主要收入来源是工资收入、房屋出租。随着天域·新义田园综合体项目的推进,首批9户农民的附属房屋已被租下,签约15年,接下来将有更多闲置农宅被纳入平台。在此过程中,房屋出租将增加村民财产性收入,就近工作还可增加村民工资性收入,鸡鸭、蔬菜出售也能增加村民的经营性收入。例如,村民将总面积100多平方米的房屋出租,每月增收可达1000～2000元,加上其他经营性收入、工资收入,村民收入成倍增加,可支配收入高于从事农业生产经营收入。

四、宅基地功能扩展存在的问题

(一)村庄发展缺乏规划统筹引导

根据村庄的产业特色,融合当地的自然人文环境要素,再加上创意和美学元素,引进外来资本发展本村经济,单独靠一户或几户之力难以完成,需要通过开展村庄统一规划引导,完善用地布局,以统筹协调和有序推进农村宅基地功能的扩展。本文调研的8个村庄中,松江区横山村村庄规划仍在优化之中,整体规划尚未落地;而诸如洙桥村、赵非泾村等村庄尚未制定相关村庄规划。规划的滞后或缺乏,一方面会使农民对宅基地与房屋的未来预期具有不确定性,造成社会不稳,民心不安,制约了宅基地功能扩展的内在动力;另一方面也会打击外来资本融入乡村的积极性,抑制了宅基地功能扩展的外在推力。

(二)乡村产业发展导向不明确

上海市农村没有丰富的自然资源支撑,在传统的农业乡村中扩展宅基地功能也缺乏相关配套产业,无法满足游客休闲娱乐多方面的需求。调研发现,目前宅基地功能扩展还是以民宿为主,体现其居住功能,活化用于其他新产业新业态的相对较少,产业发展雷同,容易形成同质低效竞争。农村长期可持续发展,离不开新产业新业态的注入,否则难以留住人才或游客,民宿也难以长效发展。目前,亟须相关部门结合各区农村发展实际,做好乡村产业发展定位,避免同质低效、做好优质互补,形成"点上有特色、线上能串联、面上够丰富"的乡村产业布局形态,充分发挥存量宅基地活化利用功能,支持乡村产业振兴发展。

(三)建设用地空间和指标相对缺乏

发展民宿、农家乐等产业可以带动宅基地的功能扩展,但是产业的进驻势必要有一系列的配套设施跟进,如道路、游憩设施、停车场等。但目前来看,上海各区民生工程、基础设施以及各类建设项目的用地指标,均需依靠减量化腾挪空间,而减量化成本高昂,再加上城乡地价差距较大,导致农村用地比较效益低,用地指标难以保障,因此项目长期停留在方案阶段。如朱家角镇的张马村,村里引进企业投资兴建了木船俱乐部、纸牌屋等,但是由于建设用地指标的制约,后续配套设施难以跟进,甚至连公共停车场、厕所等所需用地都难以获得指标,这也对企业的进一步发展起到了一定的限制作用。

(四)农村基层组织建设有待加强

多数农民不愿参与共同发展村镇经济,究其原因,主要是部分干部对发展村庄经济、扩展宅基地功能的重要性认识不足、重视不够、引导不力、协调服务不到位,没有发挥"领头雁"的作用,导致农民决策信息来源渠道和信息数量不足并且严重滞后,使村民不了解宅基地功能扩展对于推动当地经济发展、改善居民居住条件的重要意义,因此"主人翁"思想的缺乏自然导致农民参与其中的积极性不高,严重阻碍了农村经济的快速发展。

(五)农民意愿和契约精神不足

一是村民缺乏开发动力。由于上海周边良好的就业机会,年轻人均外出工作,留守在村里的大多是老年人,延续了几千年的保守思维,致使农民对宅基地具有很强的依赖性,"守旧思想"难以撼动,即便土地闲置,也不愿在宅基地上发展民宿、农家乐等产业。另外,调研发现,60岁以上的村民人均养老金在1000~2000元/月,加之土地流转收入及其集体成员的分红,足以保证其安居乐俗,甚至有些村里还设有老年服务中心,提供其生活、休憩娱乐等,例如,洙桥村成立英峰民生服务站,为老年人提供助餐、助浴、日间照料和保健等业务,极大地方便了老年人的生活。助餐方面,为老年人每餐提供1荤1素1汤只要5元钱,解决了老年人的吃饭问题。因此,目前留守在村里的村民食足衣丰,清闲自在,没有能力亦没有动力发展产业,这也是影响宅基地功能扩展的因素之一。二是契约精神有待强化。除上述能力及动力因素制约之外,村民契约精神的缺失也限制了宅基地功能的进一步扩展。在传统小农经济的熏陶下，村民的法制观念和公共意识不强，而发展民宿类的新型产业通常是投资主体租用农民的闲置房屋，租期不等，短则三五年，长则二十年。在这么长的时段中保证契约的持续执行有一定难度，如目前浙江、深圳等地的民宿都已出现农民毁约的情况。调研了解到上海市嘉北郊野公园在投资建设过程中也遇到了类似农民缺乏契约精神、单方毁约的情况，这对产业资本进驻乡村起到了一定的阻滞作用。

（六）多方共赢的利益分配机制尚未建立

乡村振兴的内核是新住户、新村民带动旧住户、旧村民，通过外来资本与本地资本相联动来壮大集体经济，实现乡村发展。但在调研中发现，村民、村集体与外来资本合作方式单一，缺乏合理的利益分配方式。如崇明区的合中村虽然引入外来企业投资建成了香朵开心农场，但采用的合作方式仅仅是集体将土地租赁给企业，由企业自负盈亏，集体经济组织并未参与到其经营管理过程中，相当于只是给外来资本提供发展空间，对村集体自身经济的壮大并无益处，背离了扩展宅基地功能、盘活闲置宅基地的初衷。因此，在企业资本进驻中如何改变村集体与外来企业的合作方式，增强村民、村集体的参与感、获得感，建立起合理的收益分配机制是当前宅基地功能扩展过程中亟待解决的问题。调研的8个村，宅基地、房屋流转几乎都是由村民直接与企业签订租赁合同，或者是由村集体经济组织租赁后再转租给外来企业两种模式，宅基地、房屋流转参与主体单一，各方利益联结不紧密，农民、集体参与感不强烈。农村宅基地功能扩展中的各方利益联结，不是简单的合同契约关系，而是以保障农民利益为核心，使农民、集体、企业三者之间互惠共赢、共担风险的利益共同体。

（七）多部门协同与共管的机制尚未形成

宅基地功能扩展仍是一项制度创新，上海在这方面的经验仍然短缺，政策还不完善，尤其在农户宅基地与房屋作为商业用途方面的限制仍未放开。目前上海仅有三个试点区即青浦区、崇明区、浦东新区出台了民宿发展相关的指导条例，其他地方仍只有宅基地、房屋管理相关条例，并没有与民宿、农家乐或其他产业相关的政策出台。政策的不完善导致大部分民宿都"名不正、言不顺"，无法取得合法的经营执照。在上海市松江区调研了解到，该区农村住宅用作商业、经营民宿需要经规土、农业、工商、税务、消防、治安、食品安全、卫生、环保、市场监管、市容、发改委12家部门审核发证后方可进行合法经营，但由于相关政策的滞后，取得合法的经营主体身份的操作路径尚不明朗，造成了已进驻的民宿、农家乐等新业态所需的合法证照无法办理,影响了其他外来资本进村投资的意愿,严重阻碍了宅基地功能的进一步扩展。

五、促进宅基地功能扩展的政策建议

(一)明确乡村发展定位,加快规划编制统筹

明确村庄发展定位,指导宅基地多元化利用。宅基地功能扩展应基于各地区自然资源禀赋和区位条件进行明确的乡村功能定位,明晰乡村发展目标。对于资源丰富或区位条件较好的地区,可以优先发展乡村民宿、采摘等新兴业态,而相比之下资源匮乏、区位条件较差的地区或者位于水源保护地对生态要求较高的地区可以考虑完善公共基础设施,引导村民集中安置居住,把空置、废弃宅基地复垦为耕地或生态用地。加快乡村规划编制进度,做好规划引导统筹。针对目前村庄规划缺失的问题,有必要加快统筹上海市新市镇规划、郊野单元规划和村庄规划编制,确保多层规划衔接,控制农村住宅用地总规模。同时加快村庄规划编制和覆盖,优化乡村生产、生活、生态用地布局,为宅基地用地转换、农村新产业新业态发展等提供规划依据。

(二)明确产业发展导向,打造乡村振兴新动能

按照因地制宜的原则,立足地区资源禀赋,以村庄的产业特色为基础,融合文化传承、人物历史、风土乡俗等人文要素对乡村产业发展进行统一规划部署,避免乡村产业同质化与过量供给,实现差异化乡村产业发展,促进农村合作社、乡村民宿、家庭农场、创客中心等各种新产业新业态更好地面向市场需求。此外,积极探索扩展闲置宅基地功能,开展"产、学、研、销"综合服务,促进新型经营主体创新商业营销模式,支持其开展产品质量认证和优势品牌(如松江大米、崇明翠冠梨等)培育,推进农业产业融合发展。

(三)创新规土支持政策,保障合理用地需求

建立完善宅基地指标置换和平移制度。结合实际情况,探索建立集体建设用地指标置换和平移制度,允许集体经济组织内部,以镇、村为单位,在符合规划控制和建设用地总量不增加前提下,通过指标置换或平移实现区域范围内建设用地空间优化布局,提高土地配置效率。明确集体建设用地减量化形成的新增建设用地指标使用次序,原则上完成减量化的主体(镇、村)具有优先使用一定比例新增建设用地指标的权利。加大农村发展用地新增建设用地指标支持力度。

以区为单位将建设用地减量化形成的年度建设用地计划指标确定一定比例，专项用于支持农村发展用地需求。地方政府可以建立项目备案制，在上一年年末和当年年初，以村为单位经镇政府向区自然资源管理部门申请年度农村发展用地指标，区自然资源管理部门进行指标需求筛选、统计与备案，对于经区政府认定的重点农村发展项目清单，实行用地计划指标单列，并建立报批绿色通道，实行优先供地和审批政策。

（四）加强基层组织建设，建立监管交易平台

积极发挥基层政府引导作用。现居住于农村的多为老年人，对于农村宅基地功能扩展缺乏认识，基层政府应充分发挥带头作用，抓住乡村发展机遇，并加大政策宣传力度，定期安排村民集中学习交流，鼓励村民充分利用现有空置、闲置宅基地，充分实现宅基地经济价值。完善基层交易服务平台。此次调研的8个村都未成立专门的宅基地流转、抵押、入股交易平台，导致部分地方宅基地私下交易，农民权益未受法律保护。建议建立统一的宅基地流转监管交易平台，作为第三方平台发挥协调宅基地流转交易双方（企业与农户）或三方（企业、村集体、农户）的作用，在一定程度上规范宅基地流转主体行为，维护宅基地流转市场秩序，保障农民利益。

（五）积极调动多方意愿，提高农民契约意识

充分尊重农民意愿，兼顾各方利益。农村宅基地功能扩展的相关发展要尊重农民的选择权，处理好农户、集体和合作社之间的关系，增强村民、村集体的参与感、获得感，确保各方合法利益，做到共建、共享、共赢。建议宅基地进行流转（出租），具体由村集体对空闲宅基地或房屋进行登记，统计整理后交由统一的监管平台进行专门运营，以统一监管保证农民契约精神。

（六）建立利益共享机制，促进农民长效增收

在以发展农家乐、乡村旅游等产业为主的地区，尝试建立股份合作型的利益联结机制。村集体将农村承包地和集体资产确权分股到户，在发展民宿、观光等产业时鼓励农户以土地（承包地、宅基地）、劳务、资金等入股企业，促使集体、农户与企业共担风险、共享利益，完善利润分配机制，推广"保底收益＋按股分红"分配方式，维护农民利益。在农业资源丰富，主要发展生态农业的地区，可以建立产销联动型的利益联结机制，支持农产品产销双向合作互动，鼓励农户用土地、资金、劳动等以加盟或入股的形式与批发商、零售商合作共建规模化、标准化农产品生产基地，农户既可以取得分红，还能获得农产品收益，在一定程度上将

会促进农民增收。

（七）完善协同管理机制，规范保障功能扩展

宅基地功能扩展的相关模式，如农家乐、乡村民宿等涉及规土、农业、工商、税务、消防、治安、食品安全、卫生、环保、市场监管、市容、发改委等 12 家管理部门，经营主体需要花费大量精力协调，"办证难"问题突出。建议建立农村产业发展服务部门，专门负责宅基地活化用于发展农村新产业新业态的规划、审批、监督等职能，减少部门职能交叉；同时对现有的相关管理部门进行职能分工，明确工作任务，强化责任落实，提高办事效率，规范引导和保障宅基地功能扩展与活化利用。

参考文献：

[1] 方志权,晋洪涛,张晨.上海探索盘活利用农民闲置房屋的调研与思考[J].科学发展,2018(06):107-112.

[2] 贾兵.论宅基地功能的多样化[D].兰州:兰州大学,2011.

[3] 韩非,蔡建明.我国半城市化地区乡村聚落的形态演变与重建[J].地理研究,2011,30(7):1271-1284.

[4] 信桂新,阎建忠,杨庆媛.新农村建设中农户的居住生活变化及其生计转型[J].西南大学学报(自然科学版),2012,34(2):122-130.

[5] 钟在明.农村宅基地闲置原因与治理探析[J].农业经济,2008(06):57-58.

[6] 林超,谭峻.农村宅基地制度改革研究——基于宅基地功能演变分析的视角[J].经济体制改革,2013(05):69-72.

[7] 陈龙江.制度功能视角下农村宅基地使用权制度改革探析[J].河南财经政法大学学报,2008(05):156-159.

[8] 吕军书,李潇晓.人役权制度下我国农村宅基地的社会保障功能分析[J].农业经济,2017(06):63-64.

[9] 韩芳.中国农村土地养老保障功能研究综述[J].河北农业科学,2008(09):145-148.

[10] 张履祥.补农书校释[M].北京:农业出版社,1983.

[11] 路姗姗,许景伟,李传荣,等.农村庭院绿化模式的环境效应及其综合评价研究[J].中国农学通报,2009,25(09):78-82.

[12] 张德元.农村宅基地的功能变迁研究[J].调研世界,2011(11):21-23.

[13] 瞿理铜,朱道林.基于功能变迁视角的宅基地管理制度研究[J].国家行政学院学报,2015(05):99-103.

[14] 朱从谋,苑韶峰,李胜男,等.基于发展权与功能损失的农村宅基地流转增值收益分配研究——以义乌市"集地券"为例[J].中国土地科学,2017(07):37-44.

[15] 刘红梅,刘超,王克强,等.大都市郊区农村宅基地利用动态变化及驱动力研究——兼论上海郊区宅基地多功能与制度创新[J].城市发展研究,2018,25(07):74-83.

Research on Practice, Problems and Strategies of Metropolitan Rural Homestead Function Expansion

Bing Dai[1,2], Xiaofeng Xu[3]

(1. Shanghai Institute of Geological Survey, Shanghai 200072, China;
2. Shanghai Institute of Land Resources Survey, Shanghai 200072, China;
3. School of Geography and Ocean Science, Nanjing University,
Jiangsu Nanjing 210023, China)

Abstract: The function expansion of rural homestead is one of the most important directions for the utilization and management of homesteads. It is also a key measure to promote the efficient use of land resources and the revitalization of rural areas. Taking 8 villages in Shanghai as an example, this paper analyzes the main functions of the homestead in the survey area, summarizes the model and specific practices of the expansion of the homestead function, and masters the main problems of the expansion of the homestead function, and proposed relevant policy recommendations in terms of planning and positioning, industrial development, land policy, grassroots organization construction, farmers' contract awareness, benefit sharing mechanism and government collaborative management.

Key Words: homestead; function; expansion; land management

农业生产性服务市场对农户农地流转决策影响
——以江苏省海安县水稻种植为例

徐 盼,诸培新,张玉娇

(南京农业大学 公共管理学院,江苏 南京 210095)

摘 要 农业生产性服务是一种现代产品要素,它一方面能在生产环节为农户提供耕、种、管、收等服务,缓解农户规模经营中面临的劳动力、技术等不足,有利于农户规模经营;另一方面由于不同规模农户农业生产性服务获得能力高低不同,农户的土地经营成本收益关系不同,从而使农户的农地流转决策存在差异。为此,本文在相关理论分析的基础上,基于海安县241个水稻种植农户问卷调查数据,采用probit模型检验了农业生产性服务对农户流转决策的影响,并用联立方程模型进行了稳健性检验,结果研究发现:(1)农业生产性服务在整体上能促进规模经营。(2)农业生产性服务对不同规模农户的农地流转决策影响不同,对大规模农户而言具有促进其土地转入的作用,而对小规模农户则具有促进其土地转出的影响。因此,为促进土地规模经营,政府应该继续发展农业社会化服务,促进农户在土地经营规模上的分化,使大规模农户成长为规模经营主体,而部分小农通过转出土地助力其向城镇转移;同时对继续从事农业生产的小农,通过小农户的组织化和合作化改造,提升农业生产性服务获取能力,促进农业生产现代化水平,实现土地在服务层面的规模经营。

关键词 农业生产性服务;农地流转;服务需求;规模经营;江苏海安

收稿日期:2019-3-18
基金项目:国家自然科学基金项目(71373128),南京农业大学校级教改项目(2017P014)。
作者简介:徐盼(1993—),女,江西吉安人,南京农业大学公共管理学院硕士研究生。主要研究方向为土地经济与政策,土地可持续利用管理。E-mail:648492897@qq.com。
通讯作者:诸培新(1968—),男,江苏南京人,南京农业大学公共管理学院教授,博士生导师。主要研究方向为土地经济与政策。E-mail:zpx@njau.edu.cn。

一、引 言

伴随着经济和城市化的快速发展,农村劳动力开始外出务工,农地流转逐渐发展。但农村劳动力不能因为职业变化而成为城市居民[1],仍然对农地存在依赖[2],难以完全退出土地,通过土地流转实现规模经营、提高劳动生产效率仍面临着许多障碍。于是,发展农业生产性服务以获得各生产环节的服务规模经济成为提高农业生产效率的另一途径。同时,农业生产性服务也可为农户农地流转过程中面临的劳动力缺乏、技术手段不足和抗风险能力较弱等问题提供帮助[3]。

目前学界围绕农地流转行为和农业生产性服务开展了一些研究。有学者研究了农业生产性服务与规模经营的关系[4-5],表明农业生产性服务在当前劳动力短缺化、弱质化的情况下,可以有效替代劳动力,解决农户自身劳动力不足与农业技能不足等问题[6]。有研究发现农地经营规模是影响农户生产性服务需求的主要因素[7],不同规模经营主体对农业生产性服务存在差异性的需求,普通农户对劳动力密集型农业服务(整地、收割等环节)的需求较高[8];种粮大户等规模经营主体偏好于技术密集型农业服务,如病虫害防治技术、新品种技术等,对资本密集型的服务,如资金信贷、农机配套等需求也较高[9-10]。然而,这些差异化的需求导致了供给方的服务体系以大户为中心的重构,催生了小农的困境[11]。总之,目前学界的研究较少从不同规模农户土地流转决策的视角来研究农业生产性服务对土地经营规模的影响及其作用机理,使得相应的理论解释不够精准,为此本文拟从不同规模农户的差异化的角度来研究农业生产性服务对农地流转决策的影响,从而为农业生产性服务市场的发展和土地规模经营提供新理论支持。

二、理论分析与研究假说

农业生产性服务实质是产品服务,具备产品的一般属性,可供农户自由选择。农户作为农业经营的主体,在进行土地流转决策时会受到农业生产性服务的影响。农业生产性服务的使用缓解了劳动力、技术对农户的制约。一方面随着机械服务市场的发展,农户使用农业机械化服务愈加便利、及时。相关研究表明农业机械和劳动力之间具有明显的替代关系[12],且替代作用越来越明显[13]。

替代效应的存在,解决了农业经营者自身劳动力不足的问题,减缓了劳动力弱质化对粮食生产造成的影响[14],减少了农户对雇工监督管理的成本。另一方面农业技术服务的使用解决了农户农业种植技能的不足,缓解了技术的制约。于是,农户开始购买服务从事农业经营。不同规模的农户,在获得服务时,由于农业生产性服务的需求差异和供给方偏好,购买服务价格和获得服务内容存在差异。因此,在新的生产环境下,不同规模农户的资源禀赋约束和成本收益关系发生了变化,农户开始依据现有的成本收益关系调整自己的农地流转决策。根据农户的土地转入行为,本文将农户分为大规模农户、小规模农户。

（一）大规模农户农地流转决策机制

大规模农户追求的是规模经济效应,规模效应的实现受土地、劳动力、技术的投入等因素的制约,农户在进行是否流转农地决策时,还需要考虑如何破除其他因素的制约。然而,农业生产性服务可弥补农户劳动力、技术的不足,利于这些农户再次转入农地。首先,大规模农户经营面积大,更迫切地需要农业机械化服务。替代效应的发挥在大规模农户中更显著,一方面更能有效缓解大规模农户劳动力的制约,大幅度增加了农户人均能够管理土地的面积[15];另一方面避免了部分监督管理,减少了监督成本,降低了农业经营风险。其次,农业技术服务的使用,能弥补大规模农户技术的不足,降低了劳动力成本,利于转入农地。大规模农户对技术服务的需求更大,相关研究表明大规模种植农户采用技术服务的概率较大,因为种植面积较大的农户,他们不选择某类服务的机会成本相对于小规模种植的农户来说要大得多[16]。最后,大规模农户由于经营面积大,使用农业生产性服务的价格低,具备价格比较优势。综上所述,农业生产性服务的使用能够弥补大规模农户劳动力上及农业技能的短板,并且在新的成本收益关系下,大规模农户具备价格比较优势,从而转入土地以获取规模经济效益。

（二）小规模农户流转行为决策机制

由于经营面积小,小规模农户面临的是市场地位的不平等、要素价格歧视、议价能力相对较低,接受农业生产性服务的价格较高。然而小规模农户的劳动力迁移能力存在差异,导致农户的农业经营的机会成本不同,农户的成本收益关系也就不同。第一,部分小规模农户非农就业能力强,机会成本高,当使用农业生产性服务的成本与付出的机会成本大于所能获得的收益时,就会将土地转出,以获取更高的收益。第二,部分小农自身非农技能不足,非农就业难,经营农地面临劳动力弱质化等问题,使用农业生产性服务则可帮助其继续农业经营,把小农生产引入现代农业发展轨道,实现现代小农的培育。综上所述,对小农而言,农业生产性服务的发展,促进了小农经营规模的分化,小规模农户依据自身的成本收益关系作出差异化的农地流转决策。

(三)假说的提出

本文假设所研究的农户均为理性小农,基于上面的分析,本文拟提出以下假说:

1. 农业生产性服务的发展,有利于促进大规模农户转入土地,形成土地规模经营,成为规模经营主体;有利于促进小农转出土地,为规模经营主体提供土地支撑。

2. 总体而言,在农户决策过程中,由于大规模农户存在转入需求,尽管小规模农户农地流转决策存在不确定性,但其转出行为仍能增大土地的供给。因此,在整体上可能会存在促进农地转入的效应。

三、数据来源与模型选择

(一)数据来源

本文的数据主要是依托课题组在江苏海安县进行的农户调研。海安县位于江苏省苏中地区,综合经济实力较强,是江苏省内种粮大县,农业生产性服务市场发展较好,能较好地满足课题组调研需求。课题组按乡镇抽样调查和大户实地访谈的方法获得了有效问卷241份,分别获得了转入大户62份、转出户100份、未流转农户79份。问卷主要涉及下列内容:农户家庭基本情况(家庭人口数量、户主年龄、受教育程度、是否党员或者村干部、政治关系等),农地流转情况(流转行为、土地经营规模、流转土地块数、是否再次转入土地等),农业生产性服务情况(各项服务的获得方式、服务的获得价格、服务的采用次数等),2016年农户家庭收入情况(农业生产经营收入、非农就业收入、政策性补贴收入、家庭消费总支出、食品消费支出等)。

(二)概念界定与变量选取

农户类型界定:根据实际调研情况和参考相关文献,大规模农户以扩大规模为方向,通过技术实现集约;小农户是劳动主导下的持续集约化[17]。因此,本文将2015年前存在土地转入行为的农户界定为大规模农户,其余为小规模农户。

土地流转:本文所指的2016年土地流转活动,主要包括土地转入和土地转出,分别设置为虚拟变量,是否转入土地或者是否转出土地。对于大规模农户则考察是否在2016年有再次转入的行为。

农业生产性服务:本文涉及的农业生产性服务主要是农业技术服务和农业机械服务。为了准确刻画农户农业生产性服务获得能力且避免共线性问题,分别选取了农业技术服务的获得次数、农业机械服务价格作为自变量。

户主特征:户主是流转行为的主要决策者,自身的特征对流转与否起决定性的作用,特征主要有户主的年龄、受教育程度、是否党员或干部。

家庭特征:主要包括家庭的政治关系、劳动力人数。政治关系用家庭成员中或亲戚是否为本县的村干部或公务人员来表征。干部身份意味着自身有较高的社会能力,且有较强的社会资本。这直接与农户生产决策行为能力相关。

耕地特征:包括土地肥力及地块面积,本文以农户年末经营的平均每块耕地面积来测度耕地细碎化程度,单位为亩/块。

具体详见表1。

表1 变量的描述性统计

变量名称	变量代码	变量定义	均值	标准差
土地转入	zr	转入=1;否则=0	0.26	0.44
土地转出	zc	转出=1;否则=0	0.56	0.50
再次转入	azr	大户再次转入=1;否则=0	0.32	0.47
农业技术服务次数	tec	实际接受农业技术服务的次数(次)	2.66	4.73
机械服务价格	$price\_sev$	农户采用收割服务的实际价格	80.12	11.95
户主年龄	age	2016年户主的年龄(岁)	59.59	11.02
户主受教育程度	edu	户主接受正规教育的年限(年)	9.10	3.23
劳动力人数	$labor$	家庭中18~60岁的人数(人)	2.15	1.34
政治关系	$socap$	家庭中有无成员是党员或村干部:有=1;无=0	0.29	0.46
土地肥力	$capab$	经营土地肥力情况:1=非常贫瘠;2=不贫瘠;3=一般;4=肥沃;5=非常肥沃	3.46	0.78

续表

变量名称	变量代码	变量定义	均值	标准差
耕地细碎化程度	fra	以农户年末经营平均每块耕地面积来测度耕地细碎化程度（亩/块）	10.21	31.86
土地经营规模	$landscale$	以农户年末实际经营的耕地面积来测量（亩）	109.87	334.02

(三) 模型选择

由于本文研究的因变量是土地流转与否，是一个二分类变量，且各影响因素间不存在内在联系，农户只是农业机械服务的接受者，农业机械服务的价格是外生变量，因而选用二元 probit 模型进行估计。指标的选取则在借鉴刘强、张红宇等专家学者基础上[4,18]，再增加对调研区域的特征选取的指标。最终对研究假说进行实证检验，着重观察农业生产性服务对土地流转的影响。

根据被解释变量的特点，本文采用二元 probit 模型对假说进行验证：

$$P_{zr}(y=1|x) = \varphi(x,s) = \alpha + \beta S + \gamma X + \varepsilon \quad (1)$$

$$P_{azr}(y=1|x) = \varphi(x,s) = \alpha + \beta S + \gamma X + \varepsilon \quad (2)$$

$$P_{zc}(y=1|x) = \varphi(x,s) = \alpha + \beta S + \gamma X + \varepsilon \quad (3)$$

其中，因变量 P 为农户的实际土地流转情况，依次为农户是否转入、是否再次转入、是否转出土地，设置为虚拟变量；α 为常数项；S 为具体的农业生产性服务所选变量；X 为与土地流转有关的其他变量，主要包括农户的家庭特征、户主的个人特征、耕地特征等；ε 为随机扰动项；β 为各项农业服务具体的影响系数；γ 则为其他变量的影响系数。

对全部样本农户，采用模型一，考察农业生产性服务是否对土地转入有促进作用来进行验证；对有转入经历农户，采用模型二，验证农业生产性服务是否会促进大户转入土地进行经营；对小农，采用模型三，验证农业生产性服务对农户土地转出的影响，以此来考察农业生产性服务是否会对不同规模农户产生差异化的影响。

韩坚等的研究发现鼓励农地向种田大户集中，有利于增加对农业生产性服务的投入[19]。同时，农业生产性服务的发展促进了劳动分工，增加了农民的非农就业机会，使得土地转出户更乐意转出土地，加速了土地流转。土地流转和农业生产性服务可能是相互促进、相互影响的关系[4]。农户很可能同时作出是否进行土地流转或者是否采用农业生产性服务的决策，为检验这种潜在的内生性，本文拟选用联立方程模型进行稳健性检验[20]。借鉴刘强、庄丽娟等人的研究[4,21]，引入下列方程：

$$zr = \alpha + \beta_1 tec + \beta_2 age + \beta_3 edu + \beta_4 labor + \beta_5 socab + \beta_6 capab + \beta_7 fra + \beta_8 price - sev + \varepsilon \quad (4)$$

$$tec = \alpha + \gamma_1 zr + \gamma_2 age + \gamma_3 edu + \gamma_4 labor + \gamma_5 socab + \gamma_6 capab + \gamma_7 price - sev + \gamma_8 landscale + \delta \quad (5)$$

$$azr = \alpha + \beta_1 tec + \beta_2 age + \beta_3 edu + \beta_4 labor + \beta_5 socab + \beta_6 capab + \beta_7 fra + \beta_8 price - sev + \varepsilon \quad (6)$$

$$tec = \alpha + \gamma_1 azr + \gamma_2 age + \gamma_3 edu + \gamma_4 labor + \gamma_5 socab + \gamma_6 capab + \gamma_7 price - sev + \gamma_8 landscale + \delta \quad (7)$$

$$zc = \alpha + \beta_1 tec + \beta_2 age + \beta_3 edu + \beta_4 labor + \beta_5 socab + \beta_6 capab + \beta_7 fra + \beta_8 price - sev + \varepsilon \quad (8)$$

$$tec = \alpha + \gamma_1 zc + \gamma_2 age + \gamma_3 edu + \gamma_4 labor + \gamma_5 socab + \gamma_6 capab + \gamma_7 price - sev + \gamma_8 landscale + \delta \quad (9)$$

其中(4)(6)(8)为农地流转方程，(5)(7)(9)为农业生产性服务方程，(4)式和(5)式、(6)式和(7)式、(8)和(9)式构成联立方程组，分别对上述三个回归进行检验，其中 $landscale$ 为土地经营规模，引入该变量的原因在于已有的研究表明规模不同，农户对农业生产性服务的需求不同，一般大规模的农户的需求大于小规模农户。

四、结果与分析

（一）描述性分析

由表2可知，海安县农户整体对农业生产性服务的依赖较大。农业技术服务的获得次数达到了户均2.66次，机械服务价格则为80.12元/亩，土地转入率达到了25.7%。大规模农户农业技术服务的获得次数高达6.65次，这表明这部分农户对农业技术的依赖较强，对一切能降低农业生产成本的新技术都存在着较大的需求。机械服务价格平均为68.74元/亩，而小规模农户农业技术服务的获得次数为1.26次，机械服务价格平均为84.06元/亩，较有转入经历的农户高出大约15元/亩。可见大规模农户的农业生产性服务的获得能力强于小规模农户，从而前者的土地再次转入率也显著高于后者。这一方面，由于生产性服务市场中供给方的偏好导致小农的可获得性较低。另一方面,小规模农户需求的服务规模小,引发了市场歧视,导致该部分农户获得农资供应服务的价格高且不便利。同时,农业机械服务对小农自身要素(如部分劳动力)的替代而产生的成本降低了自身的最终实际收益。可见海安县的小规模农户,获得农业生产性服务的能力较低,增加了农业经营成本,从而挤压了农业经营利润,导致小规模农户转出了农地。

表 2 描述性分析表

农户类型	土地转入率	土地转出率	再次转入率	技术服务次数(次)	机械服务价格(元/亩)
大规模农户	100%	0	32.3%	6.65	68.74
小规模农户	0	56%	0	1.26	84.06
全部农户	25.7%	—	0	2.66	80.12

农业生产性服务获得能力的差异引致了不同规模农户的土地流转行为的不同,农业生产性服务获得能力差异主要体现在以下两点:一是服务供给方对经济利益的追求,对不同规模农户提供服务不同,往往优先考虑大农户的需求,导致各类农户的可获得性、优先获得性、获得价格存在差异。二是农户主体自身受教育水平、种植经验存在差异也导致接受、运用农业生产性服务的水平差异。

(二)基准模型回归结果与解释

本文利用 Stata 软件对上述模型进行了回归,结果详见表 3,各组的 R^2 显示,各组自变量对因变量的解释度相对较高。

表 3 模型回归结果表

变量名称	全部农户	大规模农户	小规模农户
农业技术服务次数	0.0963*** (2.4)	0.0500* (1.82)	−0.2396*** (−3.86)
机械服务价格	−0.0398** (−2.17)	−0.0054 (−0.27)	0.0397*** (2.89)
户主年龄	−0.0289* (−1.69)	−0.0339 (−1.38)	0.0102 (0.81)
户主教育年限	−0.0397 (−0.82)	−0.1161 (−1.62)	0.0689* (1.8)

续表

变量名称	全部农户	大规模农户	小规模农户
劳动力人数	0.0246 (0.19)	0.0989 (0.45)	0.1350 (1.55)
政治关系	0.2134 (0.72)	0.3745 (0.74)	0.7273*** (2.89)
土地肥力	−0.1030 (−0.61)	−0.5206** (−2.09)	0.3249 (2.23)
耕地细碎化程度(亩/块)	0.2162*** (3.18)	−0.0007 (−0.21)	0.2516*** (2.56)
常数项	3.7736* (1.69)	3.8615 (1.58)	−6.0696*** (−3.52)
Log pseudolikelihood	−55.5079	−34.1890	−96.14
Pseudo R^2	0.5907	0.1230	0.1926
样本量	235	62	173

注：***、**、*分别表示在1%、5%、10%的水平上显著,括号里面的是 Z 值

对全部农户而言,农业技术服务在1%的水平上显著地正向影响着农户土地的转入行为,农业技术服务次数每增加一个单位,农户转入土地的可能性就增加9%;农业机械服务价格则和土地转入行为在5%的水平上显著负相关,农业机械化服务价格每提高一个单位,农户转入土地的可能性降低3%。这与上文的假说相符,说明农业生产性服务的发展能促进农户的土地转入行为,形成规模经营。一方面农业技术服务的提供,能够弥补农户自身管理经验及农业技能的不足,从而导致转入经营。另一方面农业机械服务的使用,即替代效应的获得,能显著影响农户的土地转入行为,且遵循价格机制的作用,价格越低,农户获得服务越多,利于转入。户主年龄和耕地细碎化程度均显著影响着农户的土地转入行为。户主年龄越大,越不愿意转入土地,这主要是因为年龄越大,农户自身的精力越有限。耕地细碎化程度越低,机械耕作及经营管理越方便,农户就越容易转入土地进行经营。

对大规模农户而言,农业技术服务显著正向影响着农户的土地再次转入行为,农业机械服务价格的影响则不显著。这表明农业生产性服务的发展对大规模农户的再次转入行为存在促进作用。农业技术服务获得次数越高,大规模农户转入农地进行农业生产经营的可能性越大。这是因为农地转入可以帮助这些

农户扩大农业生产规模,降低技术采纳平均成本[22]。机械服务价格对农户再次转入行为的影响并不显著,这是由于当农户生产规模到达一定程度时,农户倾向于自己购买农机以更及时、便利地为自己提供农业机械服务,市场上的机械服务价格在一定时间和范围内又均趋于相对稳定的状态,因而机械服务价格对大规模农户的影响并不显著。

在对小规模农户进行回归后,农业技术服务次数在1%的水平下显著负向影响着农户的土地转出行为,机械服务价格则在1%的水平下显著正向影响农户的土地转出行为。机械服务获得的价格越高,农户的农业生产成本越高,对农户经营利润的挤压越厉害。随着劳动力迁移市场的发展,非农比较收益日益提高,这诱使小农在无法低成本获得优质、便利的农业生产性服务的情况下转出农地以换取非农部门的收益。

(三)稳健性检验

本文的农业生产性服务包括农业机械服务和农业技术服务,由于农户是农业机械服务的接受者,农业机械服务价格可视为外生变量,考虑到农业技术服务和农地流转可能存在双向影响关系,为检验二者之间是否具有内生性问题,下文采用了联立方程模型进行再次估计(表4、表5、表6)。

表4 全部农户联立结果

	土地转入系数	Z值	农业技术服务系数	Z值
土地转入	—	—	−2.2533	−0.71
农业技术服务	0.0428***	6.28	—	—
耕地细碎化程度	0.0026***	3.59	—	—
机械服务价格	−0.0108**	−5.28	−0.0639	−1.29
户主年龄	−0.0068*	−2.80	−0.0349	−0.94
户主教育年限	−0.0076	−1.01	−0.0664	−0.78
劳动力人数	0.0055	0.31	0.0756	0.42
政治关系	−0.0013	−0.03	0.3680	0.29
土地肥力	0.0046	0.17	−0.0356	−0.12
土地经营规模	—	—	0.0112***	6.52
常数项	1.4330***	5.25	9.6876	1.44

注:***、**、*分别表示在1%、5%、10%的水平上显著

由表4可知,农业技术服务对农户的土地转入行为有显著影响,但是土地转入对农业技术服务的影响则不显著。

表5 大规模农户联立结果

	再次转入系数	Z 值	农业技术服务系数	Z 值
再次转入	—	—	9.0320	0.46
农业技术服务	0.0407***	3.40	—	—
耕地细碎化程度	0.0005	−0.43	—	—
机械服务价格	−0.0012	−0.20	−0.0315	−0.33
户主年龄	−0.0142*	−1.75	0.2253	1.19
户主教育年限	−0.0506	−2.10	0.4676	0.45
劳动力人数	0.0028	0.04	−0.2588	−0.28
政治关系	0.2385	1.44	−3.1634	−0.77
土地肥力	−0.1908***	−2.40	2.2983	0.75
土地经营规模	—	—	0.0063	0.80
常数项	1.4330***	5.25	−19.4519	−0.55

注:***、**、*分别表示在1%、5%、10%的水平上显著

如表5所示,农业技术服务对大规模农户的再次转入行为影响显著,但是再次转入行为对农业技术服务的影响并不显著,这表明上文的结果是稳健的。

表6 小规模农户联立结果

	土地转出系数	Z 值	农业技术服务系数	Z 值
土地转出	—	—	2.4173	1.48
农业技术服务	0.5522***	−2.92	—	—
耕地细碎化程度	0.2525	2.35	—	—
机械服务价格	0.0001	0.01	−0.0196	−0.89
户主年龄	−0.0197	−1.45	−0.0549**	−2.33
户主教育年限	0.0067	0.21	−0.0278	0.70
劳动力人数	0.0322	0.46	−0.0737	−0.47
政治关系	0.4861**	2.14	0.0781	0.16
土地肥力	−0.1229	−0.81	−0.7581**	−2.13

	土地转出系数	Z 值	农业技术服务系数	续 表 Z 值
土地经营规模	—	—	0.5520	2.65
常数项	2.3271	1.27	−6.6065**	2.25

注：***、**、* 分别表示在1％、5％、10％的水平上显著

如表6所示，农业技术服务对农户的土地转出行为影响显著，但土地转出对农户的农业技术服务获得次数的影响并不显著。

综上所述，在农业技术服务和土地流转决策存在内生性问题的情况下，上文的结果仍然是成立的。

五、结论与政策建议

（一）结论

农业生产性服务能对农户自身不足的地方进行弥补。规模不同的农户获得农业生产性服务的能力不同，从而采取的农业生产经营决策也不同。农业生产性服务的发展有利于土地从小规模农户中转向大规模农户。

1. 农业生产性服务的发展能推进规模经营，尤其是农业技术服务的可获得性的增强能够弥补农户农业经营技能方面的不足，降低农业经营风险，使得农户转入农地进行经营；农业机械化服务的出现，带来了替代效应，帮助农户突破了现有资源的限制，并通过价格机制影响着农户的转入行为，即获得价格越低，农业经营成本越低，农户越易转入土地进行经营。

2. 农业生产性服务的发展对不同规模农户的经营决策产生着差异化的影响。一方面农业生产性服务能够促进大规模农户再次转入农地进行经营，且农业技术服务对其影响较大，农业机械化服务的影响则不显著；另一方面生产性服务市场的发展有利于促进小规模农户转出土地，农户在保留农地承包权的情况下，外出务工获得非农收入。

（二）政策建议

综上所述，由于各农户对生产性服务的获得能力不同，农户的流转决策存在差异，大规模农户具备竞争优势，获得农业生产性服务而缓解规模经营的制约，促进其进一步转入土地进行经营，小规模农户的农业生产性服务的获得能力较低，则在成本收益变动下易被诱使而转出土地。从促进规模经营和提高农业生

产效率的角度出发,应进一步发展农业生产性服务,提高土地利用规模和效率。提高小农农业生产性服务的获得能力,为小农成长为大户创造良好的农业生产服务的市场环境。对于仍从事农业经营但不能成为大户的小规模农户,则应该将他们通过合作社的方式组织起来,以提高自身的市场地位,以更好地获得农业生产性服务来提升农业生产的现代化水平。

1. 提高农业技术服务水平,加快农业技术的推广与运用

农业技术服务对各类农户的流转行为都存在着显著的影响,尤其是大户对农业技术服务的依赖更大。提高农业技术服务水平,有利于强化农户的农业经营技能,降低农业经营风险,以促进规模经营。

2. 根据不同规模农户需要,发展相匹配的农业机械服务,促进农机推广使用

不同类型的农户对农业机械服务存在异质化的需求,大规模农户经营面积大、多连片,应当为他们提供相匹配的大型农机;而小规模农户经营面积小,可将他们组织起来提供小型农业机械,促进农机的推广使用。

3. 通过组织化、合作化提升小农户与现代农业生产性服务对接的能力。

当前小农仍然普遍存在并且长期存在,需要帮助小农更好地获得现代化的服务,小农的分散缺乏组织化引致其在市场中往往遭受不平等的对待,影响了小农接受农业生产性服务的能力,这有损小农的切身利益。对这类农户,应该将他们组织起来,如形成农民专业合作社,使他们的地块能集中连片,便于服务的规模化。

参考文献:

[1] 高帆.中国农村经济改革40年:实施逻辑与发展趋向[J].求是学刊,2018,45(5):11-21.

[2] 郭芹,高兴民.农民工半城镇化问题的多维审视[J].西北农林科技大学学报(社会科学版),2018,18(3):22-30.

[3] Akudugu M A, Guo E, Dadzie S K. Adoption of Modern Agricultural Production Technologies by Farm Households in Ghana: What Factors Influence Their Decisions?[J] Journal of Biology, Agriculture and Healthcare, 2012, 2(3): 1-13.

[4] 刘强,杨万江.农户行为视角下农业生产性服务对土地规模经营的影响[J].

中国农业大学学报,2016,21(9):188-197.

[5] 李颖明,王旭,刘扬.农业生产性服务对农地经营规模的影响[J].中国农学通报,2015,31(35):264-272.

[6] 王志刚,申红芳,廖西元.农业规模经营:从生产环节外包开始——以水稻为例[J].中国农村经济,2011(9):4-12.

[7] 张晓敏,姜长云.不同类型农户对农业生产性服务的供给评价和需求意愿[J].经济与管理研究,2015,36(8):70-76.

[8] 陈超,李寅秋,廖西元.水稻生产环节外包的生产效率效应分析——基于江苏省三县的面板数据[J].中国农村经济,2012(2):86-96.

[9] 罗小锋,向潇潇,李容容.种植大户最迫切需求的农业社会化服务是什么[J].农业技术经济,2016(5):4-11.

[10] Verschelde M, Haese M, Rayp G, et al. Challenging Small-scale Farming: A Non-Parametric Analysis of the (Inverse) Relationship between Farm Productivity and Farm Size in Burundi[J]. Journal of Agricultural Economics, 2013, 64(2):319-342.

[11] 周娟.土地流转与规模经营的重新解读:新型农业服务模式的发展与意义[J].华中农业大学学报,2017(4):89-92.

[12] 纪月清,钟甫宁.非农就业与农户农机服务利用[J].南京农业大学学报(社会科学版),2013,13(5):47-52.

[13] 吴丽丽,李谷成,周晓时.中国粮食生产要素之间的替代关系研究——基于劳动力成本上升的背景[J].中南财经政法大学学报,2016,2:141-148.

[14] 钟甫宁,陆五一,徐志刚.农村劳动力外出务工不利于粮食生产吗?——对农户要素替代与种植结构调整行为及约束条件的解析[J].中国农村经济,2016(7):36-47.

[15] 米明珠,许月明.农业机械化与土地规模经营关系分析[J].天津农业科学,2013,19(4):51-53.

[16] 林毅夫,蔡昉,李周.论中国经济改革的渐进式道路[J].经济研究,1993(9):3-11.

[17] 叶敬忠,张明皓."小农户"与"小农"之辩——基于"小农户"的生产力振兴和"小农"的生产关系振兴[J].南京农业大学学报(社会科学版),2019,19(01):1-12.

[18] 张红宇.新型农业经营主体发展趋势研究[J].经济与管理评论,2015,31(1):104-109.

[19] 韩坚,尹国俊.农业生产性服务业:提高农业生产效率的新途径[J].学术交流,2006(11):107-110.

[20] 钱龙,洪名勇.非农就业、土地流转与农业生产效率变化——基于CFPS的实证分析[J].中国农村经济,2016(12):2-16.

[21] 庄丽娟,贺梅英,张杰.农业生产性服务需求意愿及影响因素分析——以广东省450户荔枝生产者的调查为例[J].中国农村经济,2011(3):70-78.

[22] 曾雅婷,吕亚荣,王晓睿.农地流转对粮食生产技术效率影响的多维分析——基于随机前沿生产函数的实证研究[J].华中农业大学学报(社会科学版),2018(1):13-21.

The Impact of Agricultural Productive Services Market Development on Farmer's Decision-making of Agricultural Land Transfer—A Case Study of Rice Planting in Haian County, Jiangsu Province

Pan Xu, Peixin Zhu, Yujiao Zhang

(College of Public Administration, Nanjing Agricultural University, Jiangsu Nanjing 210095, China)

Abstract: Agricultural productive service is a modern product element. On the one hand, it can provide farming, planting, management and collection services for farmers in production links, alleviating the shortcomings of labor force and technology faced by farmers in scale operation, which is conducive to the scaling-up operation of farmers; on the other hand, due to the different levels of agricultural productive service acquisition capacity of farmers of different scales, the cost-benefit relationship of farmer's land operation is different. Therefore, there exist differences in farmers' decision-making on farmland transfer. Based on the relevant theoretical analysis and the questionnaire data of 241 rice farmers in Hai'an County, this paper uses probit model to test the impact of agricultural productive services on transfer decision-making of farmers, and using simultaneous equation model to test the robustness. The results show that: (1) agricultural productive services can promote large-scale operation as a whole. (2) Agricultural productivity services have different impacts on the decision-making of farmland transfer of different scale farmers. They can promote the transfer of land to large scale farmers, while small-scale farmers can promote the transfer of land. Therefore, in order to promote large-scale land management, the government should continue to develop agricultural socialization services, promote the differentiation of farmer households in the scale of land management, make large-scale farmer households grow into the main body of large-scale management, and some small-scale farmers help them transfer to cities and towns by transferring land; at the same time, small-scale farmers who continue to engage in agricultural production should be upgraded through organizational and cooperative transformation of small-scale farmers, the ability to acquire agricultural productive services can be improved, the level of agricultural production modernization can be promoted, and the large-scale management of land at the service level can be realized.

Key Words: Agricultural Productive Services; Land Transfer; Service Demand; Scale Management; Jiangsu Hai'an

资源枯竭区乡村湿地修复生态效应测度研究
——以苏北潘安湖建设为例

刘希朝,李效顺,钟鹏宇,孙爱博,鹿 瑶

(中国矿业大学 江苏省资源环境信息工程重点实验室,江苏 徐州 221116;
中国矿业大学 中国资源型城市转型发展与乡村振兴研究中心,江苏 徐州 221116;
江苏自然资源智库中国矿业大学研究基地,江苏 徐州 221116)

摘 要 在生态文明建设背景下,为扭转资源枯竭区生态环境不断恶化的态势,大量生态修复工程迅速涌现,然而资源枯竭区乡村湿地生态修复效应的定量测度体系尚未建立。本文在分析作用机理的基础上,以苏北资源枯竭区马庄村、姚庄村、权台村为例,选择2004年、2011年、2016年三个时间节点,基于当量因子法对其自然生态系统服务价值进行动态测度,并探索潘安湖建设对三个村庄生态效应的定量影响。研究结果表明:(1) 三个村庄的生态服务价值在整体上呈上升趋势,尤其是在2011—2016年时间段,涨幅较大,马庄村上涨52.59%,姚庄村上涨40.75%,权台村上涨74.66%。(2) 姚庄村和权台村农田生态系统价值最高,马庄村湿地生态系统服务价值最高。(3) 潘安湖生态修复建设促使水体面积和湿地面积大幅度增加,相应的价值量有所提升,其对三个村的影响强弱不同,对权台村和马庄村影响较大,而对姚庄村的影响较小。研究结果能够为乡村生态系统修复,尤其是资源枯竭区乡村生态价值重塑提供定量参考和决策依据。

关键词 生态系统服务价值;当量因子法;生态修复工程;典型乡村

收稿日期:2019-4-29
基金项目:国家自然科学基金项目(71704177,71874192);中央高校专项资金(2017WB05);自然资源部海岸带开发与保护重点实验室开放基金(2017CZEPK10);国家大学生创新训练项目(201810290034)。
作者简介:刘希朝(1996—),本硕博连读生,主要从事资源环境经济与国土空间规划研究。E-mail:982084998@qq.com。
通信作者:李效顺(1983—),教授,博士,博导,主要从事资源环境经济与空间规划研究。E-mail:lixiaoshun1983@163.com。

一、引 言

资源型地区乡村是资源型城市发展和转型的坚强后盾,往往是资源开采的工业重地,为资源型城市的发展提供着劳动力、矿产资源、土地等各种可利用资源[1],然而伴随能源枯竭、产业结构单一等原因,其发展中的诸多矛盾不断显现,矿产资源开采带来的生态环境问题等日趋恶化[2-5]。十八大以后,随着国家对生态文明建设的高度重视,越来越多的环境治理、生态修复工程出现,而这些治理修复工程会带来怎样的效益,如何衡量,值得进一步去探索。目前,针对此方面的文献主要分成两类,一类是针对修复工程,定性进行分析与评价[6-8],如宋燕琴等从社会、经济、生态三个方面定性分析经过流域综合治理和湖泊生态修复后的黑河湿地管理现状;另一类是利用信息监测、实验处理等方法对修复工程带来的效益进行验证[9-11],如李婧慧等分析太湖生态修复工程实施后修复区、对照区水质变化情况,监测富营养化水体各项指标。但是,由于工程的复杂性与影响的多面性,用定量方法测度生态修复工程效益的研究较为少见。鉴于此,本文在理论分析的基础上,构建当量因子模型,对资源枯竭区乡村湿地修复生态效应进行动态测度,以便为资源枯竭区乡村生态价值重塑提供定量参考和决策依据。

二、研究框架与理论分析

(一)研究框架

在提出研究问题的基础上,本文构建如图 1 所示的研究框架,深入分析了资源枯竭区湿地修复对乡村生态服务价值影响的机理。即采煤塌陷区修复为湿地后,产生了经济效益,一是自身的生态功能提升,二是对村庄生态服务价值的影响。其中,对村庄的影响又有两种情景,一是湿地与村庄有交集,二是无交集。在有交集的情况下,会有水域、湿地面积变化的直接影响以及交集外区域其他土地利用类型变化的间接影响。在无交集的情况下,会有临近湿地公园区域产生了有利于生态功能提升的土地利用类型变化。为了验证作用机理,本文以苏北资源枯竭区的三个乡村为例,从生态价值角度出发,选择 2004、2011、2016 年三个时间节点,结合实际情况修正传统生态系统生态服务价值当量因子表,评估乡村生态系统服务价值,量化潘安湖建设对生态系统服务价值的影响,为资源枯竭型乡村的生态系统服务价值评估与重塑提供新思路。

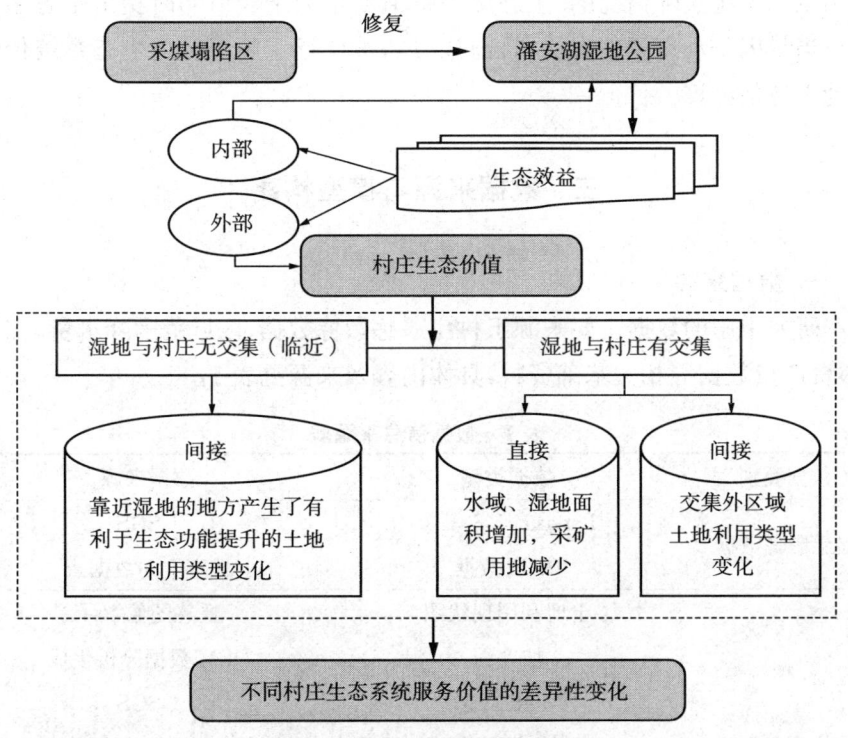

图1　作用机理分析框架图

（二）理论分析

生态系统服务（ecosystem services）是指生态系统及生态过程所形成与维持的满足人类生存生活需要的环境条件与自然资本，是生态系统为人类提供的各种有形和无形的服务[12-14]。目前国内外对生态系统服务功能分类方法的研究较多，认可度最高的是联合国千年生态系统评估（Millennium ecosystem Assessment，MA）分类方法，将生态系统服务分为供给、调节、支持、文化服务四种[15]。生态系统服务价值评估是指应用生态学、经济学、社会学原理，对生态系统服务价值的量化研究[16]，是生态环境保护、生态补偿决策、生态功能区划的重要依据[17-19]。生态系统服务价值评估原理及方法最早由 Costanza 等[20-21]于1997年提出，Costanza 等将生态系统服务功能分为17类，应用货币价值的方法对每种生物群落单位面积提供的生态服务价值进行定量测算。而后国内外生态学家对生态系统服务价值评估方法进行了深入探索研究[22-24]，其中谢高地等[18]

基于Costanza等提出的评价模型,运用专家知识法对原方法进行改进,构建符合中国生态系统实际情况的"生态服务价值当量因子表",同时提出生态系统服务价值当量因子动态评估方法,目前该方法被广泛应用于国内生态系统价值的时空动态评估测算。

三、数据来源与模型构建

(一) 数据来源

本研究采用的数据主要来源于村庄遥感影像数据、区域范围降水量、土壤数据、粮食产量数据等相关基础资料,具体内容及来源见表1。

表1 数据信息来源表

数据类别	数据类型	数据来源
遥感影像数据	Landsat 5、8 影像	USGS
	DEM 数据	地理空间数据云
相关基础资料	土地利用现状图	遥感图像解译
	坡度图	DEM 数据分析生成
	MOD13Q1	USGS
	降水数据	中国气象科学数据共享网
	气象数据	中国气象科学数据共享网
	土壤数据	寒区旱区科学数据中心
	统计年鉴	区统计部门、国土资源局

(二) 模型构建

目前,生态系统服务价值(ESV)评估核算方法较多,但主要可归纳为两大类:一是以欧阳志云等[27-31]为代表的单位服务功能价格法(功能价值法),基于生态系统服务功能量的大小和功能量的单位价格得到总价值;二是以谢高地等[18,26,32]为代表的在Costanza等[19]的模型中扩展出的单位面积价值当量因子法(当量因子法),在区分不同种类生态系统服务功能的基础上,基于可量化的标准构建不同类型生态系统各种服务功能的价值当量,然后结合生态系统的分布面积进行评估。功能价值法所需输入参数较多、计算过程较为复杂,每种服务价值的评价方法和参数标准也难以统一;而当量因子法则更为直观易用,数据需求相对较少,且适用于小尺度生态系统服务价值评估。故本文考虑研究区时空差

异及尺度大小,采用修正后的单位面积价值当量因子法对苏北资源枯竭区三个典型乡村的生态系统服务价值进行测算,具体过程如下:

1. 生态系统及生态服务功能类型划分

Costanza 等[20]将生态系统服务分为气候调节、气体调节、扰动调节、水调节、废物处理、水供给、食物生产、原材料、基因资源、侵蚀控制和沉积物保持、土壤形成、养分循环、传粉、生物控制、避难所、休闲、文化等 17 个类型。谢高地等[18]在其基础上结合中国对于生态服务的理解将生态服务功能划分为食物生产、原材料生产、景观愉悦、气体调节、气候调节、水源涵养、土壤形成与保持、废物处理、生物多样性维持等 9 个类型,将生态系统分为农田、森林、草地、湿地、水体、荒漠等 6 个类型。

2. 当量因子表的构建

当量因子表的构建是单位面积价值当量因子法实现的前提条件。以 1 hm² 全国平均产量的农田每年自然粮食产量的经济价值为 1 个标准单位生态系统生态服务价值当量因子,即当量"1",其余生态系统生态服务功能价值当量因子是指生态系统产生该生态服务相对于农田食物生产服务贡献的大小。谢高地等[18]在 Costanza 等[20]的基础上基于专家认知的方法选取中国 700 位具有生态学专业知识的专家学者进行问卷调查,得到"中国自然生态系统生态服务价值当量因子表",见表 2。

表 2 中国自然生态系统单位面积生态服务价值当量

一级类型	二级类型	农田	森林	草地	湿地	水体	荒漠
供给服务	食物生产	1.00	0.33	0.43	0.36	0.53	0.02
	原材料生产	0.39	2.98	0.36	0.24	0.35	0.04
调节服务	气体调节	0.72	4.32	1.50	2.41	0.51	0.06
	气候调节	0.97	4.07	1.56	13.55	2.06	0.13
	水文条件	0.77	4.09	1.52	12.44	18.77	0.07
	废物处理	1.39	1.72	1.32	14.40	14.85	0.26
支持服务	土壤保持	1.47	4.02	2.24	1.99	0.41	0.17
	生物多样性	1.02	4.51	1.87	3.69	3.43	0.40
文化服务	景观愉悦	0.17	2.08	0.87	4.69	4.44	0.24
合计		7.9	28.12	11.67	54.77	45.35	1.39

3. 当量因子表的动态修正

生态系统服务价值具有明显的空间异质性、时间差异性,不同区域、不同时间段内生态系统的结构、功能、价值都有所变化[18,26]。传统的单位面积价值当量因子法为静态评估方法,基于相关学者的研究,确定了NPP、降水和土壤保持调节的时空动态因子[16,26],用以对传统的当量因子表进行时空动态修正得到动态当量因子表。考虑到以NDVI作为调节因子,从根本上体现了地区生产力的差异,同时增加了热力环境调节时空动态因子,调节地表温度的时空差异,因此本文利用NDVI指数代替NPP,即NPP由NDVI计算得出,具体修正过程和构建模型如下:

(1) 植被时空调节

$$P_{ij} = \frac{N_{ij}}{\overline{N}} \tag{1}$$

$$F_{nij} = R_{ij} \times F_{n_1} \tag{2}$$

其中P_{ij}指该类生态系统第i地区第j月的植被的时空调节因子,N_{ij}表示第i地区第j月的归一化植被覆盖指数,$\overline{N}$表示该类生态系统在研究区的均值大小,F_{nij}指某种生态系统在第i地区第j月的第n类生态服务功能的单位面积价值当量因子,F_n指该类生态系统的第n种生态服务价值当量因子,n_1表示提供美学景观服务功能。

(2) 降水时空调节

$$R_{ij} = \frac{W_{ij}}{\overline{W}} \tag{3}$$

$$F_{nij} = R_{ij} \times F_{n_2} \tag{4}$$

其中:W_{ij}指该类生态系统第i地区第j月的平均单位面积降雨量(mm·hm^{-2}),$\overline{W}$表示全国年均单位面积降雨量(mm·hm^{-2}),R_{ij}为第i地区第j月的降水时空调节因子。F_{nij}指某种生态系统在第i地区第j月的第n类生态服务功能的单位面积价值当量因子;F_n指该类生态系统的第n种生态服务价值当量因子;n_2表示水文调节服务功能。

(3) 土壤保持时空调节

$$S_{ij} = \frac{E_{ij}}{\overline{E}} \tag{5}$$

$$F_{nij} = S_{ij} \times F_{n_3} \quad (6)$$

其中：E_{ij} 指该类生态系统第 i 地区第 j 月的土壤保持模拟量，$\overline{E}$ 表示全国单位面积平均土壤保持模拟量，S_{ij} 为第 i 地区第 j 月的土壤保持时空调节因子。F_{nij} 指某种生态系统在第 i 地区第 j 月的第 n 类生态服务功能的单位面积价值当量因子；F_n 指该类生态系统的第 n 种生态服务价值当量因子；n_3 表示土壤保持服务功能。

（4）热力环境时空调节

$$T_{ij} = \frac{L_{ij}}{\overline{L}} \quad (7)$$

$$F_{nij} = S_{ij} \times F_{n_4} \quad (8)$$

其中：L_{ij} 指该类生态系统第 i 地区第 j 月的地表平均温度，$\overline{L}$ 表示苏北地区平均地表温度，T_{ij} 为第 i 地区第 j 月的热力环境调节因子。F_{nij} 指某种生态系统在第 i 地区第 j 月的第 n 类生态服务功能的单位面积价值当量因子；F_n 指该类生态系统的第 n 种生态服务价值当量因子；n_4 表示气候调节服务。

4. 生态系统服务价值（ESV）模型

（1）当量生态系统服务价值

农田食物生产生态服务功能价值单价，即 1 hm² 全国平均产量的农田每年自然粮食产量的经济价值如下：

$$E_a = \frac{1}{7} \sum_{i=1}^{n} \frac{m_i p_i q_i}{M} (i = 1, 2, 3, \cdots, n) \quad (9)$$

其中：E_a 为当量生态系统服务价值；i 为作物种类（主要包括稻谷、小麦、玉米）；p_i 为 i 作物的全国平均价格（元/t）；q_i 为 i 作物单产量（t/hm²）；m_i 为 i 作物的粮食播种面积（hm²）；M 为粮食作物播种总面积（hm²）。

（2）单位生态服务价值

$$E_{ij} = e_{ij} \times E_a (i = 1, 2, 3, \cdots, 9; j = 1, 2, 3, \cdots, 6) \quad (10)$$

E_{ij} 为第 j 种生态系统第 i 种生态服务功能的单价（元/hm²）；e_{ij} 为第 j 种生态系统第 i 种生态服务功能相对于农田生态系统提供生态服务单价的当量因子；i 为生态系统服务功能类型；j 为生态系统类型。

（3）生态系统服务价值终值

$$ESV_j = \sum_{i=1}^{9} A_j E_{ij} (i = 1, 2, 3, \cdots, 9; j = 1, 2, 3, \cdots, 6) \quad (11)$$

$$ESV_i = \sum_{j=1}^{6} A_j E_{ij} (i=1,2,3,\cdots,9; j=1,2,3,\cdots,6) \tag{12}$$

$$ESV = \sum_{i=1}^{9}\sum_{j=1}^{6} A_j E_{ij} (i=1,2,3,\cdots,9; j=1,2,3,\cdots,6) \tag{13}$$

ESV_j、ESV_i、ESV 分别为第 j 类生态系统的生态系统服务价值、第 i 项服务功能的价值和生态系统服务的总价值；A_j 为 j 类生态系统的面积（hm^2）。

四、研究结果与分析

（一）研究区概况

如图 2 所示,本研究所选的资源枯竭区是苏北地区的贾汪区,地理位置位于北纬 34°17′~34°32′,东经 117°17′~117°42′,地处苏鲁两省交界处,东部与江苏省邳州市相邻,南部、西部和西北部与江苏省铜山区接壤,北部与山东省枣庄市搭界,总面积 690 km²。地势平坦,总地势西高东低、北高南低；气候温润；光照充足,冬夏长,春秋短。苏北资源枯竭区有夏桥、青山泉姚庄、韩桥等已关闭矿井,区内已形成采煤塌陷地约 0.75×10^4 hm²,现正处于资源枯竭型城市向"基本农田再造、采煤塌陷地复垦、生态环境修复、湿地景观开发"四位一体生态修复再造和产业转型发展模式转变阶段。

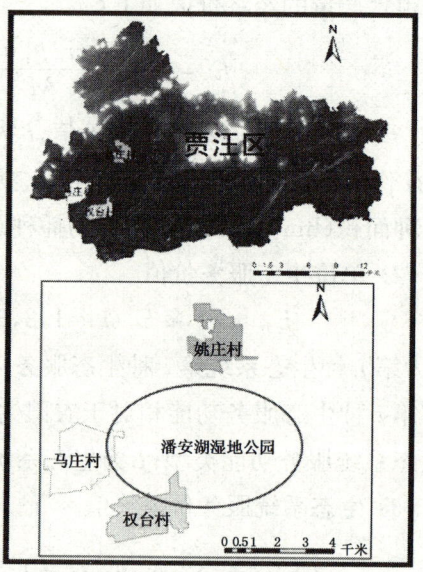

图 2 典型村庄位置图

潘安湖湿地公园位于徐州市潘安采煤塌陷区,是全市面积最大、塌陷最严重、分布最集中的采煤塌陷区,面积1.74万亩,区内积水面积3600亩,平均深度4米以上,长期以来该区域坑塘遍布、荒草丛生、生态环境恶劣,又因村庄塌陷,造成当地农民无法耕种、无法居住,绝大部分地区形成无人居住区。因此,开发建设潘安湖湿地公园,对改善和修复当地生态环境,有效拓展城市生态空间,促进城市转型,提升贾汪区生态环境有着重要的意义,能使采煤塌陷地变"废"为"宝",变"包袱"为"资源"。潘安湖项目于2009年开建,2014年二期完成,5年间投入超过50亿元,随着习近平总书记的实地考察和恒大集团的逐步入驻,潘安湖生态治理成为全国的典范。马庄村、姚庄村、权台村作为苏北资源枯竭区的典型乡村,受到矿区开采的负面影响,也受到潘安湖湿地公园建设的正面影响。

(二)动态当量因子表构建

基于上述模型中的公式(1)~(8),进一步分析确定了植被、降水、土壤保持和热力环境调节的时空动态因子,得到三个村庄在2004、2011、2016年的时空调节因子表(表3)。

表3 时空调节因子

行政村名	年份	NDVI	降水量(mm/hm²)	土壤保持	热力环境(℃)
马庄村	2004	0.341343	0.967240	1.202532	26.277075
	2011	0.346577	0.969040	1.202532	22.771842
	2016	0.329031	0.900528	1.202532	30.218880
权台村	2004	0.287000	0.967204	1.132912	25.779528
	2011	0.289793	0.969040	1.132912	21.772508
	2016	0.188265	0.900528	1.132912	29.579522
姚庄村	2004	0.246833	0.967204	1.268987	28.520271
	2011	0.295090	0.969040	1.268987	24.203019
	2016	0.280291	0.900528	1.268987	31.048254

进而对自然生态系统单位面积生态服务价值当量进行修正,分别得到三个村庄三个时间段的当量动态修正表(表4)。

表 4　单位面积生态服务价值当量动态修正表

a. 2004 年马庄村

一级类型	二级类型	农田	森林	草地	湿地	水体	荒漠
供给服务	食物生产	1.00	0.33	0.43	0.36	0.53	0.02
	原材料生产	0.39	2.98	0.36	0.24	0.35	0.04
调节服务	气体调节	0.72	4.32	1.50	2.41	0.51	0.06
	气候调节	25.49	106.95	40.99	356.05	54.13	3.42
	水文条件	0.74	3.96	1.47	12.03	18.15	0.07
	废物处理	1.39	1.72	1.32	14.40	14.85	0.26
支持服务	土壤保持	1.77	4.83	2.69	2.39	0.49	0.20
	生物多样性	1.02	4.51	1.87	3.69	3.43	0.40
文化服务	景观愉悦	0.06	0.71	0.30	1.60	1.52	0.08

b. 2011 年马庄村

一级类型	二级类型	农田	森林	草地	湿地	水体	荒漠
供给服务	食物生产	1.00	0.33	0.43	0.36	0.53	0.02
	原材料生产	0.39	2.98	0.36	0.24	0.35	0.04
调节服务	气体调节	0.72	4.32	1.50	2.41	0.51	0.06
	气候调节	22.09	92.68	35.52	308.56	46.91	2.96
	水文条件	0.75	3.96	1.47	12.05	18.19	0.07
	废物处理	1.39	1.72	1.32	14.40	14.85	0.26
支持服务	土壤保持	1.77	4.83	2.69	2.39	0.49	0.20
	生物多样性	1.02	4.51	1.87	3.69	3.43	0.40
文化服务	景观愉悦	0.06	0.72	0.30	1.63	1.54	0.08

c. 2016 年马庄村

一级类型	二级类型	农田	森林	草地	湿地	水体	荒漠
供给服务	食物生产	1.00	0.33	0.43	0.36	0.53	0.02
	原材料生产	0.39	2.98	0.36	0.24	0.35	0.04
调节服务	气体调节	0.72	4.32	1.50	2.41	0.51	0.06
	气候调节	29.31	122.99	47.14	409.47	62.25	3.93
	水文条件	0.69	3.68	1.37	11.20	16.90	0.06
	废物处理	1.39	1.72	1.32	14.40	14.85	0.26

续 表

一级类型	二级类型	农田	森林	草地	湿地	水体	荒漠
支持服务	土壤保持	1.77	4.83	2.69	2.39	0.49	0.20
	生物多样性	1.02	4.51	1.87	3.69	3.43	0.40
文化服务	景观愉悦	0.06	0.68	0.29	1.54	1.46	0.08

d. 2004 年权台村

一级类型	二级类型	农田	森林	草地	湿地	水体	荒漠
供给服务	食物生产	1.00	0.33	0.43	0.36	0.53	0.02
	原材料生产	0.39	2.98	0.36	0.24	0.35	0.04
调节服务	气体调节	0.72	4.32	1.50	2.41	0.51	0.06
	气候调节	25.01	104.92	40.22	349.31	53.11	3.35
	水文条件	0.74	3.96	1.47	12.03	18.15	0.07
	废物处理	1.39	1.72	1.32	14.40	14.85	0.26
支持服务	土壤保持	1.67	4.55	2.54	2.25	0.46	0.19
	生物多样性	1.02	4.51	1.87	3.69	3.43	0.40
文化服务	景观愉悦	0.05	0.60	0.25	1.35	1.27	0.07

e. 2011 年权台村

一级类型	二级类型	农田	森林	草地	湿地	水体	荒漠
供给服务	食物生产	1.00	0.33	0.43	0.36	0.53	0.02
	原材料生产	0.39	2.98	0.36	0.24	0.35	0.04
调节服务	气体调节	0.72	4.32	1.50	2.41	0.51	0.06
	气候调节	21.12	88.61	33.97	295.02	44.85	2.83
	水文条件	0.75	3.96	1.47	12.05	18.19	0.07
	废物处理	1.39	1.72	1.32	14.40	14.85	0.26
支持服务	土壤保持	1.67	4.55	2.54	2.25	0.46	0.19
	生物多样性	1.02	4.51	1.87	3.69	3.43	0.40
文化服务	景观愉悦	0.05	0.60	0.25	1.36	1.29	0.07

f. 2016 年权台村

一级类型	二级类型	农田	森林	草地	湿地	水体	荒漠
供给服务	食物生产	1.00	0.33	0.43	0.36	0.53	0.02
	原材料生产	0.39	2.98	0.36	0.24	0.35	0.04

续 表

一级类型	二级类型	农田	森林	草地	湿地	水体	荒漠
调节服务	气体调节	0.72	4.32	1.50	2.41	0.51	0.06
	气候调节	28.69	120.39	46.14	400.80	60.93	3.85
	水文条件	0.69	3.68	1.37	11.20	16.90	0.06
	废物处理	1.39	1.72	1.32	14.40	14.85	0.26
支持服务	土壤保持	1.67	4.55	2.54	2.25	0.46	0.19
	生物多样性	1.02	4.51	1.87	3.69	3.43	0.40
文化服务	景观愉悦	0.03	0.39	0.16	0.88	0.84	0.05

g. 2004 年姚庄村

一级类型	二级类型	农田	森林	草地	湿地	水体	荒漠
供给服务	食物生产	1.00	0.33	0.43	0.36	0.53	0.02
	原材料生产	0.39	2.98	0.36	0.24	0.35	0.04
调节服务	气体调节	0.72	4.32	1.50	2.41	0.51	0.06
	气候调节	27.66	116.08	44.49	386.45	58.75	3.71
	水文条件	0.74	3.96	1.47	12.03	18.15	0.07
	废物处理	1.39	1.72	1.32	14.40	14.85	0.26
支持服务	土壤保持	1.87	5.10	2.84	2.53	0.52	0.22
	生物多样性	1.02	4.51	1.87	3.69	3.43	0.40
文化服务	景观愉悦	0.04	0.51	0.21	1.16	1.10	0.06

h. 2011 年姚庄村

一级类型	二级类型	农田	森林	草地	湿地	水体	荒漠
供给服务	食物生产	1.00	0.33	0.43	0.36	0.53	0.02
	原材料生产	0.39	2.98	0.36	0.24	0.35	0.04
调节服务	气体调节	0.72	4.32	1.50	2.41	0.51	0.06
	气候调节	23.48	98.51	37.76	327.95	49.86	3.15
	水文条件	0.75	3.96	1.47	12.05	18.19	0.07
	废物处理	1.39	1.72	1.32	14.40	14.85	0.26
支持服务	土壤保持	1.87	5.10	2.84	2.53	0.52	0.22
	生物多样性	1.02	4.51	1.87	3.69	3.43	0.40
文化服务	景观愉悦	0.05	0.61	0.26	1.38	1.31	0.07

续 表

i. 2016年姚庄村

一级类型	二级类型	农田	森林	草地	湿地	水体	荒漠
供给服务	食物生产	1.00	0.33	0.43	0.36	0.53	0.02
	原材料生产	0.39	2.98	0.36	0.24	0.35	0.04
调节服务	气体调节	0.72	4.32	1.50	2.41	0.51	0.06
	气候调节	30.12	126.37	48.44	420.70	63.96	4.04
	水文条件	0.69	3.68	1.37	11.20	16.90	0.06
	废物处理	1.39	1.72	1.32	14.40	14.85	0.26
支持服务	土壤保持	1.87	5.10	2.84	2.53	0.52	0.22
	生物多样性	1.02	4.51	1.87	3.69	3.43	0.40
文化服务	景观愉悦	0.05	0.58	0.24	1.31	1.24	0.07

(三) 乡村生态系统服务价值测算

以单位面积生态服务价值当量动态修正表(表4)为基础,对马庄村、姚庄村、权台村三个典型乡村进行生态系统服务价值测算。

1. 典型乡村当量生态系统服务价值(E_a)测算

根据统计年鉴、区统部门以及粮食交易网站等获得的马庄村、姚庄村、权台村水稻、小麦、玉米的单产及播种面积,及各作物的全国平均价格等基础数据,按照公式(9)得到马庄村、姚庄村、权台村的当量生态系统服务价值E_a,如下表5所示。

表5 典型乡村当量生态服务价值(元/hm²)

	参数	马庄村			姚庄村			权台村		
		2004	2011	2016	2004	2011	2016	2004	2011	2016
水稻	作物单产(t/hm²)	3.20	3.60	3.94	4.35	4.85	5.35	17.7	19.74	21.77
	粮食播种面积(hm²)	86	86	86	62	62	62	13	13	13
	作物全国平均价格(元/t)	2800	2720	3100	2800	2700	3100	2800	2700	3100
小麦	作物单产(t/hm²)	6.96	7.75	8.54	5.50	6.12	6.75	20.00	22.27	24.54
	粮食播种面积(hm²)	118	118	118	54	54	54	12.5	12.5	12.5
	作物全国平均价格(元/t)	2540	2020	2428	2540	2020	2428	2540	2020	2428

续表

参数		马庄村			姚庄村			权台村		
		2004	2011	2016	2004	2011	2016	2004	2011	2016
玉米	作物单产(t/hm²)	3.01	2.91	2.83	5.65	5.48	5.31	17.40	16.90	16.40
	粮食播种面积(hm²)	91	91	91	46	46	46	15.2	15.2	15.2
	作物全国平均价格(元/t)	1840	2275	1798	1840	2275	1799	1840	2275	1798
粮食作物播种总面积(hm²)		295	295	295	295	162	162	40.7	40.7	40.7
E_a(元/ hm²)		1627	1591	1917	1627	1811	2075	6198	6454	7264

由上表可知,三村的作物单产均呈上升趋势,虽然全国作物平均价格随时间变化不定,但当量生态系统服务价值 E_a 在总体上呈上升趋势,权台村的 E_a 最高。

2. 典型乡村单位生态服务价值(E_{ij})测算

结合当量因子表与当量生态服务价值表,按照公式(10)得到马庄村、姚庄村、权台村单位生态服务价值,如表6、7、8所示。

表6 马庄村单位生态服务价值(元/hm²)

2004年马庄村单位生态服务价值(元/hm²)

一级类型	二级类型	农田	森林	草地	湿地	水体	荒漠
供给服务	食物生产	459855.28	832.21	13138.68	14057.28	12494.87	0.00
	原材料生产	179343.56	7515.11	10999.82	9371.52	8251.33	0.00
调节服务	气体调节	331095.80	10894.39	45832.59	94105.68	12023.37	0.00
	气候调节	11721142.13	269706.05	1252520.26	13903210.89	1276145.46	0.00
	水文条件	342475.76	9976.09	44920.51	469826.08	427994.46	0.00
	废物处理	639198.84	4337.58	40332.68	562291.20	350092.17	0.00
支持服务	土壤保持	812896.07	12191.07	82305.28	93443.35	11623.48	0.00
	生物多样性	469052.39	11373.54	57137.96	144087.12	80863.04	0.00
文化服务	景观愉悦	26684.52	1790.50	9073.89	62511.89	35729.74	0.00
总计		14981744.46	328616.55	1556261.66	15352905.01	2215217.93	0.00

续 表

2011 年马庄村单位生态服务价值(元/hm²)

一级类型	二级类型	农田	森林	草地	湿地	水体	荒漠
供给服务	食物生产	449809.30	814.03	13816.55	16041.88	26679.02	0.00
	原材料生产	175425.63	7350.94	11567.34	10694.59	17618.22	0.00
调节服务	气体调节	323862.70	10656.39	48197.26	107391.49	25672.26	0.00
	气候调节	9935696.69	228622.56	1141442.09	13749607.26	2361344.65	0.00
	水文条件	335630.15	9776.69	47327.82	537174.06	915587.98	0.00
	废物处理	625234.93	4242.82	42413.59	641675.31	747515.93	0.00
支持服务	土壤保持	795137.58	11924.74	86551.71	106635.65	24818.43	0.00
	生物多样性	458805.48	11125.08	60085.92	164429.30	172658.56	0.00
文化服务	景观愉悦	26501.90	1778.24	9688.36	72431.16	77459.86	0.00
总计		13126104.36	286291.48	1461090.65	15406080.69	4369354.92	0.00

2016 年马庄村单位生态服务价值(元/hm²)

一级类型	二级类型	农田	森林	草地	湿地	水体	荒漠
供给服务	食物生产	519992.90	2056.46	15484.16	20708.45	28231.36	0.00
	原材料生产	202797.23	18570.49	12963.49	13805.63	18643.35	0.00
调节服务	气体调节	374394.88	26920.98	54014.53	138631.54	27166.03	0.00
	气候调节	15242194.82	766443.02	1697548.88	23553890.56	3315901.07	0.00
	水文条件	360566.68	22952.39	49290.18	644410.82	900363.13	0.00
	废物处理	722790.12	10718.54	47532.78	828337.81	791010.84	0.00
支持服务	土壤保持	919202.63	30125.18	96998.24	137655.82	26262.52	0.00
	生物多样性	530392.75	28105.00	67338.11	212261.56	182704.86	0.00
文化服务	景观愉悦	29085.94	4264.88	10308.02	88767.64	77817.23	0.00
总计		18901417.95	910156.95	2051478.40	25638469.82	5368100.39	0.00

表 7　姚庄村单位生态服务价值(元/hm²)

2004 年姚庄村单位生态服务价值(元/hm²)

一级类型	二级类型	农田	森林	草地	湿地	水体	荒漠
供给服务	食物生产	386185.90	2151.98	4982.55	8835.12	37349.42	0.00
	原材料生产	150612.50	19433.06	4171.44	5890.08	24664.71	0.00
调节服务	气体调节	278053.85	28171.41	17381.00	59146.22	35940.01	0.00
	气候调节	10683702.73	756959.97	515539.12	9484247.85	4140271.66	0.00
	水文条件	287610.73	25796.82	17035.11	295289.68	1279352.39	0.00
	废物处理	536798.40	11216.40	15295.28	353404.80	1046488.41	0.00
支持服务	土壤保持	720395.58	33266.58	32937.35	61975.54	36664.78	0.00
	生物多样性	393909.62	29410.43	21668.31	90559.98	241714.16	0.00
文化服务	景观愉悦	16204.98	3348.05	2488.32	28410.97	77231.45	0.00
总计		13453474.28	909754.69	631498.46	10387760.24	6919676.97	0.00

2011 年姚庄村单位生态服务价值(元/hm²)

一级类型	二级类型	农田	森林	草地	湿地	水体	荒漠
供给服务	食物生产	364921.69	2222.99	3932.25	9126.66	22256.56	0.00
	原材料生产	142319.46	20074.31	3292.12	6084.44	14697.73	0.00
调节服务	气体调节	262743.61	29101.02	13717.16	61097.94	21416.69	0.00
	气候调节	8567240.31	663572.55	345276.51	8314160.25	2093722.06	0.00
	水文条件	272290.33	26698.67	13469.71	305612.95	763815.30	0.00
	废物处理	507241.14	11586.52	12071.10	365066.55	623603.75	0.00
支持服务	土壤保持	680729.07	34364.32	25994.30	64020.63	21848.59	0.00
	生物多样性	372220.12	30380.93	17100.72	93548.30	144037.77	0.00
文化服务	景观愉悦	18306.41	4134.68	2347.72	35086.24	55019.89	0.00
总计		11188012.13	822135.99	437201.60	9253803.98	3760418.36	0.00

2016 年姚庄村单位生态服务价值(元/hm²)

一级类型	二级类型	农田	森林	草地	湿地	水体	荒漠
供给服务	食物生产	455707.03	2546.90	6566.00	10456.47	18396.12	0.00
	原材料生产	177725.74	22999.25	5497.12	6970.98	12148.38	0.00

续　表

一级类型	二级类型	农田	森林	草地	湿地	水体	荒漠
调节服务	气体调节	328109.06	33341.20	22904.65	70000.25	17701.93	0.00
	气候调节	13724440.39	975279.40	739595.25	12219657.52	2220009.66	0.00
	水文条件	315990.41	28426.16	20901.30	325387.14	586694.73	0.00
	废物处理	633432.77	13274.74	20156.09	418258.76	515438.57	0.00
支持服务	土壤保持	850081.09	39371.40	43404.79	73348.78	18058.91	0.00
	生物多样性	464821.17	34807.59	28554.46	107178.81	119054.16	0.00
文化服务	景观愉悦	21714.20	4499.56	3723.58	38182.52	43195.91	0.00
总计		16972021.86	1154546.20	891303.24	13269441.24	3550698.38	0.00

表8　权台村单位生态服务价值(元/hm²)

2004年权台村单位生态服务价值(元/hm²)

一级类型	二级类型	农田	森林	草地	湿地	水体	荒漠
供给服务	食物生产	1278585.42	2290.78	3011.61	5131.94	40273.36	0.00
	原材料生产	498648.31	20686.44	2521.35	3421.30	26595.62	0.00
调节服务	气体调节	920581.50	29988.40	10505.61	34355.51	38753.61	0.00
	气候调节	31972488.78	728348.06	281662.85	4979590.90	4035378.02	0.00
	水文条件	952222.45	27460.65	10296.55	171521.17	1379508.10	0.00
	废物处理	1777233.73	11939.83	9244.94	205277.76	1128414.08	0.00
支持服务	土壤保持	2129330.26	31614.88	17773.54	32138.71	35295.70	0.00
	生物多样性	1304157.13	31307.34	13096.99	52602.43	260637.06	0.00
文化服务	景观愉悦	62382.18	4143.95	1748.76	19188.20	96829.33	0.00
总计		40895629.76	887780.34	349862.20	5503227.92	7041684.88	0.00

2011年权台村单位生态服务价值(元/hm²)

一级类型	二级类型	农田	森林	草地	湿地	水体	荒漠
供给服务	食物生产	1267323.86	2385.31	3135.88	5343.71	351352.75	0.00
	原材料生产	494256.31	21540.05	2625.39	3562.47	232025.40	0.00
调节服务	气体调节	912473.18	31225.85	10939.11	35773.16	338094.15	0.00
	气候调节	26765034.37	640520.99	247698.84	4379132.26	29733303.38	0.00
	水文条件	945627.63	28648.09	10741.78	178937.97	12057952.56	0.00
	废物处理	1761580.17	12432.51	9626.42	213748.36	9844506.20	0.00

续表

一级类型	二级类型	农田	森林	草地	湿地	水体	荒漠
支持服务	土壤保持	2110575.49	32919.44	18506.95	33464.88	307926.65	0.00
	生物多样性	1292670.34	32599.21	13637.43	54773.02	2273848.91	0.00
文化服务	景观愉悦	62434.47	4356.94	1838.65	20174.42	852979.01	0.00
总计		35611975.82	806628.39	318750.45	4924910.26	55991989.01	0.00

2016年权台村单位生态服务价值（元/hm²）

一级类型	二级类型	农田	森林	草地	湿地	水体	荒漠
供给服务	食物生产	1962489.50	3451.68	3529.40	6014.29	490532.31	0.00
	原材料生产	765370.91	31169.72	2954.85	4009.53	323936.43	0.00
调节服务	气体调节	1412992.44	45185.63	12311.87	40262.34	472021.65	0.00
	气候调节	56308016.40	1259221.70	378746.25	6695953.48	56396235.83	0.00
	水文条件	1360803.82	38524.53	11235.01	187154.30	15644204.00	0.00
	废物处理	2727860.41	17990.58	10834.44	240571.66	13744159.92	0.00
支持服务	土壤保持	3268290.27	47636.37	20829.39	37664.40	429904.06	0.00
	生物多样性	2001739.29	47172.97	15348.79	61646.39	3174577.00	0.00
文化服务	景观愉悦	62809.57	4095.90	1344.38	14751.10	773649.60	0.00
总计		69870372.62	1494449.08	457134.38	7288027.60	91449220.79	0.00

3. 典型乡村生态服务价值（ESV）测算

由三个村庄三年的计算结果来看（表9），三个村庄整体生态服务价值均有所提高，尤其是在潘安湖项目建成后，即2011—2016年间涨幅非常显著。各类生态系统服务价值虽然在各年份有变化，但是三个村庄在三个时间点的价值排序并没有发生变化。马庄村不同生态系统的生态服务价值排序为湿地＞农田＞水体＞草地＞森林＞荒漠，姚庄村不同生态系统的生态服务价值排序为农田＞湿地＞水体＞森林＞草地＞荒漠，权台村不同生态系统的生态服务价值排序为农田＞水体＞湿地＞森林＞草地＞荒漠。

表9 不同生态系统的生态服务价值（10⁴元）

生态系统		农田	森林	草地	湿地	水体	荒漠	总ESV
马庄村	2004	14981744.46	328616.55	1556261.66	15352905.01	2215217.93	0.00	34434745.60
	2011	13126104.36	286291.48	1461090.65	15406080.69	4369354.92	0.00	34648922.11
	2016	18901417.95	910156.95	2051478.40	25638469.82	5368100.39	0.00	52869623.51

续表

生态系统		农田	森林	草地	湿地	水体	荒漠	总ESV
姚庄村	2004	13453474.28	909754.69	631498.46	10387760.24	6919676.97	0.00	32302164.65
	2011	11188012.13	822135.99	437201.60	9253803.98	3760418.36	0.00	25461572.06
	2016	16972021.86	1154546.20	891303.24	13269441.24	3550698.38	0.00	35838010.91
权台村	2004	40895629.76	887780.34	349862.20	5503227.92	7041684.88	0.00	54678185.10
	2011	35611975.82	806628.39	318750.45	4924910.26	55991989.01	0.00	97654253.93
	2016	69870372.62	1494449.08	457134.38	7288027.60	91449220.79	0.00	170559204.45

五、研究结论与讨论

本文在理论分析的基础上，构建当量因子模型，对资源枯竭区乡村湿地修复生态效应进行动态测度，研究结果表明：

（1）整体上分析判断，三个村庄的生态服务价值整体上呈上升趋势，尤其潘安湖建设后的2011—2016时间段，涨幅较大，马庄村上涨52.59%，姚庄村上涨40.75%，权台村上涨74.66%，因此潘安湖建设为三个村庄的生态发展带来了正面的效益，但三个村的涨幅有很大不同，其主要原因是潘安湖与权台村交集面积较大，受到的影响也最大；其次是马庄村；而姚庄村与潘安湖虽邻近，但并没有交集，上涨幅度最小。由此可见，资源枯竭区乡村湿地修复生态效应与是否有交集和距离高度相关。

（2）分类型对比发现，从不同生态系统服务价值看出，马庄村不同生态系统的生态服务价值排序为湿地＞农田＞水体＞草地＞森林＞荒漠，姚庄村排序为农田＞湿地＞水体＞森林＞草地＞荒漠，权台村排序为农田＞水体＞湿地＞森林＞草地＞荒漠。虽然村庄各类生态系统服务价值一直处于变化状态，但是三个村庄在三个时间点的价值排序并没有发生变化，姚庄村和权台村农田生态系统价值最高，马庄村湿地生态系统服务价值最高，其原因主要有两点：一是对三个村庄而言，各类生态系统的面积不同，形成生态累计效应差别较大；二是三个村庄是由于植被覆盖、降水、土壤、热力环境不同，修正后的当量因子也不同。由此可见，资源枯竭区乡村湿地修复价值与规模大小和本地自然条件高度相关。

（3）时空上特征诊断，马庄村在2004—2011年潘安湖建设完成前，各类生态系统变化幅度不大,此后2011—2016年,各类生态系统的变化较大,农田、湿地生态系统服务价值增长达到44.0%和66.4%。姚庄村在2004—2011年各类生态系统服务价值减小,2011—2016年价值又有所增加,对比2004年与2016年,各类生态系统服务虽然有所增加,但总体增长幅度不大。权台村在两个时间段内增长幅度均较大,分别为74.6%和78.5%,主要是农田和水体服务价值的提高引起的。可能的原因有三:一是潘安湖生态修复建设使水体面积和湿地面积大幅度增加,所以相应的价值量肯定有所提升;二是由于煤矿的关闭,部分采矿用地成为未利用地,部分复垦为耕地,所以农田服务价值有所提高;三是潘安湖与三个村庄的交集面积大小不同,对三个村影响的强弱不同,对权台和马庄影响较大,而对姚庄的影响较小。由此隐含的政策启示为:尽早进行煤炭企业转型发展和绿色开采并增加水体和湿地面积是资源枯竭区乡村生态修复的根本,同时考虑修复区外部溢出效应。

本研究旨在通过计算村庄生态服务系统的价值,间接量化潘安湖项目工程建设的效益,为衡量生态修复工程的效益提供新的研究思路,进而为乡村生态系统修复、生态价值重塑提供定量参考和决策依据。然而,论文分析研究过程中也存在一定不足之处,如价值测算只考虑了自然生态价值,而未考虑社会价值和经济价值,后续研究有待进一步探索与完善。

参考文献:

[1] 赵建军,胡春立.美丽中国视野下的乡村文化重塑[J].中国特色社会主义研究,2016(06):49-53.

[2] 朱琳,卞正富,赵华.资源枯竭城市转型生态足迹分析[J].中国土地科学,2013,27(05):78-84.

[3] 张文忠,余建辉,李佳.资源枯竭城市转型的驱动因素和机理解析[J].中国科学院院刊,2016,31(01):92-100.

[4] 杨文,翟代清,王志玲.煤炭资源型城市向旅游产业的转型研究[J].现代商业,2017,(02):46-48.

[5] 周璞,刘天科,王昊.我国资源型城市经济转型升级路径思考[J].资源与产业,2017,19(05):9-14.

[6] 孟宪茹.流域生态修复工程建设与治理效益探究[J].黑龙江水利科技,2016,44(03):65-67.

[7] 贾建平,张智丽,李锡环.水土保持生态修复工程效益分析[J].内蒙古水利,2016,(12):38-39.

[8] 宋燕琴.张掖市黑河湿地湖泊生态环境保护项目[J].农业科技与信息,2017,(02):34-35.

[9] 张华俊,刘敏,陈海峰,等.黑臭河道生态修复工程人工水草处理效果研究[J].湖北农业科学,2018,57(15):54-59.

[10] 李婧慧,沈振华,吴荣华,等.太湖冲山湖滨带生态修复工程对富营养化水体的作用[J].淮海工学院学报(自然科学版),2018,27(02):86-92.

[11] 刘顺.铜陵市翠湖污染水体修复评价[D].淮南:安徽理工大学,2018.

[12] Daily G C. The value of nature and the nature of value [J]. Science, 2000, 289(5478):395-396.

[13] 霍思高,黄璐,严力蛟.基于SolVES模型的生态系统文化服务价值评估[J].生态学报,2018,38(10):3682-3691.

[14] 梁流涛,曲福田,冯淑怡.农村生态资源的生态服务价值评估及时空特征分析[J].中国人口·资源与环境,2011,21(07):133-139.

[15] 范玉龙,胡楠,丁圣彦,等.陆地生态系统服务与生物多样性研究进展[J].生态学报,2016,36(15):4583-4593.

[16] 李丽,王心源,骆磊,等.生态系统服务价值评估方法综述[J].生态学杂志,2018,37(04):1233-1245.

[17] 刘园,周勇.长江经济带生态系统服务价值时空变化特征分析及灰色预测[J].生态经济,2019,35(04):196-201.

[18] 谢高地,张彩霞,张雷明,等.基于单位面积价值当量因子的生态系统服务价值化方法改进[J].自然资源学报,2015,30(08):1243-1254.

[19] 刘家根,黄璐,严力蛟.生态系统服务对人类福祉的影响[J].生态学报,2018,38(05):1687-1697.

[20] Costanza R, d'Arge R, De Groot R S, et al. The value of the world's ecosystem services and natural capital [J]. Nature, 1997, 387:253-260.

[21] Randall J E, Ironside R G. Communities on the edge:an economic geography of resource-dependent communities in Canada [J]. Canadian Geographer, 1996,40(1):17-35.

[22] Fiona C, Heliana T, Antonio J A, et al. Risk to the supply of ecosystem

services across aquatic ecosystems[J]. Science of The Total Environment, 2019, 660: 611–621.

[23] Wang C, Li X, Yu H, et al. Tracing the spatial variation and value change of ecosystem services in Yellow River Delta, China[J]. Ecological Indicators, 2019, 96(1): 270–277.

[24] Zheng X, Zhang J, Cao S. Net value of grassland ecosystem services in mainland China [J]. Land Use Policy, 2018, 79: 94–101.

[25] Sutton P C, Anderson S J, Costanza R, et al. The ecological economics of land degradation: Impacts on ecosystem service values [J]. Ecological Economics, 2016, 129: 182–192.

[26] 谢高地,甄霖,鲁春霞,等.一个基于专家知识的生态系统服务价值化方法[J].自然资源学报,2008(05):911–919.

[27] 欧阳志云,朱春全,杨广斌,等.生态系统生产总值核算:概念、核算方法与案例研究[J].生态学报,2013,33(21):6747–6761.

[28] 王兵,鲁绍伟.中国经济林生态系统服务价值评估[J].应用生态学报,2009,20(02):417–425.

[29] 裴厦.基于野外台站的典型生态系统服务及价值流量过程研究[D].北京:中国科学院地理科学与资源研究所,2013.

[30] 陈明叶,刘素红,于连海,等.大清河阜平流域生态系统结构变化的服务价值响应研究[J].自然资源学报,2018,33(08):1376–1389.

[31] 郝林华,陈尚,王二涛,等.基于条件价值法评估三亚海域生态系统多样性及物种多样性的维持服务价值[J].生态学报,2018,38(18):77–86.

[32] 薛明皋,邢路,王晓艳.中国土地生态系统服务当量因子空间修正及价值评估[J].中国土地科学,2018.32(09):81–88.

Study on Measuring Ecological Effect of Rural Wetland Restoration in Resource Exhausted Area: A case study of Pan'an Lake Construction in North Jiangsu Province

Xizhao Liu, Xiaoshun Li, Pengyu Zhong, Aibo Sun, Yao Lu

(Key Laboratory of Land Environment Information Engineering, China University of Mining and Technology, Xuzhou 221116, China; China Resource-based Urban Transformation Development and Rural Revitalization Research Center, China University of Mining and Technology, Xuzhou 221116, China; Jiangsu Natural Resource Think Tank China Mining University Research Base, Xuzhou 221116, China)

Abstract: In order to reverse the deteriorating situation of ecological environment in resource-exhausted areas, a large number of ecological restoration projects have emerged rapidly, but the quantitative measurement system of ecological restoration effect of rural wetland in resource-exhausted areas has not been established. Based on the analysis of the mechanism of action, taking Ma Zhuang village, Yao Zhuang village and Quan Tai village as examples, three time-nodes were chosen for study as year of 2004, 2011 and 2016 respectively. Based on the equivalent factor method, this paper measures the ecosystem service value (*ESV*) of Pan'an Lake and quantitatively examines the influence of Pan An Lake Construction on the ecological effect of three villages. The new framework indicates that (1) *ESV* was rise overall, especially in the 2011 – 2016 time period. The Ma Zhuang rose 52.59%, Yao Zhuang rose 40.75% and Quan Tai rose 74.66% respectively; (2) *ESV* of Ma Zhuang is highest for wetland among others while *ESV* of Yao Zhuang and Quan Tai are high for farmland; (3) The great increase of *ESV* is mainly due to the expansion of water body and wetland area because of Pan'an project. In addition, the influence of each village is various with the greater impact on Ma Zhuang and Quan Tai while less on Yao Zhuang. The research results can provide quantitative reference and decision-making basis for the restoration of rural ecosystem, especially for the reconstruction of rural ecological value in resource-exhausted areas.

Key Words: ecological service value; equivalent factor approach; ecological restoration project; typical villages area

Why Peasants are not Satisfied with the Compensation Procedure for Land Acquisition in China?
—Typical Survey from Zhejiang Province

Long Qian[1], Wenrong Qian[2], Xinliang Wang[3]

[1] Center for Food Security and Strategic Research, Nanjing University of Finance and Economics, Nanjing 210003, China

[2] School of Public Affairs, Zhejiang University, Hangzhou 310058, China

[3] School of Economics and Management, Water Resources and Hydropower School of Zhejiang, Hangzhou 310018, China

Abstract: Previous studies discussing farmers' satisfaction on the land acquisition in China have primarily focused on the compensation standards. Most paper on this topic seem to achieve a consensus that the standard is just too low, and that is the real reason for peasants' dissatisfaction. However, we believe the progress of generating the standard is more important, and it is the compensation procedures that should be responsible for the current situation. In this paper, we try to explain this phenomenon from the perspective of farmers, and focus on what are the issues they care about most during the requisition, and which leads to their discontent to the compensation progress. We found that information rights, participation rights and judicial relief rights affected farmers' attitude towards the compensation procedure. By using the content analysis method, the empirical results of this study showed that information rights is the most important factor which has a significant effect, while the

---

基金项目:国家自然科学基金(71803077),国家社会科学基金项目(15BGL133),教育部人文社会科学研究青年基金项目(14YJC790122;18YJC90128)。

作者简介:钱　龙(1988—　),男,安徽枞阳人,博士,讲师,研究方向为土地经济管理。

通讯作者:王心良(1974—　),男,浙江缙云人,博士,教授,研究方向为土地管理政策。

rights to participate in the negotiation ranked the second, judicial relief rights also showed a great impact on farmers' satisfaction on the compensation procedures.

Key Words: land acquisition compensation procedure; information rights; participation rights; judicial relief rights; satisfaction

1 Introduction

Since the reform and opening up in 1978, the world has witnessed the rapid development of China. In 2010, China has become the world's second largest economy, and now the country is on the way to become the world's largest one in the near future. Along with remarkable economic growth, urbanization process in China is also accelerating. Urbanization rate has progressively increased from 17.9% in 1978 to 53.7% in 2013, and the total number of urban residents has reached 73111 million[1]. Accelerated urbanization needs a huge amount of construction land, in order to meet this substantial demand, Chinese government had carried out a large-scale land acquisition during these years, especially in the first decade of the 21st century [2]. Large numbers of cultivated land were converted into construction land, and thousands of development zones, high-tech development zone had been set up across the country[3]. From 2000 to 2012, about 20727 km² rural land had been expropriated by governments of different levels. Table 1 shows urban sprawl, land acquisition and urbanization growth trends in China in the near decade.

Table 1 Urban sprawl, land acquisition and urbanization trends in China, 2000–2012

Year	Built-up area of cities (km²)	Expropriation area (km²)	Urbanization rate (%)
2000	22439	447.25	36.22
2001	24026.63	1812.19	37.66
2002	25973	2879.86	39.09

continued

Year	Built-up area of cities (km²)	Expropriation area (km²)	Urbanization rate (%)
2003	28308	1605.6	40.53
2004	30406.19	1612.56	41.76
2005	32520.72	1263.5	42.99
2006	33659.8	1396.48	44.34
2007	35469.7	1216.03	45.89
2008	36295.3	1344.6	46.99
2009	38107.3	1504.7	48.34
2010	40058.01	1641.57	49.95
2011	43603.2	1841.7	51.27
2012	45565.8	2161.5	52.57

Data source: National Bureau of Statistics of China (NBSC)

Considerable areas of agricultural land have been converted to urban land for development, resulting in a growing number of landless peasants. It is estimated that 50 million farmers have their lands expropriated[4]. The trend will continue, according to the *"Outline of the National Overall Planning on Land Use (2000 - 2030)"*, another 3.633 million hectares arable land should be expropriated during this period, then the total number of landless peasants will reach 110 million[5]. This is a staggering figure. Land acquisition has made a tremendous contribution to Chinese economic growth and accelerated urbanization, but it also causing many social problems simultaneously. A survey conducted by Development Research Center of the State Council[6] showed that, forty percent of petitioning incidents were caused by land acquisition in China. Data provided by the Ministry of Land and Resources[7] also showed that 1/3 of the current mass petition events were directly related to the land acquisition. The existences of intense conflicts are threats to social stability which is not conducive to building a harmonious society Thus, more attention should be attached to solve conflicts in land acquisition.

Why Chinese peasants are not satisfied with the land acquisition, which matters are farmers most concerned about, and what is the most needed? These questions are worthy to be answered. If the real reasons behind the conflicts can be found out, land acquisition in China shall be advanced more smoothly. Hence, policy makers and scholars both showed great interest on this issue. Existing researches mainly focus on these topics, including Chinese special land system[8-9], differences between Chinese and foreign land acquisition system[10-11], the relationship between economic growth, house prices, and land policy[12], farmers' satisfaction for the compensation[13], the influences on the displaced farmers and their lives without land[14-15], exiting problems and difficulties of land acquisition[16-17] and so on.

Despite the extensive literatures on land acquisition, farmers' satisfaction on the land acquisition procedure is still very low. Almost all scholars believe that the compensation standard is too low which leads to discontents of farmers[11]. However, only a few scholars realize the real reason is the process of generating the standard. This paper tries to explain peasants' indignation by using content analysis method. We examine and code the contents farmers most concerned which have significant influence on the satisfaction for land acquisition program. The data were collected by field work in Zhejiang Province.

The paper is organized as follows. The second section provides an overview of the legal framework of land conversion in China, the third section shows the problems of Chinese land expropriation, then, we propose three hypotheses about satisfaction of farmers on the land acquisition progress. The information of the locality, survey and data are described in next section. Then, the research methodology and the results are presented in the following parts. The final section provides discussions and conclusions for this study.

2 Legal Framework for land acquisition in China

2.1 Land property

Land property has a great influence on land acquisition procedure, differences between land tenure regimes lead to different conversion processes, the methods of purchase and the distribution of benefits[18]. Unlike other countries, land properties in China is very unique. As a socialist country, all land is owned by the public in China, namely, state and collective have the ownerships. According to article 10 of the 2018 Constitution of the People's Republic of China, article 8 of 2004 Land Administration Law (LAL) and article 10 of 2013 Agricultural Law, the state owns urban land, whereas village collectives own rural land. In practice, central government represents the owner of urban land, while collective organizations of farmers hold the rural land ownership rights. However, the two type properties have significant differences[19]. The biggest difference lies in the land use rights, urban land owner has a full right to dispose the land, authorities can sell, rent, mortgage, sublease the land to any third parties, while village collectives have no corresponding right. Transferring agricultural land to non-agricultural land is also forbidden by government[11]. That means the property rights of collective land are incomplete. On the other hand, although the collective has the final ownership, every rural household is authorized to hold the land contract rights (LCLS) for 30 years, according to the 2019 Rural Land Contract Law (RLCL). Third Plenary Session of the Communist Party of China further confirms that the land contract rights will be stable over the long term. LCLS is also an incomplete right, rural household possess income rights, transfer rights, partial alteration rights and limited exclusion rights[14]. So, governments shall consult with collectives as well as farmers, and give them corresponding compensations during the land conversion.

2.2 The progress of land expropriation

Article 43 of LAL stipulates that any unit or individual must apply state-owned land for any construction uses. If the original land is owned by collective previously, it must be transformed into state-owned land by expropriation firstly. This provision leads to a proliferation of land expropriation because not all requisition activities are carried out for public interests[20-21]. In order to manage the land effectively, the central government established a land acquisition implementing regulations which includes six steps[22]. First, local city (county) government should propose a detail land acquisition program. Second, it should be approved by higher levels of government. The next step is to announce land acquisition program to the community. If there is no objection during the notice period, the land administrative departments will develop the land compensation and resettlement program. The fifth step is to announce the compensation and resettlement plan, and the final stage is to organize the implementation of the land acquisition.

2.3 Compensation for land acquisition

2.3.1 Compensation methods

According to current laws and related policies, local authorities have the obligation to maintain affected farmers' living standards for the long term. However, in practice, local governments often prefer to choose monetary compensation as the basic method[23]. Li and Li[24] conducted a study in Hunan province; the result showed that about 76.7% of the acquisition cases adopted monetary compensation. Wang[13] summarized 707 agricultural land acquisition cases from May 2007 to May 2010 in Zhejiang Province, he found that 97.5% of the cases selected monetary compensation method. They are not accidental but widespread phenomenon across the country. One-time monetary compensation is a simple choice for government, but it is not conducive to farmers' long-term livelihood. The central government has realized this problem, and local governments were suggested to take more effective ways for landless peasant' resettlement. According to the document distributed by MLR in 2010, local governments shall follow the principle of "Who acquires the land that has the duty to resettle farmers". If possible, agricultural resettlement should be considered firstly. Besides, landless peasants should enter into the social security system, authorities and enterprises should provide more training and jobs to land losers, and bonus shares placement and development lands are encouraged also.

2.3.2 Compensation standard

LAL enacted in 1986 stipulates that land acquisition compensation composes four main components, including land compensation, resettlement subsidies, labor resettlement fees and compensation for young crops and attachments on land. Facing the rapid economic development, the 1986 LAL was amended in 1998, in which the compensation standard has improved comparing to the 1986 version. Compensation for land should be 6~10 times of the average annual output value of acquired land in the preceding 3 years. Funds for resettlement should be 4~6 times of the derived land productivity, but the total amount of resettlement subsidies per hectare shall not exceed 15 times of the average annual output value of acquired land. Besides, the sum of the land compensation fees and resettlement fees shall not exceed 30 times[11].

In 2004, the State council issued "Deepening the Reform of Strict Land Administration and its Companion Document Guiding Opinions", the document said the compensation for land takings must be adequate to "maintain affected farmers' living standards for the long term". If 30 times compensation and resettlement subsidy is not enough to maintain landless farmers original standard of living, local government can raise the compensation standard accordingly, and a certain percentage of income from state-owned land can be set aside as the compensation fees. Another document released by MLR in November 2004 also released a signal to change the compensation standard. The document recommended that county (city) which had conditions could develop an universal and comprehensive land price in the acquisition area. The price should consider the class, the value, the location, the grade, per capita arable land, supply and demand, the level of the minimum living guarantee for urban residents, the level of local economic development and other factors at the same time. For example, Hangzhou City is one of the first cities to carry out this policy. Table 2 shows the present land price of different districts in Hangzhou City. Besides, the comprehensive land price should be adjusted every 2~3 years, and the dynamic adjustment also shall take various factors into account[7]. Although the compensation for land expropriation is not based on the real estate market value, we shall admit the standard indeed gradually improved, and the land price is moving towards market-oriented standard.

Table 2 Comprehensive land price standard for different districts (Unit: Yuan/mu)

Land classification	Resettlement methods	The expropriation area and the corresponding compensation standard			
		first level	second level	third level	forth level
Various types of land (not including woodland)	Developing methods	22	19	16	13
	Cash	27	23.5	20	16.5
woodland	Cash		11		

Data Source: Hangzhou Municipal Bureau of Land and Resources

2.3.3 The distribution of compensation fees

The compensation allocation for agricultural land conversion is another hot topic for everyone who involves in the progress. The 2004 LAL has specific provisions for the distribution. Article 47 of the LAL states that compensation composes land compensation fees, resettlement fees, and compensation for attachments to and crops on land. Article 26 of the 1998 LAL stipulates that the land compensation shall be paid to the collective economic organization, and the resettlement allowance also belongs to the rural collective economic organization if the farmers need to be resettled by the collective. If not, resettlement subsidies must be paid to individuals who lost the land. Compensation for attachments and crops on land belongs to the land-expropriated peasants. In practice, peasants can get resettlement subsidies, compensation for attachments to and crops, but they cannot get fair land compensation fees, and the existing conflicts mainly focus on this scope. Collective economic organizations occupy the compensation fees, but the allocation scheme is not specified in any laws. Only Village Committee Organization Law (VCOL) states that discussion about the distribution plan requires more than half of the villagers or 2/3 of the households. In order to avoid encroachment from collective organizations, the document "Deepening the Reform of Strict Land Administration and its Companion Document Guiding Opinions"[6] and "Guidelines on Improving the System of Land Compensation"[22] further stipulated that one principle must be followed. Thus, the land compensation fees should mainly distribute to farmers. Rural collective economic organizations shall let the members know the income and expenditure of compensation fees, and accept supervision from the landless peasants.

3 Hypotheses

There are extensive explanations for peasants' dissatisfaction, such as the ambiguous land property, abusing land acquisition rights, a defective land system and the existence of corruption and so on[11,14,17,20,25-26]. Despite various controversies, almost all of them agree that the compensation standard is too low, and that is the direct cause of land losers' dissatisfaction. Unlike previous studies, in this paper, we mainly focus on the process of generating compensation standard, and try to find out the matters they most concerned. We believe fairness and justice of compensation procedure is more important. The current situation and revenant literatures are organized as a system from three points as follows.

3.1 Lack of the compensation information throughout the process

3.1.1 Untimely information dissemination

The existing land acquisition procedure is not able to protect landless farmers' rights to know before the acquisition. Under the current system, local authorities often obey the rule "approving first, announcing second", which means farmers often do not know their land is about to be expropriated. So, announcement seems to be a ultimatum for farmers, the role of which is persuade them to obey government's orders. Having the rights to know is the prerequisites for guaranteeing the interests for land losers, and the legitimacy of final results will also improved by enhancing the understanding of peasants[27]. Although the current method can save negotiation and compliance costs with farmers, it indeed sacrifices farmers' rights. Comprehensive reform of China's land policy research group[28] found that only 38% of farmers had been officially notified before the land expropriation. Another survey conducted in 17 provinces also showed that about 81.4% had no information before the expropriation[29]. As farmers do not know how much compensations they can receive, and they also have no channel to express their views through legitimate ways. Once the gap between the two sides is too huge, protest events occur ultimately.

3.1.2 Imperfect information dissemination methods

In western countries, the authority should use extensive methods to inform landless people, including emails, letters, announcement in newspaper, TV, internet and so on. But Chinese local governments still use traditional methods to notify the public. Compensation information are mainly released through the village committees and announcements posted on the wall. Besides, as the village committees have their own interests, it is a widespread phenomenon not to tell the farmers' truth in rural area. Thus, announcements only cannot guarantee the requisition information distribution which should be transferred to farmers timely and accurately. Just as a research carried out in nine cities showed, about 53.1% of the displaced peasants said they had not seen the land acquisition notices, and 63.1% farmers said the government had not released the land requisition compensation program[30]. A report about the distribution of the 281 prefecture-level bureau's websites showed, only 28 (9.8%) bureaus had set up a "land acquisition (or land expropriation)" column, and 156 (54.4%) land bureau websites have acquisition announcement, 146 (50.9%) cities provide compensation and resettlement program announcement[31]. These indicated that information disclosure is very insufficient, and governments still have a long way to improve their methods.

3.1.3 Incomplete information

Land Management Law Implementation Regulations (LMLIR) stipulates that land acquisition programs shall contain the scope of land requisition, the location, the size, compensation standards, resettlement ways and the registration deadline. But many announcements only have partial messages. Farmers often say that they have not got the critical information they care about, and they do not know the progress of compensation indeed. Information disclosure is so simple, which is more like a form rather than substantive program. The current situation has lead to farmers' concept of secret operations during the land expropriation[32]. Just as a famer says, "Government often deliberately hides the critical information, they cheat us, and we do not believe them". We shall admit that local governments' expectations in farmers' mind are very poor.

As the three dimensions listed above indicate, peasants information rights are often neglected, they cannot gain the access to the information timely and systematically. Then, we propose hypothesis I, thus, the rights to information is one of the focuses during the procedure, and it can affect peasants' satisfaction for land compensation procedure.

3.2 Lacking of negotiation rights

3.2.1 Have no rights to participate in negotiations.

First, farmers have no right to doubt the purpose of land exploration. They are not capable to suspect government's motivation for land acquisition, even if the purpose is not for the public interest[33]. They cannot resist government requisition, and that is a important factor for the abusing land acquisition rights. According to a survey conducted in 15 cities in 2005, about 63.8% of total conversional parcels (or 52.8% of total conversional areas) were illegal. The illegal rate was up to 90% in some cities[17]. While the land acquired in the name of public interest are not used for public purposes; it is easy for the farmers to believe that government had sacrificed their interests. Then, conflicts and social tensions occur naturally. Second, farmers also have no right to participate in the consultation about the compensation standard; they can only passively accept the results announced by the government[27]. Peasants are deprived of the right to speak for themselves, which means that they are not allowed to choose a rational economic choice for themselves, this is clearly unreasonable. Although article 48 of LAL stipulates that local authorities shall make an announcement and hear the rural collective economic organizations and peasants' opinions after determining land compensation and resettlement program. But local governments often do not hold hearings at all. According to the investigation of Chinese Renmin University and the United States Institute of Rural Development (RDI), 44.16% of cases have not opened the required hearings[29]. What is more important, the hearings cannot change anything at all. Many hearings just have the legal forms; the original plans are often implemented regardless of farmers' protests[34].

3.2.2 Have no rights to supervise government and collective

Rights without supervision will be rights out of control. China is not a traditional democracy, and farmers' status is inferior to officials or village leaders. With the absence of reasonable oversight mechanisms, it is a common phenomenon to infringe upon the interests of farmers. Government dominates everything during the land compensation progress; large numbers of landless farmers even do not know how much they shall get[28]. Besides, although laws stated the payment of compensation shall be implemented by the land department of cities or counties, this rule was not obeyed by local government strictly. In order to simplify operations and stimulate the enthusiasm of village, land compensation payments are often distributed to towns and villages by higher levels of government. Rural collectives had take advantages of this to occupy parts of the compensation fees apparently. It is estimated that the rural collective organizations had got 25% to 30% of the land revenue, while the farmers only enjoy 5% to 10%[25]. As they have no right to supervise government and collective, the distribution of compensation fees seems to be very unfavorable for farmers.

In a word, farmers have no right to doubt, consult or supervise. A direct consequence of such imbalance of power between governments and civilians results in the increasing prevalence of land acquisition disputes. Based on the above analysis, we put forward hypothesis II, thus, participation rights has profound impacts on peasants' satisfaction for the land compensation procedure, it is also one of the focuses that farmers are most concerned.

3.3 Lacking of judicial relief rights

In the West, the two sides can enter the judicial process if they have any disputes before or during the land acquisition. But in China, farmers only have an incomplete and vulnerable judicial relief right after land acquisition[13]. Article 48 of 1998 LAL stipulates that local governments shall consider opinions of the rural collective economic organizations and landless peasants. Article 25 of 1999 "Land Management Law Implementation Regulations" also states that if there are disputes about the compensation standard, government above the county level shall coordinate between the two sides. If the coordination fails to meet the requirement of farmers, the government who approves the expropriation makes the final decision, and the disputes do not affect implementation of the program.

From the description above, we can conclude that judicial relief rights have two major flaws in China. The first problem is unreasonable arbitration proceedings. Since farmers only can express their ideas afterwards, the time when the land acquisition compensation programs have been identified, the landless' views seem to have no effects[36]. Next default lies in the legality of arbitrators' status. The judiciary should be independent; governments cannot serve as athletes as well as referees. In the West, a land dispute should be decided by the courts, while in China, local governments have the same rights[32]. This is unreasonable provision which is inconsistent with the spirit of fairness and justice. Because farmers are always in a position to be managed, with the absence of impartial third party's arbitration, they cannot defeat the government alone. In addition, as the ambiguity of laws and local governments' pressure, district courts often reject peasants' claims for various reasons. Even some of courts accept the lawsuit but the time is so long that famers shall pay a high cost. When they adopt the way of petition, they often find that they are kicked around as a football between various departments. Grievances only can be expressed in other ways which is out of the legal framework[37].

Little judicial relief rights results in the collapse of the last defense line for farmers, which is one of the current focuses of farmers' dissatisfaction on the land expropriation procedures. So we put forward hypothesis Ⅲ, judicial right has profound impacts on peasants' satisfaction for the land compensation procedure.

4 Locality and Data

4.1 Study area

Zhejiang Province locates in the southeast coast of China, and it is part of the Yangtze River Delta. As one of China's smallest provinces, the land area of Zhejiang is only 101,800 square kilometers, about 1.06% of the country's total area. But Zhejiang is one of the most economically developed provinces in China; the average disposable income of residents has ranked first for consecutive 21 years. The urbanization rate of Zhejiang also ranked the first level in China. in the past 30 years, the urbanization rate of Zhejiang increased from 14.5% in 1978 to 63.2% in 2012[38]. The rapid economic growth and urbanization generates a substantial land demands, and the requirements can only be resolved through land acquisition. With increasing dense population and reducing agricultural land, the acquisition for further development has stimulated contradictions between governments and farmers. Thus, the contradiction caused by land acquisition in Zhejiang Province is both typical and outstanding in China.

4.2 Survey and data

On the basis of extensive literatures, we develop an outline of land compensation procedure interview for our research goals. Despite of the regular contents, the interview contains the manners of compensation, farmers' role for the compensation criteria, dispositions for land compensation disputes, landless peasants' evaluation on land process, related policies and proposals and so on. In order to improve the quality of interviews, before the formal interviews, we also conducted a pre-survey. We choosed three landless farmers as the samples, and tried to gain interview skills and find new problems. Then, we modified the interviews outline for further study. Land acquisition is such a sensitive issue that we cannot obtain real information by visiting strangers. Therefore, all investigators were introduced by acquaintances. To further alleviate the concerns of the investigators, we informed them that the specific data would be used anonymously so they can answer us freely. During the interview, parts of the problems took indirect method, namely by encouraging the disclosure of related beliefs, motivations, attitudes, which reflects the true feelings of landless farmers. These interviews all contain the relevant knowledge and communication skills, the experience about land acquisition, which means they are familiar with the process of land acquisition, and they can explain their relevant feelings by describing specific cases. Each interview was controlled in 60 minutes, and the recorder had recorded the interview for further listening. After finishing the interviews, respondents were returned to the investigators to ensure the reliability of the material.

Much consideration had been given to select the samples, the premise of representative and regional balance can be meted at the same time. Based on the principle that investigators who are able to provide new insights can enter the final research, we finally chose 15 samples for our analysis (Table 3). These 15 respondents came from eight counties or cities in Zhejiang Province, the oldest was 61 years old while the youngest was 25. Among them, some came from the developed areas, such as Hangzhou and Ningbo city while parts of them live in underdeveloped zones, such as Taizhou and Lishui City. Of course, samples from medium-developed cities were also covered, such as Jiaxing and Wenzhou City. From the perspective of acquisition purposes, the samples included both commercial uses and public interests.

Table 3　Basic information of samples

Number	City	Country(City or District)	Address	Land uses	Code
1	Hangzhou	Jianggan	Babao village of Jiubao town	commercial use	A1
2	Hangzhou	Jianggan	Babao village of Jiubao town	commercial use	A2
3	Hangzhou	Jianggan	Babao village of Jiubao town	commercial use	A3
4	Hangzhou	Yuhang	Wuchang Community of Wuchang Street	commercial use	A4
5	Hangzhou	Yuhang	Wuchang Community of Wuchang Street	commercial use	A5

continued

Number	City	Country(City or District)	Address	Land uses	Code
6	Lishui	Jinyun	Dongmen village of Wuyun town	commercial use	A6
7	Lishui	Jinyun	Dongmen village of Wuyun town	infrastructure use	A7
8	Lishui	Jinyun	Dongmen village of Wuyun town	commercial use	A8
9	Wenzhou	Longwan	New Daojian village of Haibing street	infrastructure	A9
10	Wenzhou	Leqing	Xinmin village of Liushi town	commercial use	A10
11	Ningbo	Jiangbei	Yangchen village of Cicheng street	infrastructure	A11
12	Ningbo	Jiangbei	Yangchen village of Cicheng street	infrastructure	A12
13	Jiaxing	Xiuzhou	Xiuzhou town	commercial use	A13
14	Taizhou	Linhai	Futou village of Baishuiyang town	commercial use	A14
15	Taizhou	Linhai	Futou village of Baishuiyang town	commercial use	A15

Data source: Authors' research

4.3 Methodology and empirical results

4.3.1 Methodology

To analyze farmers' dissatisfaction with the compensation procedure, we adopted the content analysis method in this article. Content analysis is a systematic, objective and quantitative technique for research. It can be used for trend analysis, situation analysis, comparative analysis and intent analysis, and it is also a research method to help understand the phenomenon essentially. The main processes include: Determining the overall framework of the case according to the study, coding the samples to obtain quantitative data, then, using software to analysis the data. One of the most important issues is to build an analytical framework; the goal of this task is to select the analyses unit and the research goals. Analysis unit shall describe the unit and research-related issues, make up the missing information, and provide cell numbers to the relevant unit. All in all, a good analysis unit is the premise to collect information and determine the focus[39-40], it is also a necessary condition to improve the relevance and effectiveness for the research. Learning from previous studies, and according to the assumptions of this paper, we mainly divided farmers' satisfaction for land acquisition compensation program into three categories and four sub-categories (Table 4).

After sorting the recording of the 15 in-depth interviews, based on the principle of mutually exclusive, relevance and completeness, we identified 78 statements which can express the landless farmers' dissatisfaction with the requisition compensation program as the final objects of the codes. To enable coders to grasp the true meaning of these statements accurately, necessary contexts which can reflect the background information were retained, and the selected label were attached to the given statements. Then, we invited three PhD whose major are agricultural economics to finish the preparatory and assistance work. They are independent coders for the content analysis. We required them to read the text and code the selected statements one by one, if the statements should be incorporated into the item of other contents, specific reasons must be provided. All the three coders shall complete the coding independently in 60 minutes.

Table 4 Coding scheme for the land requisition compensation procedure

Category	Subcategory	Examples of statements
Information rights	Contents of announcement	the contents is too simple; repeated contents; inaccurate information and vague expression
	Forms of announcement	untimely information dissemination; the notice had not been sent to me at all; the location of announcements is remote

continued

Category	Subcategory	Examples of statements
participating rights	The identity of participants	we have no right to participate in the negotiations; too few representatives who cannot represent the majority of the villagers
	Negotiation procedure	villagers do not have the right to express their views; the final decisions are made by a few officials
judicial relief rights		no opportunities to express our ideas; unfair behavior exercised by government; the laws are imperfect
Other contents		contents in addition to the above analyses

Data source: Authors' resource

4.3.2 Empirical results

The coding results showed that: the frequency of information rights reached 118 times, and this number accounts for 50.43% of land compensation procedures. It indicates that information rights are the most important matters farmers concerned about. The frequency of participation rights and remedies rights are 81 and 33 respectively, which means they account for about 50% of the total contents. The item of other contents only appeared twice, it seems that the frequency of 0.85% can be ignored.

Table 5 The frequency of land compensation procedures codes

Category	Times	Frequency	Subcategory	Times	Frequency
information rights	118	50.43%	Contents of announcement	77	32.91%
			Forms of announcement	41	17.52%
participation rights	81	34.62%	The identity of participants	46	19.66%
			Negotiation procedure	35	14.96%
Judicial relief rights	33	14.10%			
Other contents	2	0.85%			

Data source: Authors' calculation

From the perspective of subclass, "contents of announcement" appeared 77 times, it ranked first without doubt. Next one is "the identity of participants", its proportion is 19.66%. The third one is "forms of announcement" and "negotiation procedure", they accounted for 17.52% and 14.96% respectively. The details are showed in Table 5, and Table 6 presents the distribution of single person's dissatisfaction on the land acquisition procedure.

Table 6 Individual dissatisfaction on land distribution program

Interviewees	Contents of announcement	Forms of announcement	The identity of participants	Negotiation procedure	judicial relief right	Other contents
A1	0.18	0.27	0.27	0.09	0.18	0
A2	0.28	0.22	0.22	0.11	0.17	0
A3	0.33	0.08	0.25	0.33	0	0
A4	0.36	0.18	0.18	0	0.18	0.09
A5	0.36	0.21	0.21	0.14	0.07	0
A6	0.19	0.13	0.25	0.31	0.13	0
A7	0.4	0.2	0.2	0.13	0.07	0
A8	0.41	0.18	0.18	0.06	0.18	0
A9	0.44	0.11	0.11	0.22	0.11	0
A10	0.42	0.11	0.11	0.21	0.16	0
A11	0.41	0.23	0.14	0.14	0.09	0
A12	0.18	0.29	0.18	0.12	0.24	0
A13	0.25	0.19	0.25	0	0.31	0
A14	0.29	0.07	0.21	0.21	0.21	0
A15	0.36	0.14	0.29	0.14	0	0.07

Data source: Authors' calculation

Consistency between coders is a prerequisite for the content analysis method, and it is also the most significant index for the reliability of the coding results. Bos and Tarnai[41] noted that if the degree of consistency could surpass 0.

80, the result is acceptable. As shown in Table 7, the consistency of the present study is 0.83, which means that our coding system is reasonable, and the result can be accepted. Kappa coefficient is another commonly used statistic. It is to measure the consistency of the results of two observers on a dichotomous variable, which can correct the probability in another way. Schuster[42] pointed out that if kappa coefficient is between 0.61~0.80, the final result is significant consistency. While the coefficient reaches between 0.81~1.00, it indicates the conclusion is almost identical. In this paper, kappa coefficient is 0.84, and it indicates that the result has achieved an ideal level. Thus, we can conclude that the findings in this study have a high reliability (Table 7).

Based on the above analysis, we can conclude that information rights, participation rights and judicial relief rights can significantly affect farmers' satisfaction on land acquisition program. So, we successfully verified the correctness of hypothesis Ⅰ, Ⅱ and Ⅲ. And we can get some implications easily. First, landless peasants truly have a strong requirement to have the rights of knowing the progress of land acquisition. The result shows that more than half of the contents are about the rights of information. This indicates that the information rights affected farmers most, and it does make enormous contribution to farmer's low satisfaction with the compensation program. Information right is a basic right. First, the realization of this right is a prerequisite for citizens to defend their interests. In addition, the right to information is also the precondition the realization of citizen oversight on the power. From the subclass classification, contents of announcements ranked the first which means they are not satisfied with the current announcements released by local governments. Form of announcements is another important factor that leads to the dissatisfaction to the compensation procedure. This shows that farmers are not satisfied with the sole channel of notice, and they indeed expect to get the acquisition information through various ways.

Table 7 Consistency coefficient and Kappa coefficient of coders

Reliability index	Category	Coder 1 and coder 2	Coders 1 and coder 3	Coder 2 and coder 3	Coder 1, coder 2 and coder 3
Consistency coefficient	Contents of announcement	0.86	0.85	0.79	0.84
	Forms of announcement	0.8	0.86	0.79	0.81
	The identity of participants	0.82	0.68	0.57	0.69
	Negotiation procedure	0.92	0.85	0.77	0.84
	Judicial relief right	0.83	0.83	0.69	0.79
	Other contents	0	0	0	0
	The whole	0.9	0.88	0.71	0.83
Kappa coefficient	The whole	0.87	0.85	0.79	0.84

Data source: Authors' calculation

Second, landless peasants are not satisfied with the current situation of their participation rights. The identity of participants ranked the second among the hot topic. It indicates that land losers are eager to represent themselves. In fact, farmers expect to participate in the discussion of the compensation standards, but governments do not give them this right. In practice, rural collectives often represented the landless farmers. Even farmers selected representatives to participate hearings; the identity of the representatives can also be controlled by governments or collectives[30]. If the villages representatives are not agree with the requisition, village officials can hold villager congress when they go out, or simply do not invite them to attend the meeting. As long as the number of the participants exceeded the statutory ratio, the conference resolutions are still valid. Negotiation procedures also affect farmers' evaluation to the compensation procedure, and about 15% of the contents belong to this scope. The most serious problem reflected by farmers lies in the current situation that they cannot change the government or collective decision. Farmers do not have the dominant position, decision-making and supervision rights which are ignored by government officials. As peasants opinions are not important, it is easy to understand why their protests cannot change the result of land acquisition compensation normally.

Judicial relief rights ranks the third among the three rights. That does not mean the right is irrelevant, or farmers do not attach importance to this right. This is because information rights and participation rights have not been carried out extensively during the current land acquisition process. These two rights build a foundation for relief rights, if farmers do not have relevant information, they also have no access to negotiate with government, judicial relief rights seem to meaningless. 14.1% of the listed contents are about the relief rights, which indicates that peasants have recognized the deficiency of this right. But Chinese laws only gave farmer limited relief rights after the land acquisition. They cannot doubt government's motivation but to accept the mandatory behavior without exception. As the government serve as the arbitrator, and courts often refuse to deal with the land disputes, peasants seem to have none adequate channels for expression.

5 Discussions and conclusions

5.1 Discussions

These three rights affected farmers' satisfaction on the compensation procedure of land acquisition significantly, but why they lack of those corresponding rights. This is a question worth pondering. We believe that the following three points can provide some explanation.

First, farmers have no team strength. Collective strength is greater than individual's, farmers are the main components of Chinese population, but they always have a weak position. The main reason is that they are too scattered, no organization can represent their interests sincerely. The logic of collective action is that fewer members are more likely to achieve an agreement. There are a large number of farmers; the consistency of actions often cannot reach a consensus. Although the laws stipulate collectives have the final ownership of rural land, the collective itself is a vague concept. It includes town collective, rural collective and village team, but which level of collective has the rights had not been specified, and the question that which one can represent farmers' interest naturally occurs. Besides, these three are not really farmer self-organizations; they should obey the orders from higher levels of governments. As an agent of the government, collectives have limited rights indeed. To make matters worse, collectives are often controlled by a few powerful figures. Their interests are not often consistent with farmers' demands, for their own private interests, they often don't let farmers know or participate in the process of land acquisition at all[43].

Existing collectives cannot represent the interests of farmers, and new organizations have not been set up to represent them to negotiate with governments. So in face of land acquisition, single peasant almost cannot resist government strong power, and he was deprived of the right to bargain, and only has to accept compensation standards proposed by the government. Local government also realized this point, and they often choose to ignore the demands of farmers in order to reduce costs. As individual's voice is difficult to be passed through the normal channels in China, thus, as a rational person; he chooses to take some non-normal measures to attract the attention of society in order to maintain his own interests. This leads to tensions between the governments and farmers.

Another reason lies in the huge temptation of interests. In 1994, China implemented a fiscal decentralization policy which led to the increase of local fiscal expenditure responsibilities as well as the decrease of local fiscal revenue[44]. It is reported that more than one-third of county level governments have serious budget problems. In order to balance the fiscal powers (caiquan) and obligations (shiquan), local governments need to gain local revenues from extra budgetary. As 70% of land transfer fees belong to local government, local government has a huge incentive to acquire collective land. Revenues generated from land conversation account for up to 60% of total fiscal incomes of local governments[22]. It is estimated that the government has gained at least 30 trillion RMB from the land revenue from 1978 to 2012[45]. Under China's current financial system, land finance (tudi caizheng) has become a major source of revenue for local governments clearly[44].

Thus, land expropriation itself is a process of distribution of benefits which involves the central government, all levels of local governments, rural collectives, developers or investors, and the displaced farmers[16]. As government is the sole buyer of the primary land market, by using the tragic of "buying with low price, selling with high price", government has gained huge interest. Abundant evidence shows that conveyance fees often amount to 10~20 times the level of compensation for requisitioned farmland[46]. According to the Blue Book of China's Society, landless farmers received only 5%~10% of the land development benefits, while local government receives 30%~40% and the real estate captures 40%~50%. Tan et al.[14] also found that the proportion of farmers is very low, about 3%~16% belongs to farmers, while the share of local government is as high as over 75%. We can easily conclude that government is the biggest beneficiary of the land acquisition. Then, we can understand local authority's attitudes to land exploration procedure. If farmers have more rights, the share of governments will decline without doubt. In order to maintain the current situation and maximize the interest of them, governments trend not to give farmers corresponding rights during this progress.

The third reason is the private motives of local officials. Although the government represents the public interest, as the agent of government, officials have their own private interests[16]. As China is the world's largest developing country, steady economic growth still has a great influence on social stability and prosperity. Thus, local governments not only have to bear the duty of the management and service, but also shoulder the responsibility for the economic development[2]. Urban expansion and development construction are often regarded as performance indicators for officials' promotion. As local government officials are appointed by the higher levels of government, motivation to pursue the promotion lead to many government officials' aggressive behavior[44]. Local officials may also concern that if the land losers have more rights, they may ask more, and the requisition work will be more difficult. There is no doubt that the requisition work will be more complicated and more energy or time shall be spent on this scope. The step of construction will slow down, and eventually affect officials' promotion. Besides, they have no incentives to fulfill public pursuits and willing. Having no benefits but substantial harmless, it is a reasonable choice for local officials to maintain the current status.

5.2 Conclusions

This article reviews the land ownership arrangements, procedures and compensation for land acquisition in China. Based on literature analysis, we put forward three assumptions from the perspective of farmers, namely, the rights to information, participation rights and judicial relief rights are the focus of land acquisition, and they affected the satisfaction of farmers on the land expropriation compensation procedure deeply. Based on in-depth interviews of 15 landless peasants, we extract the relevant content for quantitative research by using content analysis method, and the above three hypotheses are successfully verified.

There are also some limitations regarding the data in this research. As the influencing factors to peasants' procedure satisfaction on land expropriation are complex, lager samples will be more reliable. However, how to get so many credible investigators in the short term is a very difficult problem to deal with. These issues will be solved in our further study.

References

[1] National Bureau of Statistics of China (NBSC). 2013 National economic and social development statistics report[R/OL]. http://www.stats.gov.cn/, 2014.

[2] Xu M, He C, Liu Z, et al. How did urban land expand in China between 1992 and 2015: A multi-scale landscape analysis[J]. PloS one, 2016, 11(5): e0154839.

[3] Zhang G S, Luo Y. Assessment of local governments' information disclosure status quo of land compensation[J]. Southeast Academic Research,

2013,6:54-62.

[4] Bao H. Policies supply and institution organization: Fieldwork on the regulation evolvement of land acquisition[M]. Beijing: Economy and Management Press,2008.

[5] China Association of Mayors. China urban development report[M]. Beijing: China City Press,2012.

[6] Development Research Center of the State Counci(DRCSC). Land issues are the main cause of petitioning and how to deal with the difficulties in China[OL]. http://news.ifeng.com/special/dengxp/200702/0209_669_74676.shtml.

[7] MLR. MLR's notice on further improving land management work[OL]. http://www.mlr.gov.cn/zwgk/zytz/201007/t20100713_154433.html, 2010.

[8] Qian Z. Empirical evidence from Hangzhou's urban land reform: Evolution, structure, constraints and prospects[J]. Habitat International, 2008,32:494-511.

[9] Li W, Feng T T, Hao J M. The evolving concepts of land administration in China: Cultivated land protection perspective[J]. Land Use Policy, 2009, 26:262-272.

[10] Ding C R. Land policy reform in China: assessment and prospects[J]. Land Use Policy, 2003,20:109-120.

[11] Ding C R. Policy and praxis of land acquisition in China[J]. Land Use Policy, 2007,24:1-13.

[12] Song W. Decoupling cultivated land loss by construction occupation from economic growth in Beijing[J]. Habitat International, 2014,43:198-205.

[13] Wang X L. The development of agricultural land expropriation compensation work, current situation and problems in Zhejiang Province[J]. Zhejiang Agricultural Sciences, 2013,2:121-124.

[14] Tan R, Qu F T, Heerink N. Rural to urban land conversion in China—How large is the over-conversion and what are its welfare implications? [J] China Economic Review, 2011, 22:474-484.

[15] Yang Y F. Basic land security and livelihood: A study of compensation and social security policy for land expropriated peasants in China[J]. Public Administration and Development, 2012,32:385－401.

[16] Tang Y, Mason R J, Sun P. Interest distribution in the process of coordination of urban and rural construction land in China[J]. Habitat International, 2012,36:388－395.

[17] Hui E C M, Bao H J, Zhang X L. The policy and praxis of compensation for land expropriations in China: An appraisal from the perspective of social exclusion[J]. Land Use Policy, 2013,32:309－316.

[18] Tan R, Beckmann V, Berg L, et al. Governing farmland conversion: comparing China with the Netherlands and Germany[J]. Land Use Policy, 2009,26:961－974.

[19] Li X, Xu X X, Li Z G. Land property rights and urbanization in China[J]. The China Review, 2010,10(1):11－38.

[20] Hui E C M, Bao H J. The logic behind conflicts in land acquisitions in contemporary China: A framework based upon game theory[J]. Land Use Policy, 2013,30:373－380.

[21] Tu F, Yu X F, Ruan J Q. Industrial land use efficiency under government intervention: Evidence from Hangzhou, China[J]. Habitat International, 2014,43:1－10.

[22] MLR. Guidelines on improving the system of land compensation[OL]. http://www.doc88.com/p－908965200208.html,2004.

[23] Fu R Q. The problems, models and suggestions on compensation and resettlement for land expropriation[J]. Land Resource Information, 2014, 1:17－19.

[24] Li W T, Li Y A.Defects and improvements of land compensation system in China[J]. Explorations, 2013,7:205－207.

[25] Zou X Q, Oskam A J. New compensation standard for land expropriation in China[J]. China & World Economy, 2007,15(5):107－120.

[26] Phuc N Q,Westen A C M, Zoomers A. Agricultural land for urban development: The process of land conversion in Central Vietnam[J]. Habitat

International, 2014, 41: 1 – 7.

[27] Wang K S, Du Y P, Cui C B. Discussion about the allocation of land interest[J]. Economic Reform, 2008, 5: 81 – 85.

[28] Comprehensive Reform of China's Land Policy Research Group. Strengthens the overall legal framework for urban and rural land rights in China with policy design[J]. Reform, 2008(3): 5 – 18.

[29] Ye J P, Jiang Y, Roy P, et al. Chinese rural land use rights investigation in 17 Province in 2005: Findings and policy recommendations[J]. Management World, 2006, 7: 79 – 80.

[30] Kong X Z, Gu H M, Han J J. Survey on Chinese land losers and their willings to accept compensation[J]. Economic Theory and Business Management, 2006, 7: 57 – 62.

[31] Wang X L. Empirical analysis on the information release of "land expropriation announcement" on China's local goverment network platform[J]. Research on Financial Theory, 2018(4): 57 – 67.

[32] Liang Y R, Liu Y. Building proper land acquisition procedures in China[J]. Chinese Land Science, 2018, 11: 20 – 25.

[33] Bao H, Peng Y. Effect of land expropriation on land-lost farmers' entrepreneurial action: A case study of Zhejiang Province[J]. Habitat International, 2016, 53: 342 – 349.

[34] Xiao X, Li F Z. Research on Land requisition compensation mechanism of China[J]. Hebei Agricultural Sciences, 2019, 13 (12): 63 – 65.

[35] Cai J M. Compensation standards of rural collective land acquisition changes every 3 years[OL]. 2012. http://zzhz.zjol.com.cn/05zzhz/system/2012/11/22/018965136.shtml.

[36] Qian Z. Land acquisition compensation in post-reform China: Evolution, structure and challenges in Hangzhou[J]. Land Use Policy, 2015, 46: 250 – 257.

[37] Wu X J, Huang X J, Zhang X L, et al. Costs of land expropriation system: A case study of land acquisition for Tong-Qi highway[J]. Chinese Rural Economy, 2006, 2: 56 – 62.

[38] National Bureau of Statistics of China (NBSC).China statistical yearbook 2013[M].Beijing: China Statistics Press,2013.

[39] Yin R K.Case study research: Design and method[M]. London: Sage Publications,1994.

[40] Johnston W J, Leach M P, Liu A H.Theory testing using case studies in business-to-business research[J]. Journal of Industrial Marketing Management,1999,28:201 – 213.

[41] Bos W, Tarnai C.Content analysis in empirical social research[J]. International Journal of Educational Research, 1999,31(8):659 – 671.

[42] Schuster C A.note on the interpretation of weighted kappa and its relations to other rater agreement statistics[J]. Journal of Educational and Psychological Measurement, 2004,64(2):243 – 253.

[43] Zhou Q R.Property rights and land requisition system: A critical choice for china's urbanization[J]. China Economic Quarterly, 2004,4(1):193 – 210.

[44] Cao G H,Feng C C, Tao R.Local "Land Finance" in China's urban expansion: challenges and solutions [J]. China& World Economy, 2008, 16(2):19 – 30.

[45] Gong R R.The plight of China's rural land expropriation in Constitution [J]. Laws,2013, 9:3 – 13.

[46] Investigating Group of Land Acquisition Reform of Ministry of Land and Resources. Investigative report of purpose and scope of land acquisition [M]. Beijing:China Land Press,2013.

中国农民为什么对征地补偿程序不满意?
——基于浙江省的典型调查

钱 龙[1],钱文荣[2],王心良[3]

(1. 南京财经大学 粮食安全与战略研究中心,江苏 南京 210003;
2. 浙江大学 公共管理学院,浙江 杭州 310058;
3. 浙江水利水电学院 经济与管理学院,浙江 杭州 310018)

摘 要 农民对土地征收不满意,除了对补偿标准过低不满意,还可能对征地补偿程序不满意,这一点并没有得到已有研究的充分重视。本文尝试通过典型案例访谈和内容分析法分析农民为什么对土地征收程序不甚满意。基于浙江省的农户调查,本文发现信息权,参与权和司法救济权是影响农民对补偿程序满意度的三个关键维度,这三类权利的落实情况与农民对征收补偿程序的满意度密切相关。重要性方面,信息权的作用最为重要,参与权紧随其后,司法救济权再次。基于上述发现,本文得出了相应的启示。

关键词 征地补偿程序;信息权;参与权;司法救济权;满意度

面向多功能复合的耕地保护内涵拓展与管理模式初探

冯丹玥[1],刘　晶[1],单　薇[1],金晓斌[1,2]*

(1.南京大学地理与海洋科学学院,江苏　南京 210023;
2.南京大学自然资源研究中心,江苏　南京 210023)

摘　要　研究目的:解析耕地保护制度的内涵机理,通过要素组合,探索并构建面向多功能复合的耕地保护模式。研究结果:(1)耕地保护是由核心保护内容、关键保护因子,以及相应的保护目标、保护内容、保护主体和保护措施等共同组成的综合体系;(2)依据主导因子不同可将耕地保护划分为资源压力型、经济驱动型和技术支撑型等主要保护模式;(3)使用突变级数模型,从耕地资源禀赋、区域经济状况、人力资源水平和农业现代化发展等方面进行耕地保护适用模式评价,可为区域耕地保护模式选取提供参考。研究结论:耕地保护要素组合复杂,实践中需要考虑自身发展条件和保护潜力,因地制宜选取适宜保护模式,以促进耕地保护目标实现并有效发挥耕地多功能性。

关键词　耕地保护;耕地多功能;模式构建;评价体系;泰州市

一、引　言

在工业化进程持续推进、城市化水平显著提升、城市扩张不断加剧的背景下,世界范围内的耕地面积自 20 世纪 60 年代以来大幅减少,人均耕地面积从 0.37 hm² (1961 年)下降至 0.19 hm² (2015 年)。为了保障粮食安全,促进可持续发展,很多国家出台了相应的耕地保护制度以适应不断增加的人口数量和高速

收稿日期:2019 - 4 - 10
基金项目:国家自然科学基金项目(41671082)。
作者简介:冯丹玥(1996—　　),女,陕西西安人,硕士研究生,主要从事土地利用与规划研究。E-mail:599101786@qq.com。
通讯作者:金晓斌(1974—　　),男,甘肃兰州人,博士,教授,博士生导师。主要从事土地利用与规划研究。E-mail: jinxb@nju.edu.cn。

运转的社会经济[1]。在此期间中国的人均耕地面积排在了世界126位之后，人地矛盾十分突出，协调经济社会发展与耕地资源保护的压力巨大，粮食安全一直是中央政府关注的重点问题。1978年《政府工作报告》中提出"国营农场和人民公社要有计划地开垦荒地，使耕地面积逐年有较多的增加"，标志着耕地保护正式上升到国家政策层面，其后耕地保护制度逐步成为中国土地管理制度的基础和核心，总体上大致经历了五个阶段：1978—1985年是政府意识觉醒期，这一时期主要以政府要求为核心，缺乏具体的保护措施；1986—1997年中国逐步发展社会主义市场经济，耕地保护进入了以行政命令为核心，数量保护为目标的探索期；1998—2003年随着国家成立耕地保护委员会，耕地保护政策体系不断完善，法律、技术等耕地保护手段趋于多元化，但仍以数量保护为核心[2]；2004—2011年间，多个中央一号文件都将耕地数量不减少和质量提升作为保护目标，耕地保护政策体系日益优化；2012年原国土资源部《关于提升耕地保护水平全面加强耕地质量建设与管理的通知》(国土资发〔2012〕108号)明确在保证耕地数量不减少的基础上提高耕地质量、改善生态环境。由此中国耕地保护制度体系进入了数量-质量-生态"三位一体"保护的新阶段。

改革开放40年来，中国耕地保护制度和耕地资源管理取得积极进步，突出表现为保护目标实现了从数量控制到"三位一体"保护的转变；保护战略实现了从政府意识到基本国策的转变；保护方式实现了从政府主体到多元共治的转变；保护内容实现了从单一治标到体系治本的转变[3]。当前中国经济发展进入新常态，耕地资源保护面临确保粮食安全、促进经济社会发展，建设生态文明等多重压力，实践中耕地保护的刚性要求面临与区域资源状况不匹配、耕地质量难提升、生态环境未改善、可持续支撑不明显，实施方式不成熟等问题[4]。2017年《关于加强耕地保护和改进占补平衡的意见》(中发〔2017〕4号)提出"着力加强耕地数量、质量、生态'三位一体'保护，着力加强耕地管控、建设、激励多措并举保护"。在新的时代背景下，耕地成为承载粮食生产数量质量双提升、生态修复、空间重构等多重功能的资源载体[5]。

面对耕地保护制度落实与社会经济发展矛盾的不断深化，围绕拓展耕地保护内涵，丰富耕地保护措施等方面学术界开展了大量研究工作。在耕地保护内涵解析方面，宋小青和欧阳竹通过解析耕地多功能的内涵，提出了包含耕地多功能空间融合、统筹利用等的保护思路[6]；祖健等回顾并总结了近10年耕地保护内涵的演变，提出新时期"三位一体"耕地保护发展的路径[7]。在耕地保护制度转型方面，Su 等分析了快速城市化地区耕地保护制度转型和实施路径，探索了耕地保护与经济发展协调之道[8]；吴宇哲和许智钇在休养生息制度背景下，解析了耕地保护的内在机制，构建了耕地保护转型总体框架和生态格局优化路径[9]。在耕地保护效应评价方面，学者们从具体政策入手，评价了不同政策的实施效果，探索了耕地保护制度的创新方式。钟太洋等采用了固定效应模型、随机效应和混合 OLS 模型对比分析了基本农田保护政策的实施对省级耕地流失面积的减少产生的影响[10]；谢晋等基于组合赋权等方法分析了创新实践地区耕地保护经济补偿政策的实施效应[11]。在耕地保护措施优化方面，学者们以现有的行政、技术、经济等措施为依托，构建了以不同主体为主导的土地整治建后管护模式，以适应差异化的管护环境[12]，创新了土地整治与多元遥感数据融合的技术方法，为耕地产能的动态监测提供了新的技术支撑[13]，分析了农户能力资本与补偿方式选择偏好之间的关系，为耕地补偿方式向多元化和针对性发展提供了依据[14]。

综合而言，当前耕地保护研究内容丰富，时代特征显著，为促进耕地保护制度完善发挥了积极作用，但主要是宏观层面的保护路径探索以及针对某项具体政策和措施的分析，区域尺度的耕地保护模式解析较为缺乏。面向耕地多功能复合内涵的延伸，有必要在现有研究的基础上，进一步挖掘耕地保护的机制及有所侧重的管理模式。本文拟围绕耕地保护制度演变历程与新时代耕地多功能利用的新内涵，分析相应的保护目标、保护内容、保护措施，以及各要素之间的联系，提炼典型模式并进行案例分析，以期为因地制宜采取耕地保护措施提供参考。

二、耕地保护内涵拓展与模式构建

（一）国外耕地保护经验与新时期我国耕地保护内涵拓展

为应对人口持续上涨，遏制农地资源流失，发达国家自 20 世纪中期以来，出台了大量法律和政策促进耕地资源的有效利用和优化配置，其中政府管控和市场调节是落实耕地保护政策的主要手段（见图 1）。在管控方面，在相关法律法规的基础上，通过空间规划、农业区划、景观规划等规范国土空间用途管制行为，保障耕地保护政策落实[15-17]；在保护目标上，既保护耕地的粮食生产能力，也将其与生态修复、经济发展、住房保障等相结合[18]；在耕地建设方面，除了法律措施之外,充分发挥市场调控作用,积极采用经济手段调动农地保护的社会积极性[19],如实行土地发展权转让收购、土地有序流转[20],建立生态补偿机制等[21-23]。此外,发达国家强调将质量作为衡量耕地保护成效的标准,在技术措施方面不断深化土地质量评价方法[24],如美国的土地评价与立地分析系统,将自然生产能力和社会经济属性等共同作为评价土地质量的因素[25],使耕地保护更具科学性、合理性和综合性。

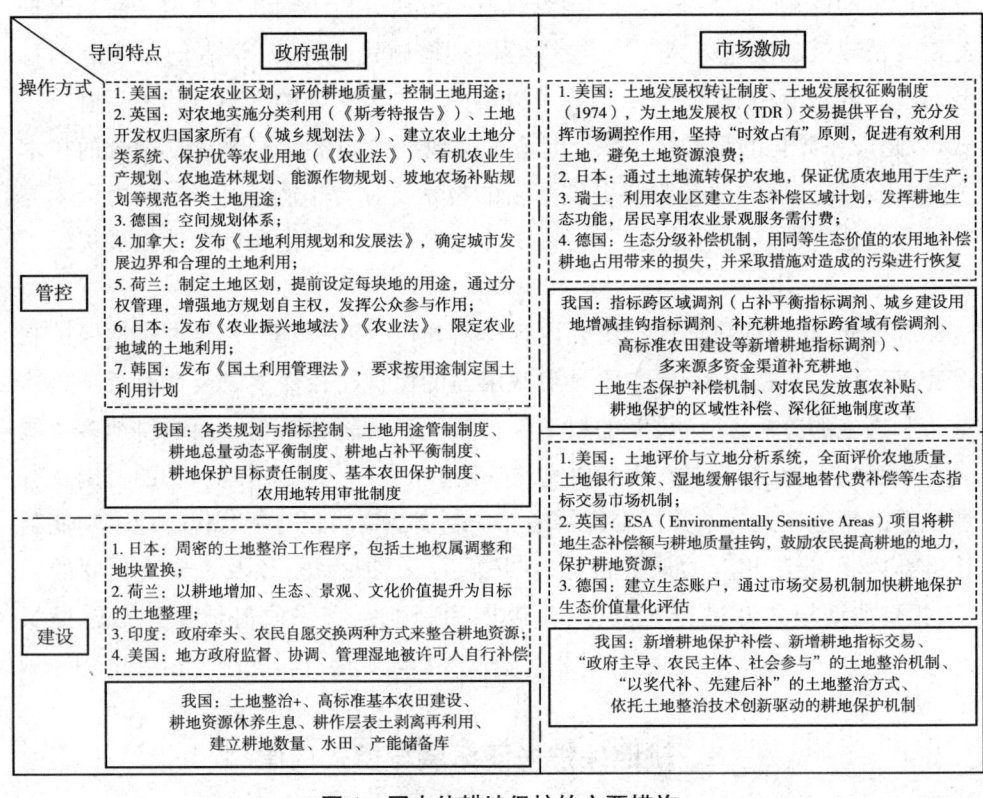

图1 国内外耕地保护的主要措施

中国的耕地保护制度主要围绕国家宏观调控而不断完善,相关政策不断创新升级,呈现出多要素、多主体、全方位的发展趋势(见图2)。从改革开放初期针对耕地数量减少提出进行耕地占用行为管控,到21世纪初高标准农田建设与永久基本农田划定,再到生态文明建设国策贯彻与落实,在"山水林田湖草生命共同体"理念引导和新时期集粮食生产、生活承载、景观优化、生态修复等多功能一体化建设的背景下,中国耕地保护目标由单一保护数量、质量提升到数量、质量、生态"三位一体"的综合保护,既要保障国家粮食安全,又要保护生态环境。保护手段也日趋多元化,从耕地占补平衡到永久基本农田划定再到"藏粮于地、藏粮于技"战略的落实,新型制度体系不断完善,大力管控、高效建设、有序管理的耕地保护新格局不断形成。

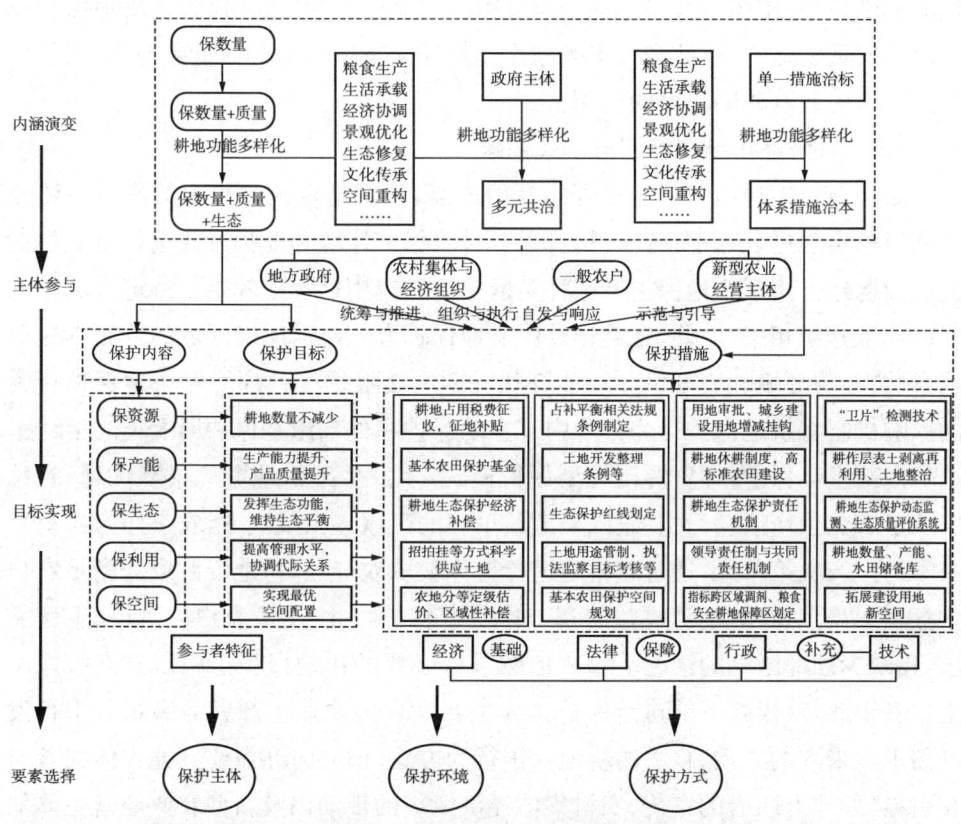

图2 耕地保护内涵解析图

在新的耕地保护格局下,耕地保护内容也日趋丰富。保资源,实现耕地红线不突破,耕地资源不减少;保产能,力求耕地生产能力提升,产品质量提升;保生态,发挥生态功能,维持生态平衡,维护国家生态安全;保利用,提高资源管理水平,协调代际利用关系;保空间,优化土地利用结构,提升国土空间配置效率。为有效地落实耕地保护责任,实现耕地保护的多重目标,应充分发挥不同群体的保护作用,形成"上下结合"的多元主体保护架构。地方政府统筹相关保护政策的落实,农村集体经济组织负责组织农业生产者执行耕地保护措施,农户通过自发的或被动的耕地保护行为来响应相关机构的号召,除此之外,伴随现代农业的发展产生的新型农业经营主体也日益成为耕地保护的重要力量之一，他们通过先进技术经验的示范与引导实现耕地产能提升、生态优化等多重目标。随着耕地保护内容、目标、主体的丰富，耕地保护措施也越发呈现多样化、有针对性的趋势，且包含了经济、社会、行政和技术多个方面。经济措施作为实现耕地保护目标的基础，对各主体进行耕地保护有着很强的激励作用；法律措施是耕地保护政策落实的重要保障；行政和技术措施作为耕地保护措施完善的重要补充，在耕地保护工作中起着非同小可的作用。

（二）耕地保护要素组合与模式构建

结合新时期耕地多功能复合的保护内涵，从耕地保护过程中的参与主体特征和目标实现过程入手，选取耕地保护主体、保护环境和保护方式进行耕地保护模式的构建。由于耕地保护措施种类繁多且其应用过程和效果与特定区域下的资源环境密切相关，因此，在遴选具体耕地保护方式时需明确区域的资源本底环境、社会经济环境和制度保障环境等状况。本文根据三种环境对耕地保护行为的影响机制将耕地保护行为分为内部主动保护和外部激励保护两大类。

内部主动保护，即资源压力型保护模式，多发生于耕地资源禀赋优越、农民以从事农业生产活动为主、收入渠道较单一的区域。该模式下，农户作为耕地最基本的生产决策单元，通过对耕地进行劳作获取农产品，耕地资源成为满足农户生存发展需求、获取经济收益的基础物质资料。因此，基于农户的生产、生计需求，在缺少外部激励的情况下农户依然采取必要的耕地保护措施以提高收入水平。基于此，该模式下的耕地保护行为主要表现为农业生产者为满足其生存发展需求而采取的主动、自愿的耕地保护行为方式，但同时亦需要其他主体的参与和引导，如地方政府的宣传、农村集体经济组织的带动以及新型农业经营主体的示范等，使其了解与时俱进的耕地保护方向及措施，并在经济、技术等方面提供必要的指导和支撑。

外部激励保护模式可根据激励因子的不同将其划分为经济驱动型和技术支撑型（图3）。其中，经济驱动型多适用于耕地资源相对较少、从事农业生产的劳动力资源优势不明显，但生产者的收入来源较为多元、城乡协同发展程度较高的区域。在区域经济条件允许的前提下，该模式应充分发挥经济手段对耕地保护的促进和激励作用，适度扩大对耕地保护的投入，如基本农田保护基金与农业补贴的建立、专业技术人员的聘请、耕地保护科普活动的举办等。在此过程中，应注重经济措施实施与行政监督并行，完善土地监察机制，减少不公平和违法现象的发生。技术支撑型耕地保护模式主要发生于农业现代化优势明显、生产力发展水平较高的区域。区域内现代农业、机械农业、规模农业等发展迅速,农业现代技术应用广泛。该模式下应充分发挥技术资源优势,加强农业优势产业与地方生产者之间的交流与合作,促进经营主体、地方政府与产业间的沟通与协作。具体可通过开展新型农业主体、优势产业与农民之间的交流和互动,帮助农民了解先进的耕作技术、利用模式,提高其对耕地保护的认同感。

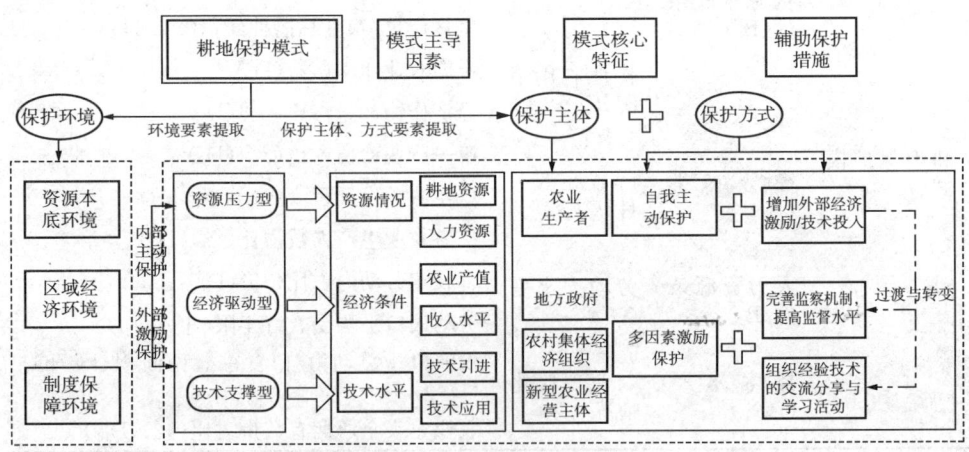

图3 耕地保护要素组合与模式构建

资源压力型、经济驱动型与技术支撑型耕地保护模式并非互斥关系,三种模式在一定的条件下可以优化与转变。其中,资源压力型模式并非理想的耕地保护模式,而是在区域经济发展水平、劳动力特征等条件限制下农业生产者为维持生计而采取的主动的、自愿的耕地保护行为。伴随区域社会经济发展水平的提高、经济激励或技术投入的增加,此模式具备转变为经济驱动模式或技术支撑模式的潜力。经济驱动型和技术支撑型是较为理想的耕地保护模式,在一定程度上符合农业现代化和农村劳动力的发展趋势,应进一步发挥其在耕地保护过程中的经济或技术优势,为区域耕地保护实践提供有效支撑。

(三)耕地保护模式综合评价体系

本研究以区域耕地保护模式的择优选择为目标,依据不同保护模式下耕地保护主体、保护环境和保护方式等要素特征,综合考虑资源、社会、经济等多方面条件,坚持科学性、代表性、可比性和可操作性等原则,将不同耕地保护模式下的适宜程度作为目标层,将影响耕地保护模式选择的因素作为准则层,经过与专家交流，反复论证筛选，从资源本底条件、经济水平、人力资源条件和技术水平等4个方面，建立耕地保护模式适宜性综合评价体系（详见表1）。

表1 耕地保护模式选取指标体系

目标层A	准则层B	准则层C	指标层D
耕地保护模式(A)	资源本底条件(B_1)	耕地资源保障水平(C_1)	人均耕地面积(ha/人)(D_1)
			基本农田保护区面积占农用地面积的比例(%)(D_2)
			粮食产量/粮食总播种面积(t/ha)(D_3)
		耕地利用情况(C_2)	设施农业比例(%)(D_4)
			经济作物产量占比(%)(D_5)
	经济水平(B_2)	区域经济条件(C_3)	第一产业值占比(%)(D_6)
			城乡协同发展程度(D_7)
	人力资源条件(B_3)	劳动力水平(C_4)	从事农业生产人数占比(%)(D_8)
			青壮年劳动力占比(%)(D_9)
			劳动人口平均受教育年限(年)(D_{10})
	技术水平(B_4)	农业现代化情况(C_5)	农业机械总动力/粮食总播种面积(kw/ha)(D_{11})
			农业龙头企业拥有数量占比(%)(D_{12})

三、案例分析

（一）研究区概况

泰州市地处江苏省中部、长江北岸（图4），介于32°01′57″～33°10′59″N，119°38′24″～120°32′20″E之间，属于北亚热带湿润气候区，四季分明，降水充沛，雨热同期。全市土地面积57.87万hm^2，总人口503.39万。根据《泰州市土地利用总体规划（2006—2020）》，区域耕地面积29.58万hm^2（占比64.38%），人均耕地面积仅0.064 hm^2，仅为中国和世界平均水平的68.45%和27.83%，人地矛盾尖锐。随着社会经济的快速发展及建设用地规模进一步扩张，城镇建设扩张对耕地的空间挤占作用明显，区域耕地保护及粮食安全全面临严峻考验。面对经济发展与耕地保护的双重压力，在探讨两者之间相互关系的基础上，如何通过发挥区域的经济驱动作用落实耕地保护补偿和利益调节机制，成为新时期泰州市实现农业现代化、增强可持续发展能力的必由之路。

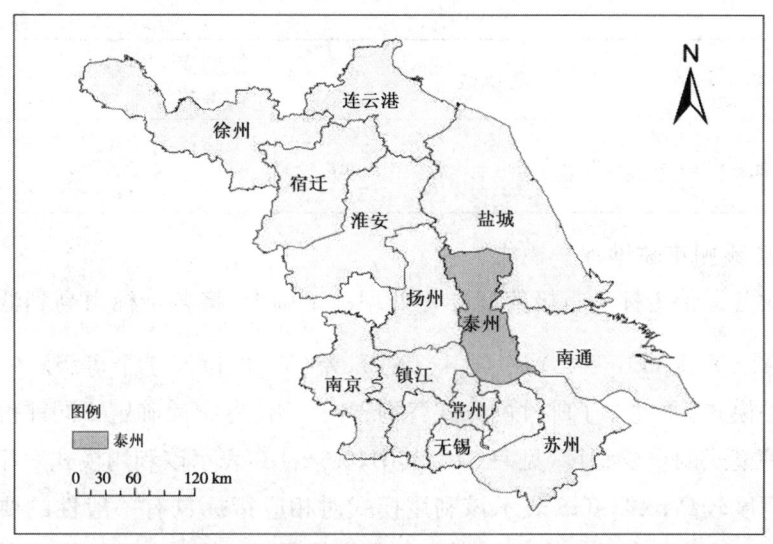

图4　泰州市区位图

(二) 研究方法

本研究采用突变级数法[26]进行耕地保护模式的择优选择。其原理是依据动态系统中不同现象的内在机制，利用由渐变引起突变的拓扑理论阐释自然现象与社会活动中不连续变化的现象[27]。突变模型包含势函数、控制变量和归一公式，势函数中的状态变量反映了系统的行为状态，当状态变量为 1 维时，共有 4 种突变模型；控制变量是影响状态变量的因子，当控制变量只有一个时符合折叠突变，当控制变量有两个时符合尖点突变，以此类推。在特定耕地保护模式的定量评价中，遵循"互补性指标取平均值、非互补性指标大中取小"的原则，根据控制变量的隶属函数值反演状态变量值，并将状态变量得分最高对应的耕地保护模式确定为特定区域下耕地保护的最优模式。具体的突变模型及归一公式见表2。

表2　突变模型与归一公式表

突变种类	势函数	控制变量维数	归一公式
折叠突变	$f(x) = x^3 + ax$	1	$X_a = \sqrt{a}$
尖点突变	$f(x) = x^4 + ax^2 + bx$	2	$X_a = \sqrt{a}, X_b = \sqrt[3]{b}$
燕尾突变	$f(x) = \frac{1}{5}x^5 + \frac{1}{3}ax^3 + \frac{1}{2}bx^2 + cx$	3	$X_a = \sqrt{a}, X_b = \sqrt[3]{b}, X_c = \sqrt[4]{c}$

续　表

突变种类	势函数	控制变量维数	归一公式
蝴蝶突变	$f(x)=\frac{1}{6}x^6+\frac{1}{4}ax^4+\frac{1}{3}bx^3+\frac{1}{2}cx^2+dx$	4	$X_a=\sqrt{a}$, $X_b=\sqrt[3]{b}$, $X_c=\sqrt[4]{c}$, $X_d=\sqrt[5]{d}$

（三）泰州市耕地保护模式

在对各评价指标进行极值标准化处理的基础上，将各指标由高到低划分为优(0.8～1.0)、良(0.6～0.8)、中(0.4～0.6)、差(0～0.4)等4个等级。针对特定耕地保护模式，通过电子邮件的方式咨询省内15位专家以确定不同评价指标对特定保护模式的重要程度(见表3)。其中，0.6～1.0表示该利用模式对相应指标的要求程度较高；0.4～0.8表示该利用模式对相应指标具有一般性的要求；0～0.4表示该利用模式对相应指标的要求程度较低；0～1.0表示该模式对相应指标无明显要求。

表3　耕地保护模式适用性评价分值表

耕地保护模式	耕地资源保障水平			耕地利用情况		区域经济条件		劳动力水平			农业现代化情况	
	D_1	D_2	D_3	D_4	D_5	D_6	D_7	D_8	D_9	D_{10}	D_{11}	D_{12}
资源压力型	0.4～0.8	0.6～1.0	0.4～0.8	0～1.0	0～1.0	0～0.4	0～1.0	0.6～1.0	0～0.4	0.4～0.8	0～1.0	0～1.0
经济驱动型	0～1.0	0～1.0	0.4～0.8	0.4～0.8	0.4～0.8	0.6～1.0	0.6～1.0	0～1.0	0～1.0	0～1.0	0～0.4	0～0.4
技术支撑型	0～1.0	0～1.0	0～1.0	0～0.8	0～1.0	0～0.4	0～1.0	0.4～0.8	0.4～0.8	0～0.8	0.6～1.0	0.6～1.0

注：表格底色由深至浅依次表示该模式对相应指标的要求为高要求、较高要求、低要求和无要求

在上述打分结果的基础上，按照突变级数法中多目标决策评价的归一公式(表2)进行模式集成计算。其中，指标D_1、D_2与D_3存在互补关系，具备燕尾突变的条件，故采用平均值进行测算。同理，D_4与D_5互补且具备尖点突变的条件，故采用对应公式进行准则层计算；经济、人力、技术维度计算方式依次类推。最终，集成各评价单元在不同耕地保护模式下的综合评价结果，见图5。

从各县级市耕地保护模式适宜性评价结果来看，兴化市的资源压力型模式占比最高(48.5%)，其次为泰兴市(41.2%)。这主要是由于泰州市约65%的耕地分布在这两个区，区域耕地资源禀赋优越。海陵和靖江主要以经济驱动型和

技术支撑型为主导(占比分别为66.7%和75%),区域现代化农业种植技术应用广泛,规模农业、机械农业等发展迅速,农业现代化水平较高,而姜堰和高港区三种模式占比较均衡。

从空间分布上来看,三种耕地保护模式呈分散、插花状的空间分布格局,表明区域之间在耕地资源禀赋、社会经济、技术等方面差异明显,耕地保护模式的选择更需因地制宜、科学评估。其中,与苏南各市毗邻的乡镇大多适用于经济驱动型和技术支撑型的耕地保护模式,这可能与苏南地区较强的社会、经济、技术等对其的辐射带动作用有关。

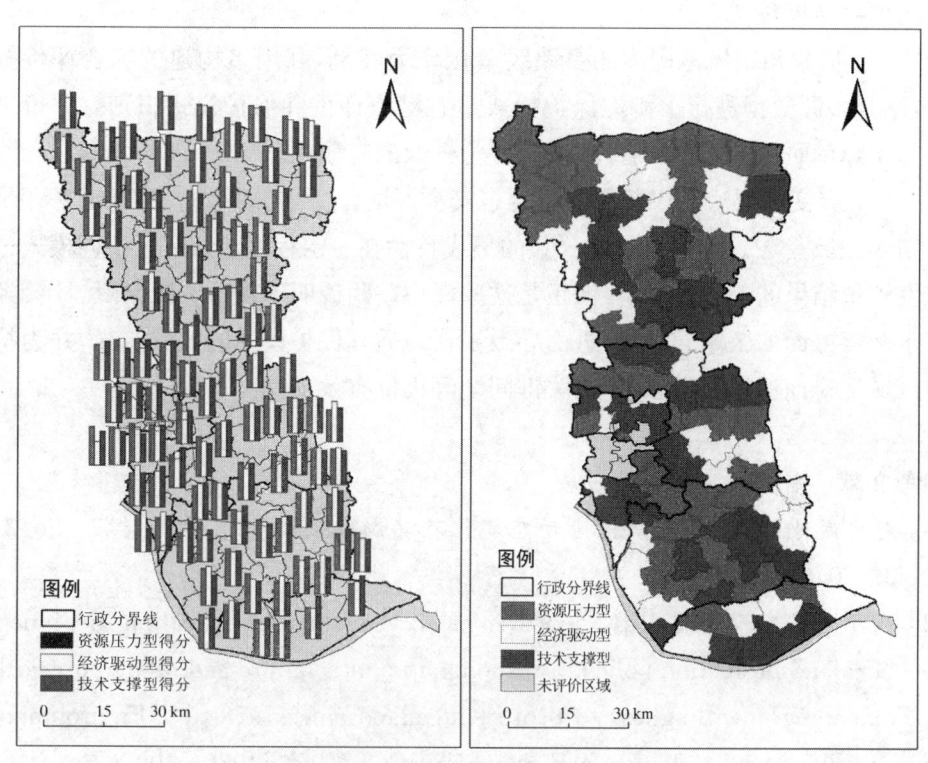

图5　泰州各乡镇耕地保护适宜模式分值与空间分布

四、结论与讨论

本研究基于耕地保护过程中的参与主体特征和目标实现过程入手,从耕地保护主体、保护环境和保护方式等方面提出了新时期耕地保护模式优选的分析

框架,建立了耕地保护模式综合评价体系并进行案例分析,得出以下主要结论:

(1) 耕地保护是一项包含多内容要求、多目标导向、多主体参与、多措施协同的复合体系。新时期耕地保护新内涵涵盖耕地保护的核心保护内容、关键保护因子、保护主体、保护目标及保护措施等方面。

(2) 耕地保护模式应结合资源本底条件、经济水平、人力资源条件和技术水平等因素,合理确定耕地保护途径。以耕地保护的集约高效为目标,乡镇尺度下耕地保护模式可细分为资源压力型、经济驱动型与技术支撑型等模式,相应耕地保护模式的选择与表征区域耕地资源特点、社会经济发展水平、劳动力特征等方面的评价结果相联系。

(3) 以泰州市域范围内的乡镇级单位作为案例,利用多构建的综合评价框架,结合多源数据进行了耕地保护模式适宜潜力评价和保护模式识别。评价结果与实际调研结果基本吻合,验证了评价框架的有效性。

(4) 突变级数法已广泛应用于生态安全评估、工程方案优选、管理水平评价等诸多领域[28-29]。但由于归一公式的集成特性在一定程度上导致了不同模式适宜性评价结果的差异性较弱,但正是这些微小差距说明了耕地资源禀赋、社会经济水平等方面的区域异质性,进而导致了耕地适宜保护模式的区域差异,并为特定区域下耕地保护的重点方向、关键问题等提供有效支撑。

参考文献:

[1] 赵文武. 世界主要国家耕地动态变化及其影响因素[J]. 生态学报, 2012, 32(20): 6452-6462.

[2] Zhong T Y, Mitchell B, Scott S, et al. Growing centralization in China's farmland protection policy in response to policy failure and related upward-extending unwillingness to protect farmland since 1978 [J]. Environment and Planning C: Politics and Space, 2017, 35(06): 1075-1097.

[3] Liu X W, Zhao C L, Song W. Review of the evolution of cultivated land protection policies in the period following China's reform and liberalization [J]. Land Use Policy, 2017, 67: 660-669.

[4] 漆信贤, 张志宏, 黄贤金. 面向新时代的耕地保护矛盾与创新应对[J]. 中国土地科学, 2018, 32(08): 9-15.

[5] 范业婷, 金晓斌, 项晓敏, 等. 苏南地区耕地多功能评价与空间特征分析

[J]. 资源科学, 2018, 40(05): 980-992.

[6] 宋小青, 欧阳竹. 耕地多功能内涵及其对耕地保护的启示[J]. 地理科学进展, 2012, 31(07): 859-868.

[7] 祖健, 郝晋珉, 陈丽, 等. 耕地数量、质量、生态三位一体保护内涵及路径探析[J]. 中国农业大学学报, 2018, 23(7): 90-101.

[8] Su M, Guo R Z, Hong W Y. Institutional transition and implementation path for cultivated land protection in highly urbanized regions: A case study of Shenzhen, China[J]. Land Use Policy, 2019, 81: 493-501.

[9] 吴宇哲, 许智钇. 休养生息制度背景下的耕地保护转型研究[J]. 资源科学, 2019, 41(01): 9-22.

[10] 钟太洋, 黄贤金, 陈逸. 基本农田保护政策的耕地保护效果评价[J]. 中国人口·资源与环境, 2012, 137(01): 90-95.

[11] 谢晋, 蔡银莺. 农户生计资产与耕地保护补偿政策效应的动态响应——以成都市耕地保护基金为例[J]. 中国土地科学, 2017, 31(08): 15-23.

[12] 王温鑫, 金晓斌, 赵庆利, 等. 农用地整治建后管护体系解析与模式选取[J]. 中国土地科学, 2018, 32(04): 74-81.

[13] 洪长桥, 金晓斌, 陈昌春, 等. 基于多源遥感数据融合的土地整治区产能动态监测:方法与案例[J]. 地理研究, 2017, 36(09): 1787-1800.

[14] 李武艳, 张艺弘, 王华, 等. 农户耕地保护补偿方式选择偏好分析[J]. 中国土地科学, 2018, 32(07): 42-48.

[15] Kretschmann J. Stakeholder orientated sustainable land management: The Ruhr Area as a role model for urban areas[J]. International Journal of Mining Science & Technology, 2013, 23(5): 659-663.

[16] Newman L, Powell L J, Wittman H. Landscapes of food production in agriburbia: Farmland protection and local food movements in British Columbia[J]. Journal of Rural Studies, 2015, 39: 99-110.

[17] Wende W, Wojtkiewicz W, Marschall I, et al. Putting the Plan into Practice: Implementation of Proposals for Measures of Local Landscape Plans [J]. Landscape Research, 2012, 37(4): 1-18.

[18] Bernués A, Tello-García E, Rodríguez-Ortega T, et al. Agricultural practices, ecosystem services and sustainability in High Nature Value farm-

land: Unraveling the perceptions of farmers and nonfarmers[J]. Land Use Policy, 2016, 59: 130-142.

[19] Lehn F, Bahrs E. Analysis of factors influencing standard farmland values with regard to stronger interventions in the German farmland market[J]. Land Use Policy, 2018, 73:138-146.

[20] Tan R, Beckmann V, Van Den Berg L, et al. Governing farmland conversion: Comparing China with the Netherlands and Germany[J]. Land Use Policy, 2009, 26(4): 961-974.

[21] Tischew S, Baasch A, Conrad M K, et al. Evaluating Restoration Success of Frequently Implemented Compensation Measures: Results and Demands for Control Procedures[J]. Restoration Ecology, 2010, 18(4): 467-480.

[22] 邵琛霞. 湿地补偿制度:美国的经验及借鉴[J]. 林业资源管理, 2011, (02): 107-112.

[23] 柳荻, 胡振通, 靳乐山. 美国湿地缓解银行实践与中国启示:市场创建和市场运行[J]. 中国土地科学, 2018, 32(01): 65-72.

[24] 何姣云, 贺荣兵, 龙振华, 等. 从国外土地整理特点看我国土地整理的意义与原则[J]. 农村经济与科技, 2010, 21(06): 75-76.

[25] Sowińska-Swierkosz B. Application of surrogate measures of ecological quality assessment: The introduction of the Indicator of Ecological Landscape Quality (IELQ)[J]. Ecological Indicators, 2017, 73: 224-234.

[26] 余升文, 李林军, 邱国玉. 基于突变级数法的深圳生态文明建设动态评估[J]. 生态经济, 2015, 31(12): 174-181, 195.

[27] 赵宏波, 马延吉, 苗长虹. 基于熵值-突变级数法的国家战略经济区环境承载力综合评价及障碍因子——以长吉图开发开放先导区为例[J]. 地理科学, 2015, 35(12): 1525-1532.

[28] 位贺杰, 张艳芳, 朱妮, 等. 基于突变级数法的区域低碳经济水平及协调性评价——以陕西省为例[J]. 水土保持通报, 2014, 34(06): 305-310.

[29] 李宗奎. 浅析突变理论及其工程应用[J]. 四川建材, 2018, 44(12): 87-89.

Preliminary Study on Connotation Extension and Management Mode of Multi-functional and Compound Cultivated Land Protection

Danyue Feng[1], Jing Liu[1], Wei Shan[1], Xiaobin Jin[1,2]

(1. School of Geography and Ocean Science, Nanjing University, Jiangsu Nanjing 210023, China;

2. Research Center of Natural Resources, Nanjing University, Jiangsu Nanjing 210023, China)

Abstract: Objective: to analyze the connotation mechanism of cultivated land protection system by constructing a multifunctional and composite cultivated land protection mode through the combination of factors. Results: (1) farmland protection is a comprehensive system composed of core protection content, key protection factors, corresponding protection objectives, protection contents, protection subjects and protection measures; (2) according to different leading factors, cultivated land protection can be divided into resource pressure type, economic driving type, technical support type and other main protection modes; (3) the catastrophe progression model is used to evaluate the applicable model of cultivated land protection from the perspectives of cultivated land resource endowment, regional economic status, human resource level and agricultural modernization development, which can provide reference for the selection of regional cultivated land protection model. Conclusion: the combination of cultivated land protection elements is complex. In practice, it is necessary to consider its own development conditions and protection potential, and select appropriate protection mode according to local conditions, so as to promote the realization of cultivated land protection objectives and effectively give play to the versatility of cultivated land.

Key Words: farmland protection; multi-function of cultivated land; pattern construction; evaluation system; Taizhou

山东省土地财政与城镇化耦合发展的时空格局

辛宗斐[1]，彭文龙[1]，吕 晓[1,2]

(1. 曲阜师范大学地理与旅游学院，山东 日照 276826；
2. 自然资源部海岸带开发与保护重点实验室，江苏 南京 210017)

摘 要 构建表征土地财政和城镇化的指标体系，运用熵值法求取指标权重计算山东省2000—2015年土地财政和城镇化的发展水平，进一步构建耦合协调度模型分析山东省土地财政与城镇化的耦合效应及其时空格局。结果表明：(1) 山东省土地财政与城镇化间的耦合协调程度逐年提高，耦合关系处于协调发展阶段，属于高度协调。(2) 山东省中部地区土地财政与城镇化耦合协调度较高，东、中、西部地区之间差异较小，地区内部各地市之间差异相对较大。(3) 2000—2015年间东部地区耦合协调度的年均增长率为1.679%，中部地区为1.737%，西部地区为1.586%。

关键词 土地财政；城镇化；耦合效应；协调度；山东省

一、引 言

党的十八大报告七次提及城镇化，指出"必须以改善需求结构、优化产业结构、促进区域协调发展、推进城镇化为重点，着力解决制约经济持续健康发展的重大结构性问题"。党的十九大报告指出，我国城镇化率年均提高一点二个百分点，八千多万农业转移人口成为城镇居民。由此可见，城镇化在我国未来的经济社会发展中仍将占据重要地位，所蕴含的巨大内需和发展潜力对于我国发展意

收稿日期：2019-5-20
基金项目：国家自然科学基金项目(41301185)。
作者简介：辛宗斐(1996—)，男，山东济宁人，曲阜师范大学地理与旅游学院硕士研究生，E-mail：626020112@qq.com，电话：17862347525。
彭文龙(1995—)，男，山东济宁人，曲阜师范大学地理与旅游学院硕士研究生。
通讯作者：吕晓(1984—)，男，山东茌平人，曲阜师范大学地理与旅游学院教授，博士，博士生导师，主要研究土地经济与政策，E-mail：xl1030@foxmail.com。

义重大[1]。

自1994年实行分税财政体制改革以来,地方政府的财权与事权关系被彻底改变,形成了"财权上移、事权下放"的财政模式,由此带来了地方政府财政收支难以平衡的严峻现实。在地方财政收入有限的背景下,地方政府开始经营土地扩大收入来源,土地财政模式应运而生,并在全国范围内迅速推广,产生了利弊共存的社会效应[2]。虽然一些学者对土地财政持消极态度,但作为提高地方政府财政收入的一种形式,土地财政有效弥补了地方政府推进城镇化发展所需的巨大资金缺口,是城镇化发展的直接动力源泉[3]。当然,城镇化的快速发展,尤其是土地城镇化也为土地财政模式的实现提供了可能。只有当城镇化的发展速度与土地财政增长的速度相匹配时,土地价值才能得以充分体现,土地财政才能为后续的城镇化发展提供支撑[4]。因此,土地财政与城镇化的耦合协调发展成为值得关注的现实问题。本文以我国经济社会发展较快、区域差异较为明显的山东省为例,构建综合评价指标体系和耦合协调度模型,在理论分析的基础上实证研究山东省土地财政和城镇化的耦合效应及其时空格局,以期深化对土地财政与城镇化耦合关系的认识、丰富相关案例研究。

二、理论框架与研究方法

(一)作用机制

城镇化是非农人口向城镇集聚,城镇空间不断向外扩张,城镇经济社会水平不断提高的一个复合过程。城镇化进程中不仅要注重物质空间扩张,即空间城镇化(亦称为土地城镇化),更应该重视人口城镇化与经济城镇化。城镇化同时也是城市生产生活方式、文化价值观念等不断向农村地区扩散并施加影响的过程,是社会经济发展水平提高的体现[5]。因此,本文对城镇化的分析主要从人口城镇化、空间城镇化和经济城镇化等三个角度展开。

土地财政是地方政府凭借土地所有权和管理权获取相关收益,进行财政收支和利益分配活动,包括政府通过土地使用权出让、土地税收、土地融资等方式获得收益来直接或间接增加财政支出能力的各项行为[2]。一般而言,完整意义上的土地财政资金收入包括土地出让金(租)、土地房产税收(税)、土地房产收费(费)和土地抵押融资收入[6]。

已有研究表明,城镇化与土地财政之间存在着相互促进又彼此制约的协调发展关系(图1)[4,7]。地方政府在推进城镇化建设的过程中,受制于城市内部空间资源有限,而城市郊区的土地资源相对较多,因此城镇化建设的过程必然会伴随着建成区面积的扩张[8]。地方政府的土地财政模式预算内靠城市扩张带来的产业税收效应,预算外靠土地出让收入,实现增加财政支配能力的目标,加快了空间城镇化和人口城镇化的进程,促进了土地资源的开发,增强了地方政府财政调控的能力,推动地方经济增长,有效弥补分税制改革后政府的财政压力,增加并完善地方公共服务和基础设施建设,提高公共服务水平,保证城市化和社会经济相同步。然而,当前在我国以 GDP 和财政收入为主的政绩考核体制和晋升机制下[9-10],地方政府官员对 GDP 的盲目追求,助推"土地财政"同时,更倾向于城镇的空间扩张,相对忽视了人口的城镇化。一些学者也认为,城市的空间扩张是地方政府土地财政的主要手段,扩张速度越快,对土地财政的依赖程度就越高[11]。

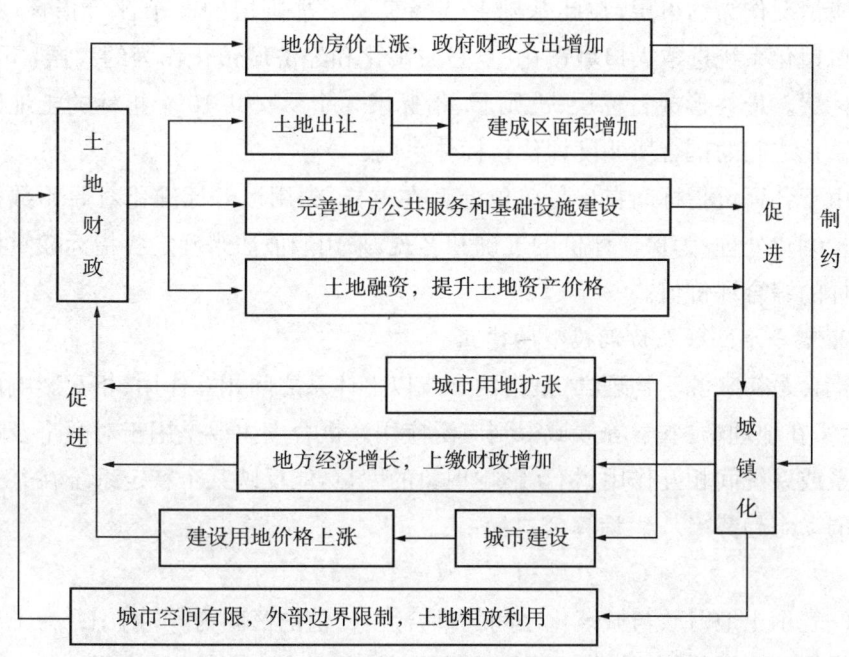

图1 地方政府土地财政模式对城镇化耦合效应的作用机制

(二) 数据来源

本文涉及的土地出让金、土地出让面积、土地总供应面积等数据来自 2001—2014 年《中国国土资源年鉴》和 2015—2016 年《中国国土资源统计年鉴》。山东省及其17地市的总人口、城镇人口、城镇人口密度、建成区面积、财政收入、二三产业产值、建成区面积绿化覆盖率、人均GDP、城镇居民人均可支配收入等数据来自2001—2016年《山东统计年鉴》。考虑到土地出让金数据的可获取性较强,相关土地税费存在部分年份数据缺失或难以从其他税费中剥离等情况,且土地出让金数目巨大,归地方支配的比例高,能够反映土地财政的非税收收入规模,是地方政府预算外收入的主要来源,与土地财政收入具有相同的发展趋势,因此本文选取土地出让金作为衡量山东省地方政府土地财政收入的主要指标。

(三)研究方法

1. 评价指标体系的构建

评价体系共设立"土地财政"和"城镇化"两个目标层,综合考虑各约束层对目标层的表征程度和数据的可获取性,对土地财政系统选取土地收入水平和土地供应情况作为约束层,在此基础上选择隶属于准则层的3个评价指标(指标层);城镇化系统选取人口城镇化、空间城镇化和经济城镇化作为约束层,下设7个指标层。最终形成目标层、准则层、指标层3个层次共10个指标的土地财政与城镇化之间的耦合协调度评价指标体系(表1)。

由于各评价指标间在计量单位上存在差异,先用极差标准化对原始数据进行无量纲化处理;为保证评价的准确和客观,采用熵值法来确定各指标权重以及各指标的综合评价值。

2. 耦合度函数及协调模型的建立

耦合最初来源于物理学,是指两个或以上体系之间相互作用、相互影响的现象,后又在地理学、农学等领域得到广泛应用。耦合度主要是用于对两个及以上的体系或系统间相互作用、相互影响现象的度量,能反映某个特定系统在某一时点上的动态趋势[12-13]。计算公式为:

$$C = \{U_1 \cdot U_2 / [(U_1 + U_2)/2]^2\}^{1/2} \quad (1)$$

C表示土地财政与城镇化之间的耦合度,C值的区间为$[0,1]$;U_1为土地财政的指标综合评价值;U_2为城镇化的指标综合评价值,由熵值法求得。

考虑到计算得出的耦合度的评价结果易出现误差,若两个系统的评价值均较低,但结果却可能出现较高的耦合度的现象。因此,为避免上述情况,进一步构建耦合协调度模型,用来验证山东省土地财政与城镇化的耦合效应的准确性。计算公式为:

$$D = \sqrt{C \times T} \quad (2)$$
$$T = \alpha U_1 + \beta U_2 \quad (\alpha + \beta = 1) \quad (3)$$

D 表示土地财政与城镇化的耦合协调度;T 为两者的综合评价指数,在研究其耦合协调度时,通常认为二者重要性一致,即 $\alpha = \beta = 1/2$。参考已有研究[14-15],结合山东省实际情况,将土地财政与城镇化的发展划分成三个阶段:协调发展阶段、过渡阶段和衰退阶段(表2)。

表1 土地财政与城镇化耦合协调度评价指标体系

目标层(A)	约束层(B)	指标层(C)	最大值	最小值	权重值
土地财政(A1)	土地收入水平(B1)	C1 土地出让金收入占地方财政收入的比重(%)	0.925	0.049	0.073
		C2 国有土地出让均价(元/平方米)	1034.981	58.514	0.118
	土地供应情况(B2)	C3 土地出让面积占总供应面积的比重(%)	0.863	0.357	0.076
城镇化(A2)	人口城镇化(B3)	C4 城镇人口占总人口的比重(%)	0.572	0.268	0.111
		C5 城镇人口密度(人/平方米)	1860	625	0.071
	空间城镇化(B4)	C6 建成区面积绿化覆盖率(%)	42.800	32.980	0.122
		C7 人均城镇建成区面积(平方米/人)	97.674	63.943	0.081
	经济城镇化(B5)	C8 城镇居民人均 GDP(万元/人)	6.415	0.952	0.131
		C9 二三产值占区域 GDP 比重(%)	92.100	85.100	0.086
		C10 城镇居民人均可支配收入(元)	31545	6489.97	0.131

表2 土地财政与城镇化协调发展类型划分

发展阶段	协调发展阶段			过渡阶段		衰退阶段
耦合协调度 D	[0.9,1]	[0.8,0.9]	[0.7,0.8]	[0.5,0.7]	[0.3,0.5]	[0,0.3]
协调类型	高级协调	良好协调	中级协调	次级协调	低级协调	逐步失调

三、结果分析

(一)山东省土地财政与城镇化的发展历程分析

山东城镇化发展表现出较为明显的人口城镇化滞后于空间城镇化现象。由于山东省部分地市的城区总面积常年固定,借助建成区面积增长率和城镇人口增长率来近似表示空间城镇化和人口城镇化的增长速度更能反映空间城镇化和人口城镇化的发展情况。图2显示,2000年城镇人口增长率几乎与建成区面积增长率持平,城镇人口增长率3.77%,建成区面积增长率4.42%。之后几年内建成区面积增长率逐渐超过城镇人口增长率,仅在2010年和2013年城镇人口增长率高于建成区面积增长率,其中2013年城镇人口增长率高达30.12%。这种城镇人口的增长速度显然是不合理的,不利于城镇化的持续发展。虽然在2000—2015年间,城镇人口和建成区面积均呈现增长趋势,但总体来看空间城镇化的增长趋势仍快于人口城镇化。

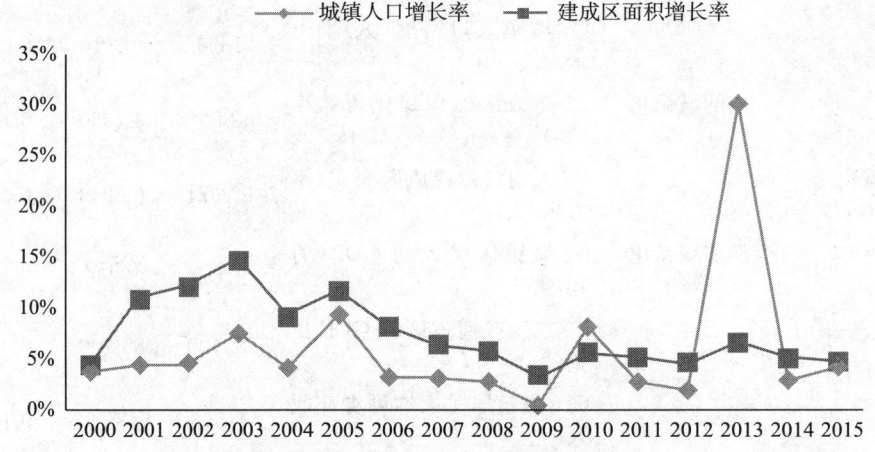

图2 山东省空间城镇化速度与人口城镇化速度(2000—2015年)

土地财政收入规模逐渐增大,地方政府对其越发依赖。图3显示,2000年起,山东省的土地出让金收入增长迅速,从2000年22.86亿元增长到2013年的3490.18亿元,增幅高达151.68倍,年均增长率1166.74%。尽管近年来土地出让金收入开始下降,但是其占地方财政收入的比重仍高于30%。在2000年,土地出让金占地方财政收入的比重仅为4.93%,对于地方财政收入的影响较小。

2003—2007年间,土地财政收入的比重上升至50%左右,占据了地方财政收入的"半壁江山"。2010年,土地财政收入占地方财政收入的比重竟高达92.54%,成为地方财政收入的"顶梁柱"。虽然此后占比逐步下降,但其近年来的平均比重仍高达51.12%。

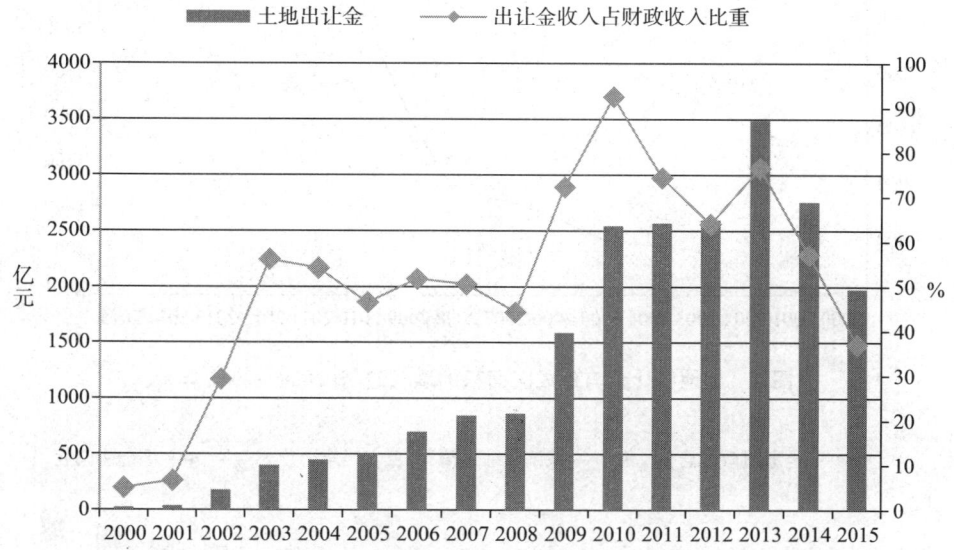

图3 山东省土地出让金规模变化与出让金收入占地方财政收入比重(2000—2015年)

地方政府的土地财政模式直接推动了城市空间的扩张:在城市内部空间有限的情况下,通过出让城市郊区的土地来获取土地出让金的过程将直接导致城市建成区面积的增加。城市空间的快速扩张远超城市人口的增长速度,导致人口城镇化滞后于空间城镇化。图4显示,十几年来山东省的建成区面积增长速度稳定,土地出让金虽然在近几年表现出下降的趋势,但整体仍以增长为主。

(二)省级层面的耦合发展历程分析

本文在相关数据和耦合度模型计算步骤的基础上,就2000—2015年的山东省土地财政与城镇化的耦合度及耦合协调度进行了评价,得到土地财政综合评价值(U_1)、城镇化综合评价值(U_2)以及这两个系统之间的耦合度(C)、耦合协调度(D),相关指标的时序变化情况如图5所示。

结合图5山东省土地财政与城镇化的耦合协调度曲线以及相关数据可以发现,山东省的耦合协调度大致位于0.6~0.9之间,说明自2000年起,土地财政与城镇化之间的发展关系就从过渡阶段逐渐提升到协调发展阶段,总体来看,处于

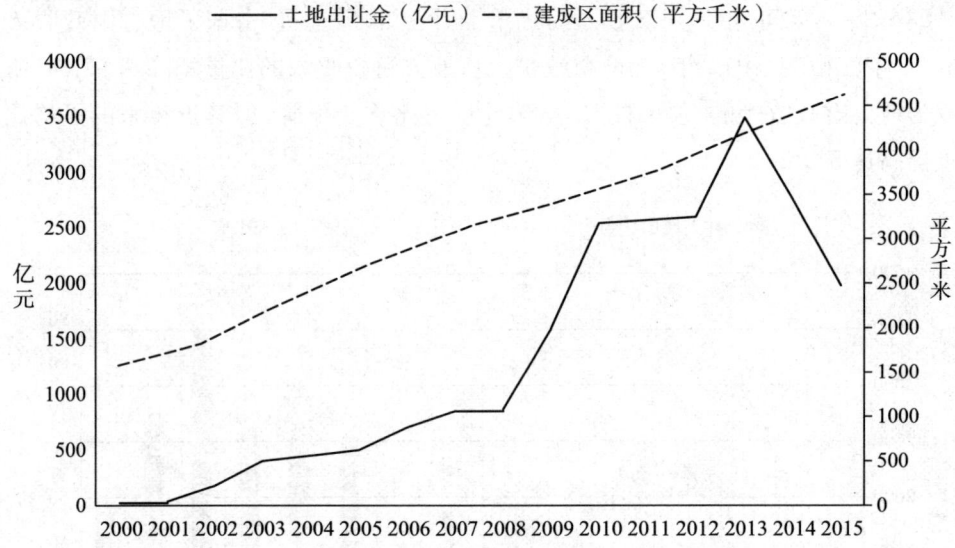

图4　土地出让金与建成区面积的增长趋势（2000—2015年）

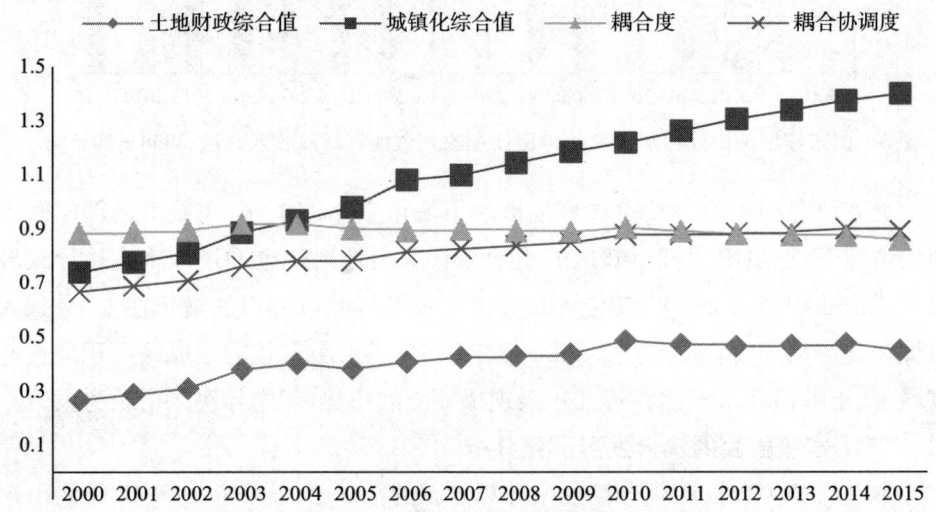

图5　山东省土地财政与城镇化耦合协调时序变化（2000—2015年）

向前演进的发展态势：土地财政与城镇化之间的耦合效应逐步增强，土地财政对于城镇化发展的促进作用日益显著，城镇化的发展对于土地财政的推动作用也随之增强。城镇化指标综合值和土地财政指标综合值在2000—2015年间一直均保持上升趋势，耦合度指标在2000—2004年间稳步增长，之后受土地财政综合值的影响一直处于波动状态。就耦合协调度来看,山东省土地财政与城镇化的耦合协调度的数值均高于 0.6,2002 年之后协调类型由次级协调提高到了中级协调,耦合协调度从过渡阶段提升到了协调发展阶段。说明耦合协调度的增长速度快慢主要是受土地财政综合值影响。综上,2002 年是山东省耦合协调度数据协调类型变化的拐点,2010 年是山东省耦合协调度数据变化由上升趋于平稳波动的拐点;山东省土地财政与城镇化间的耦合协调程度逐年提高,增长速度趋于平稳,两个系统之间的相互关系和协同作用机制不断优化。

(三) 地市层面耦合协调发展历程分析

根据 2000—2015 年山东省 17 个地市的土地财政综合评价值和城镇化综合评价值及相关数据,可求出 17 地市的耦合协调度(表3),耦合协调度分布情况见图6。

表3 山东省东、中、西部各地市土地财政与城镇化耦合协调度(2000—2015 年)

地区	城市	2000—2001		2002—2010		2011—2015	
东部	青岛市	0.707	(中级协调)	0.816	(良好协调)	0.879	(良好协调)
	东营市	0.669	(次级协调)	0.762	(中级协调)	0.844	(良好协调)
	烟台市	0.668	(次级协调)	0.773	(中级协调)	0.863	(良好协调)
	潍坊市	0.672	(次级协调)	0.756	(中级协调)	0.835	(良好协调)
	威海市	0.692	(次级协调)	0.790	(中级协调)	0.891	(良好协调)
	日照市	0.658	(次级协调)	0.751	(中级协调)	0.836	(良好协调)
	均值	0.678	(次级协调)	0.775	(中级协调)	0.858	(良好协调)
中部	济南市	0.698	(次级协调)	0.817	(良好协调)	0.908	(高级协调)
	淄博市	0.657	(次级协调)	0.783	(中级协调)	0.839	(良好协调)
	泰安市	0.674	(次级协调)	0.780	(中级协调)	0.875	(良好协调)
	莱芜市	0.645	(次级协调)	0.769	(中级协调)	0.827	(良好协调)
	临沂市	0.655	(次级协调)	0.781	(中级协调)	0.847	(良好协调)
	均值	0.666	(次级协调)	0.786	(中级协调)	0.859	(良好协调)
西部	枣庄市	0.670	(次级协调)	0.767	(中级协调)	0.865	(良好协调)
	济宁市	0.671	(次级协调)	0.773	(中级协调)	0.862	(良好协调)
	德州市	0.685	(次级协调)	0.766	(中级协调)	0.867	(良好协调)
	聊城市	0.690	(次级协调)	0.784	(中级协调)	0.859	(良好协调)
	滨州市	0.680	(次级协调)	0.775	(中级协调)	0.860	(良好协调)
	菏泽市	0.637	(次级协调)	0.739	(中级协调)	0.819	(良好协调)
	均值	0.672	(次级协调)	0.767	(中级协调)	0.855	(良好协调)

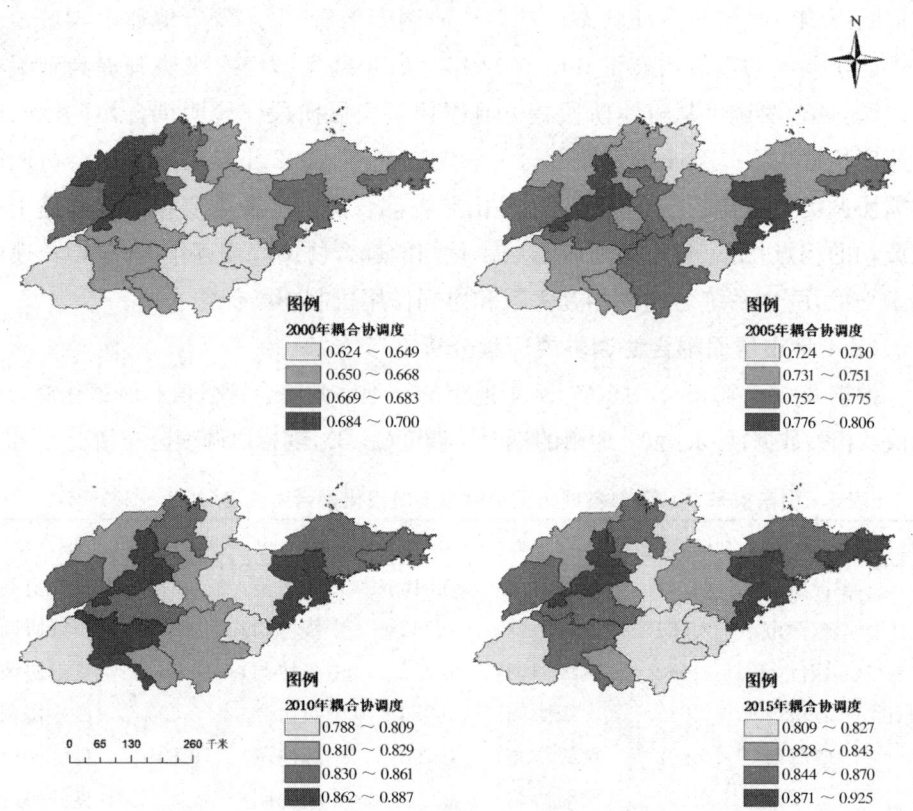

图 6　山东省 17 地市土地财政与城镇化耦合协调度分布图（2000—2015 年）

进一步探讨山东省土地财政与城镇化耦合协调度的空间格局分布特征，分东部、中部、西部三个空间格局，结合上文时间演进情况选取特征时间点分三个时间段来显示协调关系的时空分布，为直观显示分布情况，对下属各地市的协调取平均并绘制空间分布图。

据表3、图7，山东省17地市东、中、西三大地区主要呈现以下特征：① 山东省土地财政与城镇化耦合协调度较高的地市主要分布在东、中部地区，以青岛市最为突出，无论是2000—2001年的0.707（中级协调）还是2002—2010年的0.816（良好协调），均领先于全省其他地市。② 东、中、西部地区之间耦合协调度（均值）差异较小，地区内部各地市之间耦合协调度差异相对较大。2000—2001年间，东、中、西三大地区之间耦合协调度最大差值为0.012，东部地区内部各地市之间耦合协调度最大差值为0.049，中部地区内部各地市之间耦合协调度最大差值为0.053，西部地区内部各地市之间耦合协调度最大差值为0.053；同一地区内部各地市之间的最大差值为地区之间最大差值的 4.42 倍。③ 山东省东、中、西部地区在 2000—2001 年、2002—2010 年间、2011—2015 年间耦合协调度变化趋势存在差异:2000—2001 年间东部地区的耦合协调度最高,为 0.678;2002—2010 年间,中部地区耦合协调度的增幅超过东部和西部地区,其耦合协调度为 0.786,成为首位;2011—2015 年间,虽然东部地区和中部地区之间耦合协调度差别无几,但西部地区的耦合协调度增长幅度最大,达到 0.088,进一步缩小了和其他两个地区之间的差距。总体来看,2000—2015 年间东部地区耦合协调度的年均增长率为 1.679%,中部地区为 1.737%,西部地区为 1.586%,中部地区耦合协调度的增长幅度最高。④ 2000—2015 年间,山东省东、中、西部地区和各地市之间的差距逐步减小,2000—2001 年间各地区之间耦合协调度的最大差值为 0.012,2011—2015 年间最大差值为 0.004。说明随着社会经济的发展,城镇化水平的不断提高,各地市之间土地财政与城镇化的耦合协调性逐步优化。

综上,虽然近年来土地财政相关收入比例有所下降,但是城镇化建设水平却在稳步提高,这使得土地财政与城镇化的耦合协调度在一个较高的水平上波动,山东省的土地财政与城镇化耦合协调度的发展逐渐呈平稳态势,两个系统间的相互作用使其效应不断优化,日趋完善。地方政府应该重视土地财政指标,积极引导土地财政与城镇化之间的正向作用。

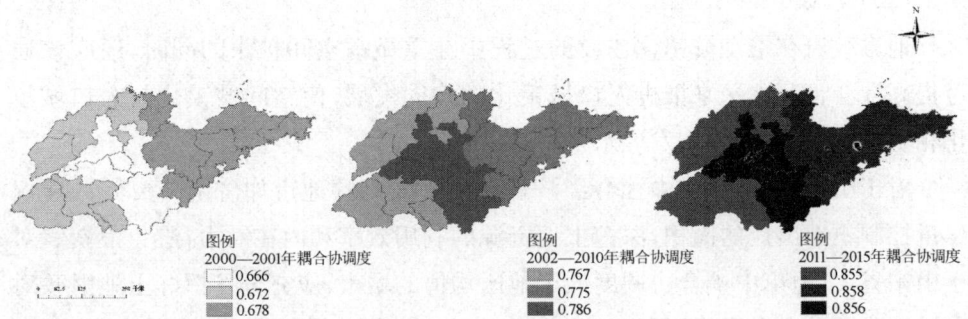

图 7　山东省东、中、西部地区土地财政与城镇化耦合协调度均值分布图(2000—2015 年)

四、结论与建议

(一) 结论

本文在研究分析土地财政与城镇化耦合协调发展作用机理的基础上,建立土地财政系统评价指标体系、城镇化系统评价指标体系，并进一步构建耦合协调度模型，对山东省2000—2015年的17个地市相关数据的耦合协调关系进行实证分析，主要得出以下结论：

从时间层面来看，2000—2015年山东省的土地财政与城镇化综合指标值整体呈增长趋势，但城镇化综合指标值的增长趋势相对于土地财政综合指标的增长趋势更高。土地财政综合值在2005年、2011年、2012年和2015年出现下降，虽然幅度很小，但相对于城镇化的整体发展，依旧显现出了一定程度上的"超前—同步—滞后"演变特征。从耦合协调关系的角度来说，2000年起山东省土地财政与城镇化的耦合协调度整体呈上升趋势，且逐渐优化，耦合协调度的数据结果自2002年后均高于0.7的过渡阶段，达到了协调发展阶段。但近年来受土地财政综合值下降的影响，山东省土地财政与城镇化的耦合协调度开始出现下降的趋势。

从空间格局来看，2000—2015年间，山东省东、中、西部地区各地市的耦合协调度逐步提高，土地财政与城镇化之间表现出逐步优化的促进关系。三大地区之间耦合协调度的差异不大，东、中部地区的耦合协调度略高于西部。由于不同地市之间发展程度和现状存在差异，对土地的需求程度和对土地财政的依赖也呈现出阶段性的特点。

（二）建议

地方政府在推动城镇化建设的过程中注重城镇空间扩张的同时，还应该通过提高社会福利水平来推进人口城镇化的协同发展，使空间城镇化与人口城镇化相协调，努力提高城市发展水平。

对于山东省17地市中社会经济发展水平较高的地市如济南、青岛等，建议尽量控制土地出让的面积，深挖土地资源的利用效率和内在潜力，避免浪费。对于山东省17地市中耦合协调度低于地区均值的城市，应充分发挥好土地财政对于城镇化的正向引导作用，积极将土地收益应用到经济发展建设上来。对于山东省经济欠发达的地市而言，建议通过提高社会福利水平，完善该地区的住房、教育和医疗卫生保障，来推进城镇化的建设，促进产业升级，招商引资，改善投资环境，以拉动地区经济增长，实现社会经济的快速可持续发展。

目前，我国正处于新型城镇化战略的稳步推进时期，加快实施以促进人的城镇化为核心、提高质量为导向的新型城镇化战略，完善土地财政与城镇化之间的正向促进作用，以期为史胜全面建成小康社会提供有力保障。同时，地方政府还应做好土地的"供给侧改革",减少对土地财政的依赖,要协调好土地财政与城镇化的发展过程。另外,还应规范好土地交易流程,完善土地出让市场。做到因地制宜利用土地,探究适合自己的发展方向,借助现有区域优势发展特色产业,提高土地资源的高效合理配置,推动产业结构优化升级,促进社会经济的可持续发展。

参考文献:

[1] 崔军,杨琪.新世纪以来土地财政对城镇化扭曲效应的实证研究——来自一二线城市的经验证据[J].中国人民大学学报,2014,28(01):55-64.

[2] 王玉波.土地财政与城市用地规模关系地域差异研究[J].中国人口·资源与环境,2015,25(04):76-83.

[3] 王玉波.土地财政对城市化的正负效应[J].同济大学学报(社会科学版),2013,24(04):56-62.

[4] 陈莹,杨芳玲.中国城镇化与土地财政耦合协调关系研究——基于省级面板数据的分析[J].南京农业大学学报(社会科学版),2018,18(01):106-114.

[5] 蔡继明,程世勇.中国的城市化:从空间到人口[J].当代财经,2011(02):78-83.

[6] 王玉波.土地财政构成要素时空差异与调控政策研究[J].中国土地科学,2016,30(07):22-32.

[7] 刘琼,欧名豪,盛业旭,等.不同类型土地财政收入与城市扩张关系分析——基于省际面板数据的协整分析[J].中国人口·资源与环境,2014,24(12):32-37.

[8] 王德起,钟顺昌.房价与城市空间扩张[J].土地经济研究,2016(02):40-55.

[9] 周黎安.晋升博弈中政府官员的激励与合作——兼论我国地方保护主义和重复建设问题长期存在的原因[J].经济研究,2004(06):33-40.

[10] 谢保鹏,朱道林,张立新.基于土地财政的地方政府债务规模扩张实证研究[J].土地经济研究,2017(01):109-123.

[11] 唐鹏,周来友,石晓平.地方政府对土地财政依赖的影响因素研究——基于中国1998—2010年的省际面板数据分析[J].资源科学,2014,36(07):1374-1381.

[12] 胡喜生,洪伟,吴承祯.福州市土地生态系统服务与城市化耦合度分析[J].

地理科学,2013,33(10):1216-1223.
[13] 李焕,吴宇哲.土地功能与土地制度的多样性及耦合[J].土地经济研究,2016(02):56-64.
[14] 李秋颖,方创琳,王少剑,等.山东省人口城镇化与空间城镇化协调发展及空间格局[J].地域研究与开发,2015,34(01):31-36.
[15] 薛翠翠,冯广京,张冰松.城镇化建设资金规模及土地财政改革——新型城镇化背景下土地财政代偿机制研究评述[J].中国土地科学,2013,27(11):90-96.

Space-time Pattern of the Coupling Development of Land Finance and Urbanization in Shandong

Xin Zongfei[1], Peng Wenlong[1], Lv Xiao[1,2]

(1. College of Geography and Tourism, Qufu Normal University,
Shandong Rizhao 276826, China;
2. Key Laboratory of Coastal Zone Exploitation and Protection,
Ministry of Natural Resources of China, Jiangsu Nanjing 210017, China)

Abstract: The index system of land finance and urbanization was constructed and the index weight is calculated by entropy method to calculate the development level of land finance and urbanization in Shandong Province in the past 2000—2015 years. The coupling coordination degree model is built to analyze the coupling effect and temporal spatial pattern of land finance and urbanization in Shandong province. The results show that: (1) the degree of coupling and coordination between land finance and urbanization in Shandong is increasing year by year, and the coupling relationship is in a coordinated development stage, which is highly coordinated. (2) Shandong's land finance and urbanization are mainly located in the central region, the difference of coupling coordination between eastern, central and western regions is relatively small, and the degree of coupling coordination between different regions is relatively high. (3) in the 2000—2015 years, the annual growth rate of coupling coordination degree in the eastern region was 1.679%, that in the central region was 1.737%, and that in the western region was 1.586%.

Key Words: Land finance; Urbanization; Coupling effect; Coordination; Shandong province

近十年海外土地经济研究进展

袁苑[1]，黄劲秋[2]，黄贤金[1]

(1. 南京大学地理与海洋科学学院，南京 210023；
2. 南京大陆土地房地产评估有限公司，南京 210008)

摘　要　为了更全面地掌握土地经济学的国际研究进展，利用 CiteSpace 软件对 2009—2018 年期间收录在 Web of Science 核心合集中的海外土地经济研究相关文献进行计量分析，系统地总结了近十年来海外土地经济研究的分布特征、基础领域、研究热点及其演化路径。结果表明土地经济问题在受到越来越多海外学者研究关注的同时，也体现了不断增强的研究影响力，研究方向则呈现多元化态势，研究主要集中在美国、英国等欧美国家，这些国家同时也在国际合作研究中发挥了重要作用；土地交易研究、土地可持续利用研究和土地产权制度研究构成了近十年土地经济的研究基础领域；近十年的研究热点则具有阶段性特征，总体趋势是从集中到发散，反映出土地经济研究随着时代背景的变换而不断发展的特点。未来一段时间内国际土地经济研究将延续持续增加的研究数量、多学科的研究视角、国际间的合作发表的研究趋势。

关键词　土地经济；海外研究；CiteSpace；研究特征

　　土地经济学(land economics)是研究土地利用中人与土地以及与此相关的人与人之间关系的一门科学，在土地科学学科体系中具有重要性、先导性和基础性作用，其研究内容和成果为土地资源的利用与管理提供了关键的理论与方法支撑[1]。由于土地经济学受产业经济学、区域经济学、行为经济学、制度经济学等多个经济学科的影响，同时也和公共管理、地理学、生态学、城市规划等学科密切相关，因此其研究的深度和广度随着社会经济发展和土地资源所面临的新问题在不断拓展。近十年来随着我国对土地经济问题的重视，国内的相关研究也

收稿日期：2019-2-20
基金项目：国家自然科学基金项目(41571162)
作者简介：袁苑(1994—)，女，江苏镇江人，博士研究生，主要研究方向为土地经济与政策。

逐渐增多,但在国际主流研究中的影响力有待加强。西方是土地经济学的发源地,也是土地经济研究较为集中的区域,而目前国内尚缺乏对海外土地经济研究进展的系统综述,现有的土地经济学研究综述多以一年为研究期,缺乏具有系统性和整合性的研究[2-4]。

为了更全面地掌握土地经济学的国际研究进展,促进国内外研究的衔接与争鸣,本文采用文献计量分析方法,利用 CiteSpace 软件对 2009—2018 年期间收录在 Web of Science 核心合集中的海外土地经济研究相关文献进行分析,以期取得以下三个方面的目标:(1) 明确近十年来海外土地经济研究在时间、研究方向、来源期刊、研究地区等方面的分布特征;(2) 结合科学知识图谱的形式识别土地经济研究的基础领域及高引用量的关键文献;(3) 客观系统地总结近十年来的研究热点及其演化路径。

一、数据收集与研究方法

数据收集需要经过选择文献来源和确定检索条件两个步骤。本研究选择的文献数据来源于 Web of Science(WoS)的核心合集,以科学引文索引扩展(SCI-EXPANDED)、社会科学引文索引(SSCI)、艺术与人文科学引文索引(A&HCI)为核心,涵盖了自然科学、社会科学、人文艺术等众多领域大约 12000 种主要的学术期刊并提供强大的检索结果和引文分析功能,是目前世界上最权威的文献数据库[5]。

确定了文献来源之后需要设置合适的检索条件,以收集相关度最高、涵盖面最广的研究文献,从而清晰准确地刻画近十年来海外土地经济研究进展。首先设置时间跨度为 2009—2018 年,根据已有研究综述对土地经济研究内容的界定[6-7],在标题中使用 "land price" "land market" "land value" "land tenure" "land acquisition" "land grab" "land expropriation" "land policy" "land management" "land reform" "land system" 以及主题中使用 "land economics" 来搜索与土地经济学相关的文献,在去除了来自中国地区的研究后,得到 1664 个结果;进一步筛选文献类型为 article,review,book review 和 book chapter,滤除了 editorial material 和 proceedings papers 等类型的出版物以保证文献的科学性和研究性,最终将 1475 篇研究文献纳入分析。

文献计量分析是定量地对某一研究领域的发展历程、研究热点等特征进行分析并区别于主观判断的文献梳理方法。CiteSpace 作为科学文献计量软件，可以通过引文分析和可视化分析函数生成知识领域的可视化图谱，以揭示研究的基础领域和热点演进的路径[8]，目前该工具已经在包括土地科学研究在内的多个领域得到了应用和解释[9-12]。本研究利用 CiteSpace(5.1.R8)软件对研究国家（地区）、基础领域、研究热点及其演化进行可视化分析，同时借助 WoS 的检索分析功能对文献发表的时间、研究方向和来源期刊的分布特征进行统计和分析。

二、研究分布特征

（一）时间分布特征

时间分布包括文献发表数量和被引次数两个方面的特征，其中文献发表数量可以直观地反映研究关注度及其发展阶段，被引次数是体现该领域影响力和知识积累的重要指标。整体来看，2009—2018 年海外土地经济文献发表数量呈波动上升趋势，从 2009 年的 97 篇上升至 2018 年的 185 篇，发文量最高的年份是 2016 年(199 篇)；总被引次数则从 2009 年仅有的 29 次逐年攀升至 2017 年的 2691 次，并首次超过了发文数量(图 1)。

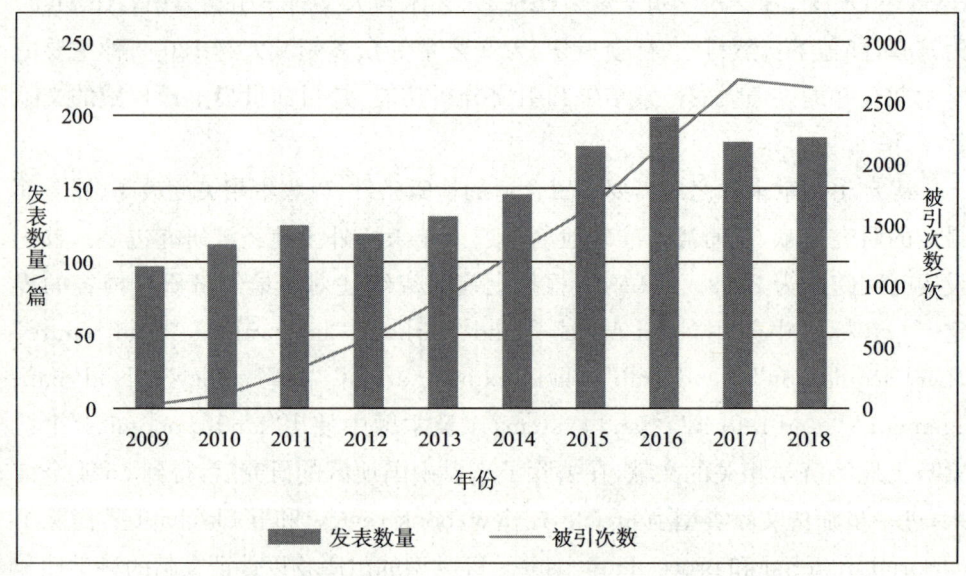

图 1　2009—2018 年海外土地经济研究发表数量和被引次数分布

(二) 研究方向分布特征

研究方向的分布反映了研究所属的学科门类或分支,通过统计可得前10个研究分布的主要领域由高到低依次是生态环境科学(31%)、经济与工商管理(12%)、农学(11%)、公共管理(10%)、地理学(7%)、区域研究(6%)、历史学(5%)、城市研究(4%)、人类学(4%)和行政法学(4%),占所有文献的94%(图2),其他的研究方向还包括地质学、社会学、遥感、交通、女性研究等。

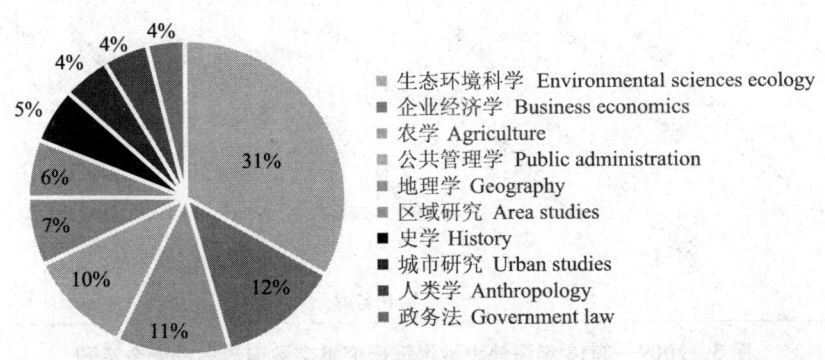

图2　2009—2018年海外土地经济文献数量最多的前十个研究方向

(三) 来源期刊分布特征

对文献所在的期刊进行数量统计,共涉及期刊多达696种,列举了收录文献数量最多的10种期刊(图3)。除了收录土地经济研究较多的期刊如 Land Use Policy、Journal of Peasant Studies 和 World Development,其数量分别占总文献数的6%、3%和2%,其他期刊收录的文献数量仅占总文献数量的1%或以下,研究在期刊中的分布较为广泛。

(四) 研究地区分布特征

研究地区是指研究机构所属的国家或地区,通过在CiteSpace软件中通过生成合作国家(地区)关系网络图谱,考察国家(地区)文献发表频次与合作状况。具体的参数设置为:时区(Time Slicing)为2009—2018年,跨度(Year Per Slice)为1年;为保证充足的数据量以产生较明确的结果,在节点类型(Node Types)中同时选择节点为国家(地区)(Country/Area)和机构(Institutions);设置提取每个时间段切片前50个高频出现的节点(Top n Per Slice=50)。

在生成的图谱中,节点的外圈越大表示参与发表的论文越多(图4);两节点间的合作性用连接线和中介度(betweenness centralities)指标来表示,连线的粗

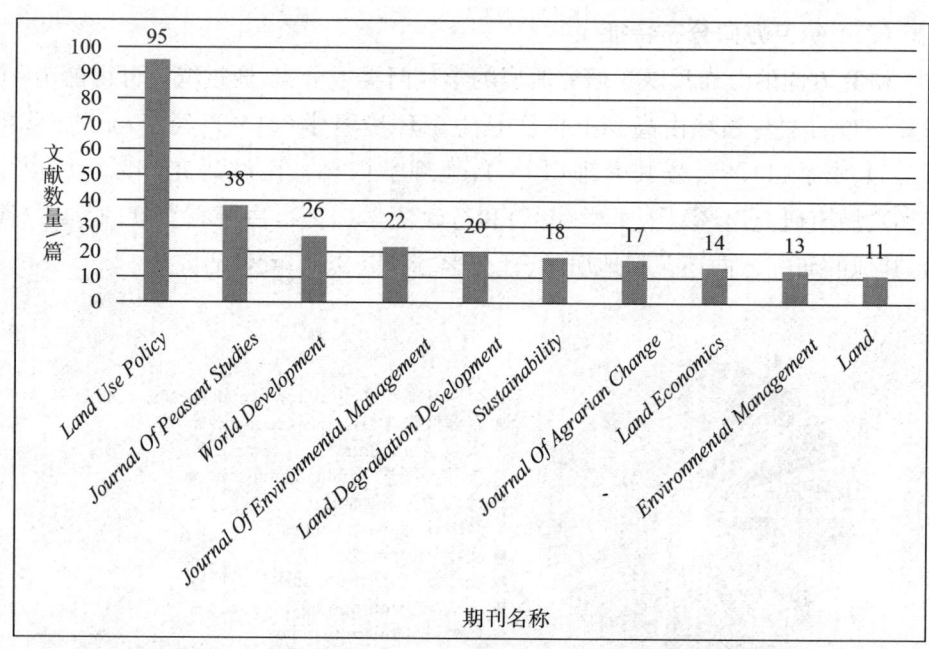

图3 2009—2018年海外土地经济研究发文数量最多的十个期刊

细程度与中介度的大小成正比，中介度数值越大的节点越能起到合作联系、发挥关键节点的作用[12]。

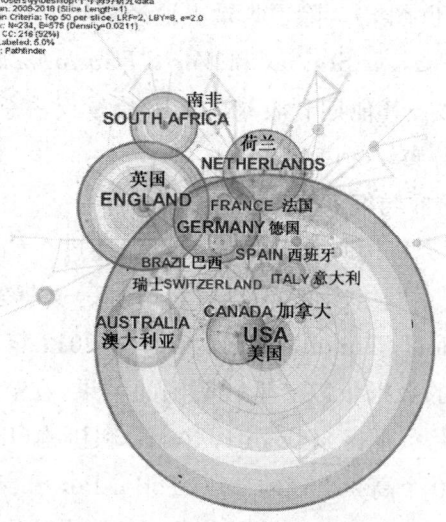

图4 国家（地区）间的关系网络图谱

结果显示,共有来自117个海外国家的研究机构发表了土地经济研究的文献,其中美国最多、英国其次,分别占总发文量的28%和11%。机构发文量最多的前10个国家中,仅有南非和巴西是发展中国家,其余8个国家均是经济发达国家,除了澳大利亚均是欧美国家。关键节点依次是英国、美国、加拿大等(表1),说明这些国家在文献发表和国际合作研究中均发挥了较为重要的作用。

表1 2009—2018年海外土地经济文献数量最多的前十个国家及其中介度

国家名称	发表频次	中介度
美国	410	0.2
英国	158	0.23
德国	110	0.17
荷兰	104	0.14
澳大利亚	103	0.08
南非	84	0.15
加拿大	77	0.19
西班牙	64	0.05
法国	51	0.04
巴西	48	0.08

三、研究基础领域分析

从文献计量的视角,研究基础领域即前期重要文献的集合,具体表现为文献共被引的聚类,通过CiteSpace的引文分析功能可实现研究基础领域及关键文献的识别。具体的参数设置为:设置时区(Time Slicing)为2009—2018年,跨度/时间切割值(Year Per Slice)为2年;节点类型(Node Types)中选择节点为共被引文献(Cited Reference),设置提取每个时间段切片前50个高频出现的节点(Top n Per Sli ce=50)。

在生成的共被引聚类网络图谱中,每个聚类的标签用该聚类引文的施引文献的主题词来进行标记,反映高频出现的研究内容;同时显示了该聚类中高被引文献的作者及年份,即该领域的关键文献(图5)。

结果显示，共产生了400个节点、714条连线、平均轮廓值（modularity）为0.7963①，满足分析的合理性要求。通过对关键文献的研读，进一步将生成的聚类归纳成土地交易、土地可持续利用和土地产权制度3个主要的研究领域并具体阐释。

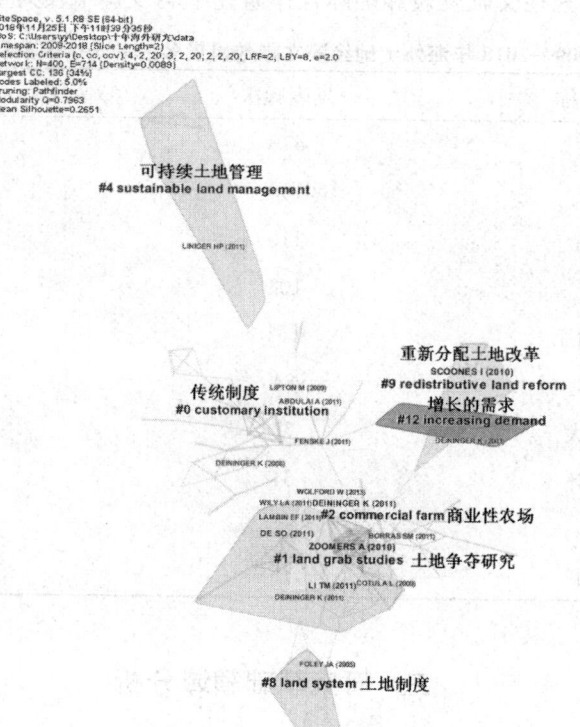

图5　共被引聚类网络图谱

（一）土地交易研究

在2007—2008年金融危机和食物价格持续上涨的背景下，进口依赖型国家开始重视通过进口来保障国内的粮食供给，尤其是对发展中国家耕地进行大规模的征购，这一土地交易机制的运行引起了广泛的争论（表2）。

以世界银行（World Bank）组织出版的一系列聚焦全球耕地交易的研究成果为代表，耕地的全球交易市场成为重点研究领域，并产生了深远的影响。Klaus Deininger等在2011年发表的研究通过分析全球土地交易的典型案例与

---

① 一般认为，平均轮廓值在0.4～0.8时，图谱结果可以满足分析要求。

实证数据探讨并预测了潜在的需求与可能的供给,为耕地资源丰富的国家进行战略决策提供了翔实的参考信息[13]。Klaus Deininger 于同年发表的研究则探讨了大规模投资于耕地征用带来的挑战[14]。Olivier De Schutter 多维度地批判了这一土地市场机制,指出耕地的国际贸易对被征用国家构成的风险不仅在于这些欠发达国家治理能力的不足,还包括减贫的机会成本、承受粮价冲击能力的削弱、现有土地使用者商业压力的加剧[15]。Annelies Zoomers 从过程的角度揭示了导致非洲、亚洲和拉丁美洲土地所有权和土地使用发生根本变化的主导因素[16]。Lorenzo Cotula 等以发生在撒哈拉以南非洲地区的大规模耕地交易为研究对象,辩证地分析了非洲耕地贸易带来的风险与机会[17]。

表2 土地市场领域关键研究

年份	作者	文献/著作名称	被引量	中介度
2009	Lorenzo Cotula	Land grab or development opportunity? Agricultural investment and international land deals in Africa	1211	0.05
2011	Klaus Deininger & Derek Byerlee	Rising global interest in farmland: Can it yield sustainable and equitable benefits?	1202	0.05
2010	Annelies Zoomers	Globalisation and the foreignisation of space: seven processes driving the current global land grab	689	0.02
2011	Olivier De Schutter	How not to think of land-grabbing: three critiques of large-scale investments in farmland	676	0.02
2011	Klaus Deininger	Challenges posed by the new wave of farmland investment	303	0.00

（二）土地可持续利用研究

随着社会经济可持续发展战略的实施,土地可持续利用已被推向全球可持续发展的战略高度,与持续土地管理(sustainable land management)的内涵基本一致。近十年来,土地可持续利用研究持续探讨了保护耕地、生物多样性等资源环境与保障农业生产、粮食安全等生产之间实现相互协调的机制与路径(表3)。

一方面,研究聚焦与土地资源利用紧密相关的环境问题。在全球范围内,旱地作为一种特殊的土地利用类型面临着严峻的挑战,James F. Reynolds 等构建了旱地科学的发展范式(drylands development paradigm),致力于解决荒漠化和旱地发展的固有复杂性,从而识别并整合研究、管理和政策制度的重要因素[18]。Eric F. Lambin 和 Patrick Meyfroidt 则着眼于土地系统科学,强调了土地系统在协调生产发展与资源环境保护中的作用,通过分析部分热带地区发展中国家在经济全球化以及耕地稀缺的背景下,同时做到提高食物产量和保护森林生态系统的典型案例,得出在政策设计的过程中需要从全球规模视角将土地变化理解为开放系统中的重要一环[19]。针对自然环境商品化的趋势,James Fairhead 等提出了绿色掠夺(green grabbing)的概念,即以土地等资源为代价来换取粮食、燃料等环境终端产物的现象,反思了在新自由主义经济条件下自然环境的商品化是如何导致不同环境下的农业格局发生重大变化的[20]。

另一方面,为了实现以最小的资源环境代价满足食物增长需求的可持续性目标,学者们在两种不同的土地利用方式的选择上有大量的比较和争论。一种是土地余留(land sparing),即在保障农业实现高产量的同时防止自然栖息地变成农用地;另一种则是土地共享(land sharing),即在同一地块同时实现两种目标。支持第一种土地余留方式的以 Ben Phalan 等的研究为代表,他们比较了在加纳和印度北部的粮食产量以及鸟类和树的密度在不同农业强度地区的分布,发现相对于正外部性影响,更多的物种尤其是在全球分布范围小的物种受农业生产的负外部性影响,因此认为土地余留能够将食物生产的负面影响最小化,从现状和趋势来说是一种更加合理的策略[21];相对地,支持另一种土地共享方式的以 Teja Tscharntke 等的研究为代表,他们认为目前发展中国家应对全球粮食安全的路径并非大规模耕作农业,而是小农占主导地位的土地共享生产方式,主要原因在于生物多样性对生态系统服务发挥关键性作用,而这被土地余留理念所忽视,同时从粮食浪费、环境负外部效应等方面批判了以余留土地的方式进行农业集约化[22]。

表3 土地可持续利用领域的关键研究

年份	作者	文献/著作名称	被引量	中介度
2011	Eric F. Lambin & Patrick Meyfroidt	Global land use change, economic globalization, and the looming land scarcity	1529	0.01
2007	James Fairhead Reynolds et al.	Global Desertification: Building a Science for Dryland Development	1368	0.02

续表

年份	作者	文献/著作名称	被引量	中介度
2012	James Fairhead, et al.	Green Grabbing: a new appropriation of nature?	1030	0.00
2012	Teja Tscharntke, et al.	Global food security, biodiversity conservation and the future of agricultural intensification	1018	0.00
2011	Ben Phalan, et al.	Reconciling Food Production and Biodiversity Conservation: Land Sharing and Land Sparing Compared	971	0.00

（三）土地产权制度研究

土地产权制度与土地如何利用和有效合作紧密相关，尤其对于发展中国家来说，完善的土地产权制度是减缓贫困、改善福祉、促进发展的重要制度保障。近十年来，海外学者围绕非洲等发展中地区开展了大量土地产权制度研究（表4）。

Klaus W. Deininger 在为世界银行编写的土地政策研究报告中，强调了土地产权稳定性对于减缓贫困、吸引投资、积累财富的重要性，尤其是保障妇女等产权脆弱人群的社会和经济意义，还讨论了提升产权安全的不同机制及其利弊，提出完善的产权制度有助于以低成本维持土地管理系统的长期稳定[23]。此后，Klaus Deininger 与其他学者在 2006 和 2008 年先后合作发表了关于埃塞俄比亚土地产权问题的研究，强调了政府在保障土地产权的稳定、提高农村投资和生产力中起到的关键作用，为非洲其他国家提供了相关建议的同时也为后续的土地产权问题奠定了重要的研究基础[24-25]。

对于非洲产权制度安排的选择也有不少的争论。如 Pauline E. Peters 探讨了非洲土地制度的不平等与社会冲突之间的联系，批判了以往研究对非洲传统土地产权制度安排的片面赞誉，指出其弊端在于加剧土地争夺和社会冲突，而这些地方性冲突也体现了全球性，因此提倡在能够容纳包括商品化、结构调整、市场自由化和全球化等过程在内的开放领域讨论土地制度问题[26]。另一方面，Daniel W. Bromley 深入探讨了正式登记的土地产权制度对于撒哈拉以南非洲等欠发达地区的适用性问题，认为不应盲目把采用正式的登记制度作为唯一的选择，在此之前需要理清如何实现非洲经济发展的思路[27]。

表 4 土地产权制度领域的关键研究

年份	作者	文献/著作名称	被引量	中介度
2003	Klaus W. Deininger	Land policies for growth and poverty reduction: a world bank policy research report	1557	0.03
2010	Pauline E. Peters	Inequality and Social Conflict Over Land in Africa	602	0.00
2006	Klaus Deininger & Songqing Jin	Tenure security and land-related investment: Evidence from Ethiopia	538	0.02
2008	Klaus Deininger, et al.	Rural Land Certification in Ethiopia: Process, Initial Impact, and Implications for Other African Countries	343	0.01
2009	Daniel W. Bromley	Formalising property relations in the developing world: The wrong prescription for the wrong malady	264	0.03

四、研究热点及其演化路径分析

研究热点即在某个时间段内高频出现的研究内容,具体表现为施引文献使用的关键词,通过 CiteSpace 的关键词共现分析功能可实现研究热点领域的识别。具体的参数设置与引文分析功能的区别在于节点类型选择关键词(Keywords),最终生成以关键词为节点的共现网络图谱(图 6)。图谱含 116 个关键节点及 270 条连线,平均轮廓值为 0.5104,满足分析的合理性要求,生成了包括土地管理、土地产权、土地改革等在内的聚类以及相关的文献。

为了进一步探索研究热点演化的路径,在 CiteSpace 中选择时区(Timezone)视图(图 7),结合相关文献的具体分析,将研究分为 2009—2011 年、2012—2014 年和 2015—2018 年三个阶段,并归纳了每一阶段的研究重点。

(一) 2009—2011 年:土地改革、土地管理和土地产权

在此阶段,研究主要围绕土地改革(land reform)、土地管理(land management)和土地产权(land tenure)三个方面展开。其中涉及土地改革的文献最多,涉及土地管理的文献其次,土地产权相关文献则相对较少。

研究在实践和理论层面对土地改革均有探讨。从实践的角度,探讨了土地改革实践过程中国家与地方的关系[28],在争论中既有研究强调土地改革的重心

近十年海外土地经济研究进展　　　　　　　　　　　　　　　　　　　191

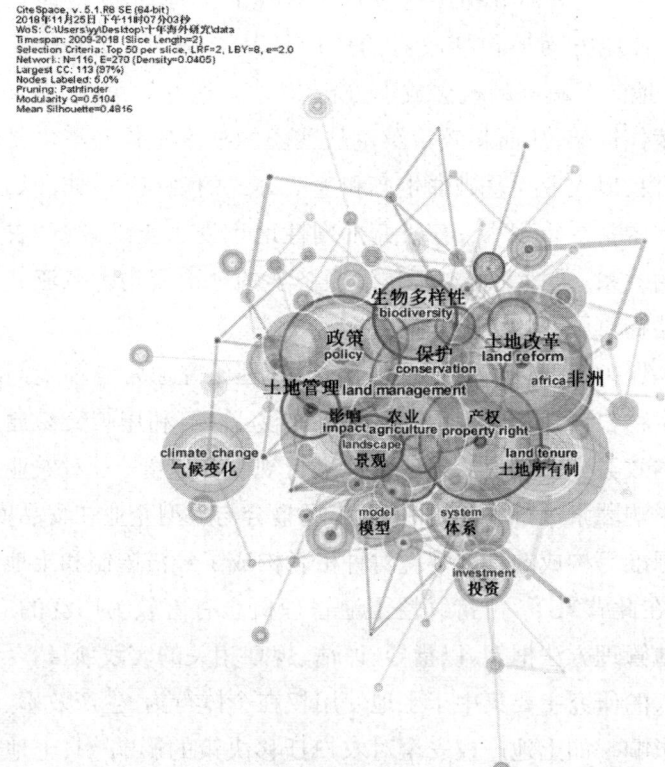

图6　关键词共现网络图谱

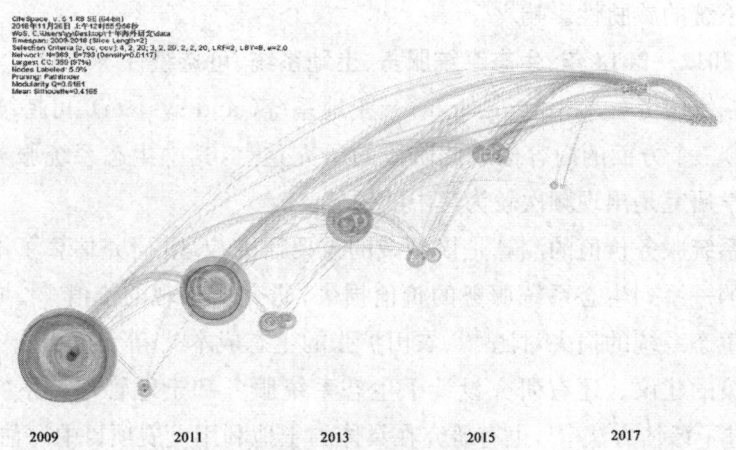

图7　关键词时区视图

应当转移到社区[29],也有研究指出通过将社区视为所有者,也可能强化了社区内的不平等[30];其他方面还包括政府的作用及其影响[31]、改革本身带来的影响[32]、对具体土地改革政策的机会成本分析[33]。从理论的角度,提供了土地改革"可行性"的替代框架,从而将政策辩论从狭隘的技术官僚经济主义转向更多元、更适合小规模、以农业为基础的生产和生活方式的观点[34];非洲妇女获得土地的相关权益问题备受重视[35];有研究批判性地审视了土地改革、农业政策与国家发展之间的关系,从马克思主义政治经济学的理论视角为东亚和拉丁美洲不同的发展道路提供了新的解释[36]。

随着环境和保护工作日益受到重视,土地管理研究通常与环境问题息息相关。如以保护生物多样性和减少温室气体排放为目标,利用碳交易通过对土地管理投资的成本效益分析实现对土地管理进行规划和完善[37];对农业生产者土地管理决策的影响因素进行了分析,认为市场整合与大型企业在食品安全、环境质量上强加的标准等构成的外部环境对种植者构成了经济限制和土地管理上的道德困境[38]。在此背景下,可持续性土地管理概念有着较为广泛的应用,通常被纳入综合土地管理方法框架,以指导、评估、规划相关的实践项目[39-42]。

对土地产权的研究主要集中于土地使用权在个体行为、生产效率、环境可持续性等方面的影响。如土地产权安全对农户迁移决策的影响[43]、土地使用权的差异对农民投资于土地改良和保护措施决策的影响[44]、土地使用权与农业生产力之间的关系以及现有文献结果的整合与综述[45-46]、土地使用权的变化对热带草原生态系统的威胁性影响[47]。

(二) 2012—2014 年:生态系统服务、土地系统、可持续性

生态系统服务(ecosystem service)、土地系统(land system)、可持续性(sustainability)三个方面的内容构成此阶段的研究重点,其中生态系统服务相关的土地经济学研究是出现频次较为集中的领域。

生态系统服务价值的测算是该领域的重要研究议题,研究估算了土地利用变化产生的一系列生态系统服务的价值损失,研究从景观的价值[48]、城市化收益与自然生态系统的损失对比[49]、农田扩张的生态成本[50]等角度提出了改进土地利用决策的建议。还有研究设计了生态系统服务和土地管理关系的评估框架[51]、改进了评估方法[52],也有研究在具体的土地利用发展项目中评估、量化了生态系统服务价值,从而有助于在私人利益和公共利益之间取得均衡[53-55]。

土地系统作为全球环境变化的驱动和响应,是人类如何处理与自然的关系

的核心[56]。在对土地系统的研究中,学者将地方层面的复杂系统思维与土地系统的宏观经济分析结合起来构建动力学模型,应用于土地利用决策[57];从全球或国家尺度对土地系统进行分类、制图和特征描述,并分析这些系统的生物物理、社会经济和文化条件等空间决定因素[58-60]。

关于可持续性的研究除了聚焦可持续的土地利用及其问题和挑战[61-62],也包括环境、经济、社会多维度的内涵。环境方面,强调了土地变化与城市化动态之间的联系,基于此改善了城市可持续发展和土地变化研究的概念框架及其发展和应用[63];从虚拟土地流动的角度分析了不同土地利用类型和饮食消费情景,得出饮食结构的改善可以促进虚拟土地进出口平衡并改善环境的可持续性[64];经济方面,总结了可持续发展形式的价值影响研究在房地产估价研究领域中的增长趋势[65];社会方面,以农村发展可持续性为重点,评估了中国退耕还林工程的经济、社会、环境影响[66]。

(三) 2015—2018 年:土地征收、土地市场、土地价值

这一阶段,学者主要围绕土地征收(land grab or land aquisition)、土地市场(land market)和土地价值(land value)展开了研究。其中土地征收问题是研究较为集中的领域。

土地征收问题,尤其是全球土地交易中的土地征购是从 2009 年开始被关注的重要议题,在近几年得到了持续的讨论。全球土地交易研究主要从土地出让国以及整体交易等视角展开:在土地出让国方面,研究主要集中在土地制度分析[67]、政策应对[68]以及影响效应分析[69];从整体交易来看,则主要在于买卖双方的土地交易动机[70-71]以及投资失败的经验分析[72]。一国之内的土地征收问题在此阶段既是我国的重要研究议题,也是部分其他发展中国家的研究重点之一,如对印度土地征收立法过程中制定补偿权的探讨[73],关注了加纳征地项目对当地农民生计的影响[74]。

土地市场作为土地交易过程中发生的经济关系的总和,近几年是学者关注的重要研究内容之一。学者利用定量数据构建了土地市场的模型,如利用空间数据或交易数据构建了房地产市场、农业地区土地市场的价格模型[75-77]。相对于城市土地市场,学者对农村土地市场的关注更为集中,如中国农村土地市场改革中农村户口与土地权利之间的关系[78],利用长时间序列数据考察欧洲地区农村土地市场的总体特征[79]。

土地价值研究中,交通设施对地价上升的影响是学者较为关注的领域[80-81],

估算了交通运输项目的土地价值[82],公共交通用地征收土地价值税[83];在新兴经济增长地区,主要关注通过房地产税对土地价值增长进行有效分配[84-86];也有通过经济实验研究了土地所有者对不同税收制度的接受度和效用性[87]。

五、结　论

本文利用 CiteSpace 软件对 2009—2018 年期间收录在 Web of Science 核心合集中的海外土地经济研究相关文献进行计量分析,从中可以得出关于土地经济国际研究进展的相关结论。

从研究分布特征来看,近十年海外土地经济文献发表数量和被引次数都处于上升趋势,且收录土地经济研究的期刊数量较多,说明土地经济问题在受到越来越多海外学者研究关注的同时,也体现了不断增强的研究影响力和知识的积累程度;研究方向的多元化态势则充分体现了土地资源和资产的双重属性及由此引发的多学科研究导向;土地经济研究主要集中在美国、英国、德国等欧美国家,英国、美国、加拿大等国家则在国际合作研究中发挥了重要的作用。

从研究内容来看,土地交易研究、土地可持续利用研究和土地产权制度研究构成了近十年土地经济的研究基础领域,这些领域中的高引用文献大多发表于 2003 年—2012 年之间;近十年的研究热点则具有阶段性特征,总体趋势是从集中到发散,2009—2011 年研究主要围绕土地改革、土地管理和土地产权展开,生态系统服务、土地系统以及可持续性则构成 2012—2014 年的研究重点,2014—2015 年的研究热点包括土地征收、土地市场以及土地价值,这也反映出土地经济研究随着时代背景的变换而不断发展的特点。

根据现有的研究态势,未来一段时间内国际土地经济研究将延续持续增加的研究数量、多学科的研究视角、国际间的合作发表的研究趋势。科学文献计量软件 CiteSpace 提供了对学科结构的洞察,并通过可视化的表达明确了研究的重点领域及其潜在关系。本研究填补了海外土地经济研究进展的系统分析的研究空白,有助于更全面地掌握土地经济学的国际研究进展,未来的研究可以考虑将中国学者的土地经济研究,尤其是发表在国际期刊上的研究纳入考察,借助 CiteSpace 等文献计量软件,从长时间序列上实现土地经济研究进展的综合分析。

参考文献:

[1] 黄贤金,陈志刚,钟太洋. 土地经济学[M]. 北京:科学出版社,2009.

[2] 藏波,张清勇,丰雷,等. 2014年土地科学研究重点进展评述及2015年展望——土地市场和土地制度分报告[J]. 中国土地科学,2015(2):87-96.

[3] 藏波,张清勇,丰雷,等. 2015年土地科学研究重点进展评述及2016年展望——土地经济分报告[J]. 中国土地科学,2016,30(2):76-85.

[4] 张清勇,刘青,魏彩雯,等. 2017年土地科学研究重点进展评述及2018年展望——土地经济分报告[J]. 中国土地科学,2018,32(2):72-80.

[5] Van Leeuwen T. The application of bibliometric analyses in the evaluation of social science research. Who benefits from it, and why it is still feasible [J]. Scientometrics,2006,66(1):133-154.

[6] 黄贤金,张安录. 土地经济学[M]. 北京:中国农业大学出版社,2008.14-15.

[7] 杨俊,黄贤金. 2014年土地经济学研究进展与展望[J]. 土地经济研究,2015(2):148-163.

[8] Chen C. CiteSpace Ⅱ: Detecting and visualizing emerging trends and transient patterns in scientific literature[J]. Journal of the American Society for information Science and Technology,2006,57(3):359-377.

[9] 张苗,兰梦婷,陈银蓉,等. 国外土地利用与碳排放知识图谱分析[J]. 中国土地科学,2017,31(3):51-60.

[10] 刘璐祯,周为吉,郑荣宝,等. 基于学科知识图谱的国内土地资源管理学科演进及其进展研究[J]. 中国农业大学学报,2017,22(1):189-202.

[11] 袁媛,林静,谢磊. 近15年来国外居民健康的邻里影响研究进展——基于CiteSpace软件的可视化分析[J]. 热带地理,2018,38(3):440-450.

[12] 王宏新,孟文皓,熊斯瑶. 基于CiteSpace的城市闲置土地研究:特征与热点演进(1990—2015年)[J]. 中国土地科学,2016,30(12):54-62.

[13] Deininger K, Byerlee D. Rising global interest in farmland: can it yield sustainable and equitable benefits? [R] Washington DC: The World Bank, 2011.

[14] Deininger K. Challenges posed by the new wave of farmland investment [J]. The journal of peasant studies, 2011,38(2):217-247.

[15] De Schutter O. How not to think of land-grabbing: three critiques of large-scale investments in farmland[J]. The Journal of Peasant Studies, 2011,38(2):249-279.

[16] Zoomers A. Globalisation and the foreignisation of space: seven processes driving the current global land grab[J]. The Journal of Peasant Studies, 2010,37(2):429-447.

[17] Cotula L. Land grab or development opportunity?: agricultural investment and international land deals in Africa[M]. London:Iied, 2009.

[18] Reynolds J F, Smith D M S, Lambin E F, et al. Global desertification: building a science for dryland development[J]. Science, 2007,316(5826): 847-851.

[19] Lambin E F, Meyfroidt P. Global land use change, economic globalization, and the looming land scarcity[J]. Proceedings of the National Academy of Sciences of the United States of America, 2011,108(9): 3465-3472.

[20] Fairhead J, Leach M, Scoones I. Green Grabbing: a new appropriation of nature? [J]. Journal of Peasant Studies, 2012,39(2):237-261.

[21] Phalan B, Onial M, Balmford A, et al. Reconciling Food Production and Biodiversity Conservation: Land Sharing and Land Sparing Compared[J]. Science, 2011,333(6047):1289-1291.

[22] Tscharntke T, Clough Y, Wanger T C, et al. Global food security, biodiversity conservation and the future of agricultural intensification[J]. Biological Conservation, 2012,151(1):53-59.

[23] Deininger K W. Land policies for growth and poverty reduction[M]. Washington DC:World Bank Publications, 2003.

[24] Deininger K, Jin S. Tenure security and land-related investment: Evidence from Ethiopia[J]. European Economic Review, 2006,50(5):1245-1277.

[25] Deininger K, Ali D A, Holden S, et al. Rural land certification in Ethiopia: Process, initial impact, and implications for other African countries [J]. World Development, 2008,36(10):1786-1812.

[26] Peters P E. Inequality and social conflict over land in Africa[J]. Journal of agrarian change, 2010, 4(3):269-314.

[27] Bromley D W. Formalising property relations in the developing world: The wrong prescription for the wrong malady[J]. Land Use Policy, 2009, 26(1):20-27.

[28] Bouquet E. State-led land reform and local institutional change: land titles, land markets and tenure security in Mexican communities[J]. World Development, 2009, 37(8):1390-1399.

[29] Sikor T, Müller D. The limits of state-led land reform: An introduction [J]. World Development, 2009, 37(8):1307-1316.

[30] Berry S. Building for the future? Investment, land reform and the contingencies of ownership in contemporary Ghana[J]. World Development, 2009, 37(8):1370-1378.

[31] Lund C. Fragmented sovereignty: land reform and dispossession in Laos [J]. Journal of Peasant Studies, 2011, 38(4):885-905.

[32] Simmons C, Walker R, Perz S, et al. Doing it for themselves: direct action land reform in the Brazilian Amazon[J]. World Development, 2010, 38(3):429-444.

[33] Ezzine-de-Blas D, Börner J, Violato-Espada A L, et al. Forest loss and management in land reform settlements: Implications for REDD governance in the Brazilian Amazon[J]. Environmental science & policy, 2011, 14(2):188-200.

[34] Cousins B, Scoones I. Contested paradigms of "viability" in redistributive land reform: perspectives from southern Africa[J]. The Journal of Peasant Studies, 2010, 37(1):31-66.

[35] Mutopo P. Women's struggles to access and control land and livelihoods after fast track land reform in Mwenezi District, Zimbabwe[J]. Journal of Peasant Studies, 2011, 38(5):1021-1046.

[36] Grinberg N, Starosta G. The Limits of Studies in Comparative Development of East Asia and Latin America: the case of land reform and agrarian policies[J]. Third World Quarterly, 2009, 30(4):761-777.

[37] Douglass L L, Possingham H P, Carwardine J, et al. The effect of carbon credits on savanna land management and priorities for biodiversity conservation[J]. PloS one, 2011,6(9):e23843.

[38] Stuart D. Constrained choice and ethical dilemmas in land management: Environmental quality and food safety in California agriculture[J]. Journal of Agricultural and Environmental Ethics, 2009,22(1):53.

[39] Schwilch G, Bestelmeyer B, Bunning S, et al. Experiences in monitoring and assessment of sustainable land management[J]. Land Degradation & Development, 2011,22(2):214-225.

[40] Nkony E, Winslow M, Reed M S, et al. Monitoring and assessing the influence of social, economic and policy factors on sustainable land management in drylands[J]. Land Degradation & Development, 2011,22(2):240-247.

[41] Reed M S, Buenemann M, Atlhopheng J, et al. Cross-scale monitoring and assessment of land degradation and sustainable land management: A methodological framework for knowledge management[J]. Land Degradation & Development, 2011,22(2):261-271.

[42] Kassie M, Zikhali P, Pender J, et al. The economics of sustainable land management practices in the Ethiopian highlands[J]. Journal of agricultural economics, 2010,61(3):605-627.

[43] Mullan K, Grosjean P, Kontoleon A. Land tenure arrangements and rural-urban migration in China[J]. World Development, 2011,39(1):123-133.

[44] Abdulai A, Owusu V, Goetz R. Land tenure differences and investment in land improvement measures: Theoretical and empirical analyses[J]. Journal of Development Economics, 2011,96(1):66-78.

[45] Place F. Land tenure and agricultural productivity in Africa: a comparative analysis of the economics literature and recent policy strategies and reforms[J]. World Development, 2009,37(8):1326-1336.

[46] Fenske J. Land tenure and investment incentives: Evidence from West Africa[J]. Journal of Development Economics, 2011,95(2):137-156.

[47] Abdulai A, Owusu V, Goetz R. Land tenure differences and investment in land improvement measures: Theoretical and empirical analyses[J]. Journal of Development Economics, 2011,96(1):66 – 78.

[48] Bateman I J, Harwood A R, Mace G M, et al. Bringing ecosystem services into economic decision-making: land use in the United Kingdom[J]. science, 2013,341(6141):45 – 50.

[49] Mendoza-González G, Martínez M L, Lithgow D, et al. Land use change and its effects on the value of ecosystem services along the coast of the Gulf of Mexico[J]. Ecological Economics, 2012,82:23 – 32.

[50] Carreño L, Frank F C, Viglizzo E F. Tradeoffs between economic and ecosystem services in Argentina during 50 years of land-use change[J]. Agriculture, Ecosystems & Environment, 2012,154:68 – 77.

[51] Van Oudenhoven A P E, Petz K, Alkemade R, et al. Framework for systematic indicator selection to assess effects of land management on ecosystem services[J]. Ecological Indicators, 2012,21:110 – 122.

[52] Brown G. The relationship between social values for ecosystem services and global land cover: an empirical analysis[J]. Ecosystem Services, 2013,5:58 – 68.

[53] Goldstein J H, Caldarone G, Duarte T K, et al. Integrating ecosystem-service tradeoffs into land-use decisions[J]. Proceedings of the National Academy of Sciences, 2012:201201040.

[54] Butler J R A, Wong G Y, Metcalfe D J, et al. An analysis of trade-offs between multiple ecosystem services and stakeholders linked to land use and water quality management in the Great Barrier Reef, Australia[J]. Agriculture, ecosystems & environment, 2013,180:176 – 191.

[55] Johnson K A, Polasky S, Nelson E, et al. Uncertainty in ecosystem services valuation and implications for assessing land use tradeoffs: an agricultural case study in the Minnesota River Basin[J]. Ecological Economics, 2012,79:71 – 79.

[56] Turner B L, Janetos A C, Verbug P H, et al. Land system architecture: using land systems to adapt and mitigate global environmental change

[R]. Richland: Pacific Northwest National Lab, 2013.

[57] Rounsevell M D A, Pedroli B, Erb K H, et al. Challenges for land system science[J]. Land use policy, 2012, 29(4): 899-910.

[58] Van Asselen S, Verburg P H. A Land System representation for global assessments and land-use modeling[J]. Global Change Biology, 2012, 18(10): 3125-3148.

[59] Václavík T, Lautenbach S, Kuemmerle T, et al. Mapping global land system archetypes[J]. Global Environmental Change, 2013, 23(6): 1637-1647.

[60] Niedertscheider M, Erb K. Land system change in Italy from 1884 to 2007: Analysing the North-South divergence on the basis of an integrated indicator framework[J]. Land Use Policy, 2014, 39: 366-375.

[61] Spiertz H. Challenges for crop production research in improving land use, productivity and sustainability[J]. Sustainability, 2013, 5(4): 1632-1644.

[62] Nesheim I, Reidsma P, Bezlepkina I, et al. Causal chains, policy trade offs and sustainability: Analysing land (mis) use in seven countries in the South[J]. Land Use Policy, 2014, 37: 60-70.

[63] Seto K C, Reenberg A, Boone C G, et al. Urban land teleconnections and sustainability[J]. Proceedings of the National Academy of Sciences, 2012, 109(20): 7687-7692.

[64] Meier T, Christen O, Semler E, et al. Balancing virtual land imports by a shift in the diet. Using a land balance approach to assess the sustainability of food consumption. Germany as an example[J]. Appetite, 2014, 74: 20-34.

[65] Krause A L, Bitter C. Spatial econometrics, land values and sustainability: Trends in real estate valuation research[J]. Cities, 2012, 29: S19-S25.

[66] König H J, Zhen L, Helming K, et al. Assessing the impact of the sloping land conversion programme on rural sustainability in Guyuan, Western China[J]. Land Degradation & Development, 2014, 25(4): 385-396.

[67] Pedersen R H. Access to land reconsidered: The land grab, polycentric

governance and Tanzania's new wave land reform[J]. Geoforum, 2016, 72:104-113.

[68] Fairbairn M. Foreignization, financialization and land grab regulation[J]. Journal of Agrarian Change, 2015, 15(4):581-591.

[69] Li T M. After the land grab: Infrastructural violence and the "Mafia System" in Indonesia's oil palm plantation zones[J]. Geoforum, 2018, 96:328-337.

[70] Hules M, Singh S J. India's land grab deals in Ethiopia: Food security or global politics? [J]. Land Use Policy, 2017, 60:343-351.

[71] Breu T, Bader C, Messerli P, et al. Large-scale land acquisition and its effects on the water balance in investor and host countries[J]. PloS one, 2016, 11(3):e150901.

[72] Schönweger O, Messerli P. Land acquisition, investment, and development in the Lao coffee sector: successes and failures[J]. Critical Asian Studies, 2015, 47(1):94-122.

[73] Nielsen K B, Nilsen A G. Law struggles and hegemonic processes in neoliberal India: Gramscian reflections on land acquisition legislation[J]. Globalizations, 2015, 12(2):203-216.

[74] Ablo A D, Asamoah V K. Local participation, institutions and land acquisition for energy infrastructure: The case of the Atuabo gas project in Ghana[J]. Energy Research & Social Science, 2018, 41:191-198.

[75] Filatova T. Empirical agent-based land market: Integrating adaptive economic behavior in urban land-use models[J]. Computers, environment and urban systems, 2015, 54:397-413.

[76] Dong G, Harris R, Jones K, et al. Multilevel modelling with spatial interaction effects with application to an emerging land market in Beijing, China[J]. PloS one, 2015, 10(6):e130761.

[77] Czyżewski B, Przekota G, Poczta-Wajda A. The incidence of agricultural policy on the land market in Poland: Two-dimensional and multilevel analysis[J]. Land Use Policy, 2017, 63:174-185.

[78] Andreas J, Zhan S. Hukou and land: market reform and rural displace-

ment in China [J]. The Journal of Peasant Studies, 2016, 43(4): 798–827.

[79] De Vijlder N. The Rural Land Market in Early Modern Inland Flanders and Brabant: A Long Run Perspective[J]. Rural History, 2018, 29(2): 115–143.

[80] Higgins C D, Kanaroglou P S. Forty years of modelling rapid transit's land value uplift in North America: moving beyond the tip of the iceberg [J]. Transport Reviews, 2016, 36(5): 610–634.

[81] Sharma R, Newman P. Can land value capture make PPP's competitive in fares? A Mumbai case study[J]. Transport Policy, 2018, 64: 123–131.

[82] Lavee D. Land use for transport projects: Estimating land value[J]. Land Use Policy, 2015, 42: 594–601.

[83] Wang Y, Potoglou D, Orford S, et al. Bus stop, property price and land value tax: A multilevel hedonic analysis with quantile calibration[J]. Land Use Policy, 2015, 42: 381–391.

[84] Goodfellow T. Taxing property in a neo-developmental state: The politics of urban land value capture in Rwanda and Ethiopia[J]. African Affairs, 2017, 116(465): 549–572.

[85] Vitriana A. Increase in Land Value due to Spatial Transformation in the Northern Part of the Bandung – Cimahi Peri-urban Region[J]. Journal of Regional and City Planning, 2017, 28(1): 70–80.

[86] Wenner F. Sustainable urban development and land value taxation: The case of Estonia[J]. Land Use Policy, 2018, 77: 790–800.

[87] Duke J M, Gao T H. An Experimental Economics Investigation of the Land Value Tax: Efficiency, Acceptability, and Positional Goods[J]. Land Economics, 2018, 94(4): 475–495.

Overseas Progress of Land Economics Research in the Past Ten Years

Yuan Yuan[1], Jinqiu Huang[2], Xianjin Huang[1]

(1. School of Geography and Ocean Science, Nanjing University, Jiangsu Nanjing 210023, China;
2. Nanjing Mainland Land & Real Estate Appraising Co., Ltd.)

Abstract: In order to grasp the international progress of land economics research more comprehensively, we use CiteSpace software to analyze overseas land economic research literature included in the Web of Science Core Collection for the period 2009—2018, including systematically summarizing the distribution characteristics, basic research fields, research hotspot and its evolution path of overseas land economic research for nearly a decade. The results show that while land economy has attracted more and more attention, it also reflects the increasing research influence and the research orientations are more diversified. The research is mainly concentrated in the United States, Britain and other European and American countries, which also play an important role in international cooperative research. Land transaction research, land sustainable use research and land property right system research constitute the basic research field of land economy in the past decade. In recent ten years, research hotspots have periodical characteristics, and the general trend is from concentration to divergence, which reflects the characteristics of the continuous development of land economic research with the changing background. In the foreseeable future, international research on land economy will continue to increase in number, multi-disciplinary perspectives and international cooperation.

Key Words: Land economy; Overseas research; CiteSpace; Research characteristics

图书在版编目(CIP)数据

土地经济研究.11 / 黄贤金,严金明主编.—南京:南京大学出版社,2019.6
ISBN 978-7-305-22233-7

Ⅰ.①土… Ⅱ.①黄… ②严… Ⅲ.①土地经济学—研究 Ⅳ.①F301

中国版本图书馆CIP数据核字(2019)第104181号

出版发行	南京大学出版社
社　　址	南京市汉口路22号　　邮　编 210093
出 版 人	金鑫荣
书　　名	土地经济研究(11)
主　　编	黄贤金　严金明
责任编辑	杨　博　吴　汀　　编辑热线　025-83595840
照　　排	南京紫藤制版印务中心
印　　刷	江苏扬中印刷有限公司
开　　本	718×1000　1/16　印张 13.25　字数 226千
版　　次	2019年6月第1版　2019年6月第1次印刷
ISBN	978-7-305-22233-7
定　　价	39.00元

网址:http://www.njupco.com
官方微博:http://weibo.com/njupco
官方微信号:njupress
销售咨询热线:(025)83594756

* 版权所有,侵权必究
* 凡购买南大版图书,如有印装质量问题,请与所购图书销售部门联系调换